ロールシャッハ・テスト統計集

数値の比較検討と解釈に役立つ変数データ

西尾博行・高橋依子・高橋雅春
著

金剛出版

まえがき

　投映法としてのロールシャッハ・テストは，わが国の心理臨床場面で広く用いられている。このロールシャッハ・テストの創始者であるスイスのヘルマン・ロールシャッハ（Hermann Rorschach）が夭折したこともあり，テストに用いる図版は同一であっても，理論的基礎・実施法・解釈法・適用場面などのすべてにわたり，多様な方式に発展していった。ロールシャッハ・テストはベック（Beck, S.）が紹介したアメリカで特に発展し，その中でもベック（Beck, S.），クロッパー（Klopfer, B.），ピオトロスキー（Piotrowski, Z.），ヘルツ（Herz, M.），ラパポートとシェーファ（Rapaport, D. & Shaffer, R.）が別個に臨床と研究を行い，この5つの学派がそれぞれ異なる体系として用いられていた。そこでエクスナー（Exner, J.）は最も実証的で最も臨床に役立つロールシャッハ・テストの体系の構築を意図し，アメリカにおける主要な上記の5つの学派を比較検討し，信頼性と妥当性のある方式として1974年に包括システム（Comprehensive System）を作成した。さらにエクスナーは多くの臨床家や研究者の実証的研究によって体系を発展させようと1997年にロールシャッハ研究会議を創始したが2006年に逝去した。エクスナーの構築した包括システムはメイヤー（Meyer, G.）たちにより2011年のR-PAS（Rorschach Performance Assessment System）に結実し，包括システムの研究と発展は現在も続いている。なおわが国のロールシャッハ・テストにおいても同じような傾向が見られ，外国の体系を用いる臨床家もいれば，修正して用いる臨床家もいる。こうした中で片口法・名大法・阪大法が特に知られているが，積極的な互いの交流がないのが実状である。

　包括システムの邦訳については，エクスナーの1974年の『The Rorschach：A Comprehensive System』「初版」が改訂され「第2版」となったものを，『現代ロールシャッハ・テスト体系』上下2巻として，高橋雅春・高橋依子・田中富士夫と秋谷たつ子・空井健三・小川俊樹の監訳で行われ，さらに2003年に改訂された「第4版」は中村紀子・野田昌道監訳により『ロールシャッハ・テスト：包括システムの基礎と解釈の原理』としていずれも金剛出版より刊行されている。

　かねてから包括システムに関心を抱いていた本書の3人の著者は，邦訳以前からこの体系をわが国の健常成人やさまざまなクライエントに試行してきたが，その資料を1986年の第2版や2003年の第4版に基づき，日本人の資料として発表すると共に，より多くの被検者に包括システムによってロールシャッハ・テストを行ってきている。その経験からロールシャッハ・テストの変数の解釈仮説は，同じようにわが国に適用できるが，すでにアベル（Abel, T., 1973）が述べ，ワイナー（Weiner, I., 2003）もいうように，知覚の仕方が文化に影響されることを否定できないと考えてきた。例えば全体反応（W）の比率や平凡反応（P）などはその顕著な違いである。そこでわれわれは，わが国の健常な成人資料を収集し検討した結果を2007年に『ロールシャッハ・テスト解釈法』として金剛出版から発刊した。

　本書はこの書物で用いたわが国の健常成人の400人（男性200人・女性200人）に関する，包括システムによる変数の統計値の詳細を表と図によって明らかにしたものである。したがって臨床家

や研究者が，わが国で実施した包括システムの結果を解釈したり，臨床場面で得た被検者の数値と比較検討することができると思われる。本書を読み，自分の得た資料の数値と比較対照されたい読者は，著者に一応連絡の上，本書のすべての数値などを自由に使用していただければ幸いである。

　本書も著者3人の臨床・研究に基づくが，特に本書は西尾博行が数値の検討や表と図の作成に当たったものであり，共著者として同氏の長時間にわたる労苦に感謝したい。

　さらに本書出版に当たり金剛出版出版部の弓手正樹氏に，いろいろとお世話になったことに心から感謝したい。

2017年1月1日　　高橋雅春

目　次

まえがき……………………………………………………………………… 3

第1章　表と図について ……………………………………………… 9
データベースの入力例……………………… 図1－1 ……………… 10
反応一覧表の例……………………………… 図1－2 ……………… 11
始発反応時間………………………………… 表1 ………………… 11

第2章　領域と発達水準 ……………………………………………… 13
1.　領域コード ……………………………………………………… 13
領域コード出現頻度………………………… 表2－1 …………… 14
領域コード出現率…………………………… 図2－1 …………… 14
Sの出現率…………………………………… 図2－2 …………… 15
反応順別領域コード出現頻度……………… 表2－2－1〜表2－2－10…… 16〜21
領域アプローチ……………………………… 表2－3－1〜表2－3－10…… 22〜27
2.　発達水準コード ………………………………………………… 28
発達水準コード出現頻度…………………… 表2－4 …………… 28
発達水準コード出現率……………………… 図2－4 …………… 29
反応順別発達水準コード出現頻度………… 表2－5－1〜表2－5－10…… 29〜34

第3章　決定因子 ……………………………………………………… 35
決定因子コード出現頻度…………………… 表3－1 …………… 36
色彩，濃淡，反射反応コード出現頻度…… 表3－2 …………… 36
決定因子コード出現率……………………… 表3－3 …………… 36
Fの出現率…………………………………… 図3－1－1 ……… 37
MとFMとmの出現率……………………… 図3－1－2 ……… 37
CとC'の出現率……………………………… 図3－1－3 ……… 38
TとYとVの出現率………………………… 図3－1－4 ……… 38
FDとrの出現率……………………………… 図3－1－5 ……… 39
決定因子コード出現率……………………… 図3－2－1〜図3－2－10…… 40〜44
色彩反応の出現頻度………………………… 図3－3－1 ……… 45
無彩色反応の出現頻度……………………… 図3－3－2 ……… 45
材質反応の出現頻度………………………… 図3－3－3 ……… 46
展望反応の出現頻度………………………… 図3－3－4 ……… 46

拡散反応の出現頻度	図3－3－5	47
反射反応の出現頻度	図3－3－6	47
ブレンド反応の出現率	表3－4	48
ブレンド反応の出現率	図3－4	48
決定因子の反応順別出現頻度	表3－5－1～表3－5－10	49～61
ペア反応の出現頻度	表3－6	62
ペア反応の出現率	図3－6	62

第4章　形態水準　63

反応順別形態水準コード出現頻度	表4－1～表4－10	65～75
反応順別形態水準コード出現頻度	図4－1－1～図4－1－10	76～80
領域コード別形態水準コード出現頻度	図4－2－1～図4－2－10	81～85
領域別形態水準コード出現頻度	図4－3－1～図4－3－10	86～95
形態水準の比較	図4－4	96
反応散布図の作成	図4－5－1	97
反応散布図の例	図4－5－2	98

第5章　記述統計値　99

記述統計値と正規性の検定	表5－1－1	100～102
ロールシャッハ変数のパーセンタイル値	表5－1－2	103～106
内向型の記述統計値	表5－2－1	107～109
両向型の記述統計値	表5－2－2	110～112
外拡型の記述統計値	表5－2－3	113～115
反応数低群の記述統計値	表5－3－1	116～118
反応数中群の記述統計値	表5－3－2	119～121
反応数高群の記述統計値	表5－3－3	122～124
内向型，外拡型，両向型のU検定	表5－4－1	125～132
反応数低群，中群，高群のU検定	表5－4－2	133～140

第6章　健常成人のロールシャッハ統計値　141

| 被検者の属性 | 表6 | 142～146 |
| 健常成人のロールシャッハ統計値（TTNRD） | 表7 | 147～226 |

あとがき	227
参考文献	231
著者略歴	232

ロールシャッハ・テスト統計集
数値の比較検討と解釈に役立つ変数データ

第1章　表と図について

　本書は包括システムに基づくロールシャッハ・テストをわが国の健常成人に実施して得られた
ロールシャッハ・テストの主要変数に関する統計値を表と図によって明らかにしたものである。

　まえがきでも述べたように，Exner, J. を含む研究者の解釈仮説の多くは，わが国の被検者にも
適用できると思われるが，文化の差による知覚の仕方に差があることも指摘されてきた。著者らは
わが国の健常成人の反応を知ることにより，より的確な解釈をおこなうと共に，さまざまな臨床群
の反応との異同を明らかにしたいと考えた。本書に掲載した表と図は，わが国の健常成人 400 人（男
性 200 人，女性 200 人）に包括システムに基づくロールシャッハ・テストを実施して得られた 9,405
反応をもとに作成したものである。

　著者らはかねてより，大学院での教育や研修会などで「これはとても珍しい反応で，健常者にみ
られることはほとんどないですね」「この図版の最初の反応で多く出現します」といった，経験や
主観によると受け取られがちな説明ではなく，実証的かつ具体的なデータによって解説できるよう
に，ロールシャッハ・テスト変数の統計値に基づく各種の表や図を作成してきた。それらの表や図
のいくつかはすでに公表しているが（西尾博行，2003，2007；西尾博行・高橋依子，1998，2001；
高橋雅春・西尾博行，1996；高橋依子・西尾博行，1995，1998），本書では，その後に作成した表
と図のうち，包括システムで領域，発達水準，決定因子，形態水準のコード化に用いられる記号に
ついて作成した表と図を掲載する。また健常成人 400 人による記述統計値とパーセンタイル値，体
験型ごとと反応数低群・中群・高群ごとに記述統計値を求めた表を掲載する。さらに健常成人 400
人のコードに基づく 135 の包括システム主要変数についての統計値を年齢・性別などの属性ととも
に掲載する。これらのデータを活用することで，ロールシャッハ・テストの初学者は健常者のロー
ルシャッハ反応の特徴を正確に理解できるであろうし，臨床家や研究者がわが国の被検者にロール
シャッハ・テストを実施した結果を解釈する時や，臨床場面で得た被検者の数値と比較検討する時
に実証的で客観的な資料として使用できるであろう。また日本人健常成人を統制群とする臨床群と
の実証的な比較研究においても活用されることが期待できる。

　ところで，各種のデータを集計して表にまとめただけでは単なる数字の集まりにすぎない。それ
らの数字からはいろいろなことを読み取ることができるので，著者らは読者一人ひとりが「〜につ
いて知りたい」という目的を持って本書の表を読み取ってほしいと考え，本書では表の分析や解釈
は最小限にとどめた。また作成した図は，著者らが各表の数値から知りたいと考えた視点によるも
のであり，これにとらわれることなく，読者は別の視点から新たな図を作成してロールシャッハ・
テストの変数を検討することもできるであろう。また初学者には，それぞれのコードがどの図版で
出現しやすいかを知る手がかりとなるだろうし，コード化や解釈で疑問に思うことがあれば，本書
の表と図が解決の手がかりを与えてくれると思われる。

　このように，著者らは読者一人ひとりが自由な発想で表の数値を読み取って新たな視点からさま
ざまな研究がおこなわれることを期待しているが，その際の注意点として特に形態水準については

著者ら以外のデータを加えた形態水準の比較の図を掲載するので参照してほしい。

表と図の作成

本書の表と図がどのように作成されたかを以下に簡単に説明する。

図1−1は西尾が作成したロールシャッハ・テスト記録管理システムのブラウズ画面である。

図 1-1　データベースの入力例

さまざまな統計値の基礎資料はこのデータベースに基づいている。このロールシャッハ・テスト記録データベースに被検者の反応を保存することで，反応の閲覧や検索などを行い，臨床や研究に有益なデータを得ることが容易となる。本書の統計表の数値は，このロールシャッハ・テスト記録管理システムを用い，次の手順により算出したものである。

まずロールシャッハ・テストの施行後に，著者3人がコード化（スコアリング）を別々に行った。コードに不一致が生じた反応は，3人で協議してコードを修正し，反応段階と質問段階の言語表現と共にデータベースに入力した。その後データベースの全反応を図1−2に示すような反応一覧表にして，同じ領域に生じた反応のコードに齟齬がないかをチェックした。不一致があれば再度修正を行ってコードを確定して分析の基礎資料とした。このような手順を踏むことにより，プロトコル単位でコードを検討して不一致を修正する方法に比べて，コードの一致率を高めることができ，より信頼性の高い統計値が得られたと考えている。

本書には，構造一覧表の数値・比率・パーセント（構造一覧表の下段）の変数が含まれるクラスターのステップ解釈に基づいて，次の4つのコードの出現頻度に関する表と図を掲載する。

第2章第1節　領域コード
第2章第2節　発達水準コード
第3章　　　　決定因子コード
第4章　　　　形態水準コード

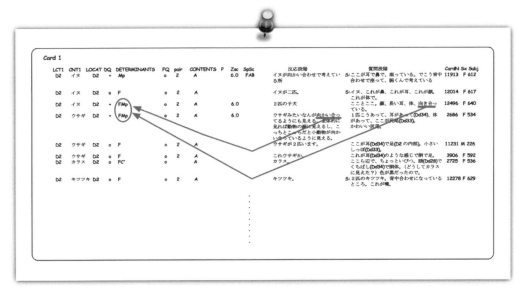

図1-2 反応一覧表の例

　ステップ解釈には全体で76のステップがあり，1つのステップに複数のコードが含まれていることもある。76のステップのうちの46ステップ（60.5%）に決定因子コードが含まれる。また形態水準コードは14（18.4%），領域コードは8（10.5%），発達水準コードは4ステップ（5.3%）に含まれている。特殊スコアのコードを含むステップは15（19.7%）あるが，健常成人群では特殊スコアの出現頻度が低いため集計していない。同様に内容コードも人間以外の出現頻度が低いために表の作成をおこなっていない。

　なお包括システムでは，従来の多くの方式と異なり，図版ごとの始発反応時間を記録しないで，通常より反応時間が長い場合，何らかのサインで示している。著者らは秒針付きの腕時計を用いて被検者に気づかれないように十分配慮しながら始発反応時間を記録しているので，参考のため，表1に始発反応時間（秒）（測定した388人の反応時間）を示しておく。したがって表1は本書全体にとっては，やや異質な統計値である。

表1　始発反応時間（秒）（測定した388人の反応時間）

	Ⅰ	Ⅱ	Ⅲ	Ⅳ	Ⅴ	Ⅵ	Ⅶ	Ⅷ	Ⅸ	Ⅹ
平均値	7.5	12.2	9.4	12.8	7.4	13.4	11.5	14.9	18.5	14.7
標準偏差	9.5	16.1	11.2	17.8	9.7	14.8	12.9	18.3	20.2	15.7
中央値	5	7	6	7	4	8	7	9	12	10
最頻値	3	3	3	5	2	3	5	8	3	3
最小値	1	1	1	1	1	1	1	1	1	1
最大値	80	140	90	185	82	106	99	152	165	130

第2章　領域と発達水準

　包括システムでは被検者が反応を見た領域を，W，D，Dd，Sの4つ記号を使ってコードする。被検者が反応を見たのが図版の全体（W）か部分（D，Dd）かをまず確認し，反応に白い部分が使われている場合には空白（S）を加えて領域コードが決められる。したがって，領域コードは，W，WS，D，DS，Dd，DdSのいずれかが必ずコードされる。

　発達水準のコードは，o，v，+，v/+の4つの記号のうち1つを，必ずWoのように領域コードの次に続けてコードする。

　領域と発達水準のコードは，情報処理クラスターで，W：D：Dd，反応領域の系列，W：M，発達水準の頻度と系列の順にステップ解釈される。ステップ解釈についてはExner（2000）に詳しく述べられており，例えば発達水準の系列のステップについて「一般的には，ブロットが分かれている刺激野ほどDQ+を出しやすい。したがって，DQ+反応は図版Ⅱ，Ⅲ，Ⅶ，Ⅷ，Ⅹで多く出される傾向があり，図版Ⅰ，Ⅳ，Ⅴ，Ⅵ，Ⅸでは少ない傾向にある。その中でDQ+の頻度が最も高いのは図版Ⅲで，少ないのは図版Ⅴである。DQv反応についてのデータはそれほどはっきりしていないが，色彩の特徴を含む図版Ⅲ，Ⅷ，Ⅹには，他の図版に比べるとかなり多く出される。どの図版でDQ+やDQvが出たかを見れば，情報処理の質に関する仮説がより明確になる」とされている。Exnerは発達水準の系列については具体的な数値を示していないが，著者らはこのステップに限らず，Exnerが指摘した傾向がわが国の被検者にも当てはまるかを明らかにしたいと考え，それらを実証的に確認するために，データの集計をおこなった。領域コードと発達水準コードの表と図は以下の通りである。

1.　領域コード

領域コード出現頻度

　表2－1は，領域コードであるW（全体反応），D（一般部分反応），Dd（特殊部分反応），S（空白反応）のⅠ図からⅩ図における出現頻度とその比率であり，それらをグラフ化したものが図2－1である。これによって例えばロールシャッハ図版をWの難易度という視点で見る時，表2－1と図2－1から，Ⅴ図，Ⅰ図，Ⅳ図，Ⅵ図の順でWを生じやすいことと，Ⅲ図，Ⅱ図，Ⅷ図は困難な図版であることが分かる。従来から臨床経験によって，領域にこのような順序があると述べられてきたが，こうした臨床経験を支持する統計的資料と言えよう。本書は数値の分析を意図するものではないから，これ以上の考察は行わないが，本書の他の表と図はこのような考察に有益であろう。

図版別領域コード出現率

表2-1 領域コード出現頻度

図版		W	D	Dd	S	反応数
I	頻度	870	187	67	265	1124
	%	77.4	16.6	6.0	23.6	
II	頻度	328	559	31	224	918
	%	35.7	60.9	3.4	24.4	
III	頻度	85	681	187	106	953
	%	8.9	71.5	19.6	11.1	
IV	頻度	623	196	43	20	862
	%	72.3	22.7	5.0	2.3	
V	頻度	703	101	25	4	829
	%	84.8	12.2	3.0	0.5	
VI	頻度	576	218	76	2	870
	%	66.2	25.1	8.7	0.2	
VII	頻度	416	358	53	82	827
	%	50.3	43.3	6.4	9.9	
VIII	頻度	366	531	72	46	969
	%	37.8	54.8	7.4	4.7	
IX	頻度	333	421	119	183	873
	%	38.1	48.2	13.6	21.0	
X	頻度	313	566	301	234	1180
	%	26.5	48.0	25.5	19.8	

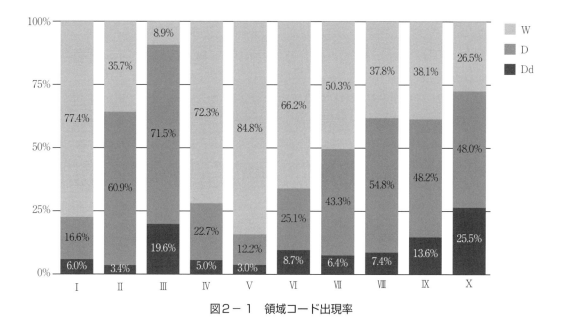

図2-1 領域コード出現率

Ｓの出現率

図2－2はＳ（空白反応）の図版別出現率をグラフ化したものである。

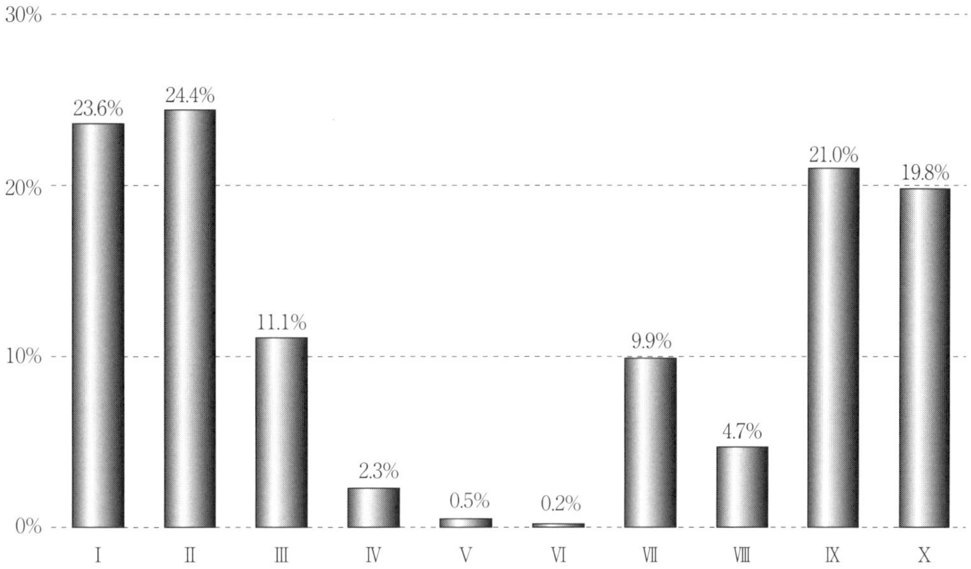

図2－2　Ｓの出現率

反応順別領域コード出現頻度

　表2-2-1から表2-2-10に，領域コードの出現頻度を反応順ごとに集計した結果を示す。被検者の領域使用をより詳細に検討したり，臨床群の領域使用の傾向を研究する時などに参照されたい。

表2-2-1　Ⅰ図の反応順別領域コード出現頻度

Ⅰ図	1	2	3	4	5
W	277	187	97	41	12
WS	84	96	49	20	7
D1		1	2	2	
D2	12	28	18	2	4
DS2				1	
D3					1
D4	14	42	32	6	3
D7	3	7	6	3	
Dd21	1	5	3	2	
Dd22		1			
Dd23		1	1	1	
Dd24			2	1	
Dd25			1		
DdS26			1		1
Dd28	1				
Dd33		1		1	1
Dd34	1				
Dd35	1			1	
Dd40	3	7	1		
Dd99	3	8	6	4	1
DdS99		1	1	4	

表2-2-2　Ⅱ図の反応順別領域コード出現頻度

Ⅱ図	1	2	3	4	5	6
W	183	56	18	6	4	
WS	24	26	9	2		
D1	10	12	7	1	1	
D2	6	18	9	5	2	
D3	14	34	29	6	1	1
D4	4	2	2	1	1	
DS4	1	3				
DS5	21	54	24	5	4	
D6	115	81	37	10	2	1
DS6	17	14	4			
Dd21		1		1	1	
Dd22			1			
Dd25			1			
Dd31			1			
Dd99	4	3	2			
DdS99	1	6	7	2		

表２－２－３　Ⅲ図の反応順別領域コード出現頻度

Ⅲ図	1	2	3	4	5	6	7
W	41	13	7	1			
WS	4	13	6				
D1	197	81	23	10	5	2	1
D2	2	32	18	11	4	1	
D3	11	45	24	8	2		
D5	1	6	8	1	1	1	
D7	5	20	14	4	1		
DS7			1	1			
D8			2				
D9	99	25	11	2		1	
Dd22	2	1					
DdS23		2					
DdS24		4	1		2		
Dd29			1				
Dd32	2	1					
Dd33			1	2			
Dd34	3				1		
Dd35		1		1			
Dd40	15	23	14	4	1		
DdS40		2					
Dd41	2	10	1	1			
DdS41	6	16	3	4			
Dd99	4	6	4	3	2		
DdS99	6	20	9	5	1		

表２－２－４　Ⅳ図の反応順別領域コード出現頻度

Ⅳ図	1	2	3	4	5	6
W	317	194	73	19	5	
WS	7	6	1	1		
D1	12	27	11	4		
D2	1	3	7	1		
D3		4	7			
D4	3	6	5		2	
D5	6	3	4	1	1	
D6	8	19	5	2	1	1
D7	33	16	2	1		
Dd21		1				
Dd22			1			
DdS24					1	
Dd31				1		
Dd32			1			
Dd99	11	16	5	1	1	
DdS99	2	1	1			

表2−2−5　Ⅴ図の反応順別領域コード出現頻度

Ⅴ図	1	2	3	4	5
W	388	232	60	19	2
WS			2		
D1	1	4	2	1	
D4	2	9	6	2	
D6	1	7	7		2
D7	5	8	4		
D9		6	2		
D10		15	15	2	
Dd22		1			
DdS29		1			
Dd30					1
Dd31	1		1		
Dd33			2		
Dd35				5	
Dd99	2	5	2	2	1
DdS99		1			

表2−2−6　Ⅵ図の反応順別領域コード出現頻度

Ⅵ図	1	2	3	4	5	6
W	303	178	70	20	3	1
WS		1				
D1	37	44	14	5	1	
D2			2			
D3	37	27	13	3		
D4	3	6	8	1		
D5		1	2	2		
D6	1	2	1			
D8	3	2				
D12			2		1	
Dd21		1		1		
Dd22		1	1			
Dd23	1	3	3			
Dd26	2	2				
Dd29				1		
Dd33			2			
Dd40	3	4				
Dd41	2	3	4	1		
Dd99	8	20	10	2		
DdS99		1				

第2章 領域と発達水準 19

表2-2-7 Ⅶ図の反応順別領域コード出現頻度

Ⅶ図	1	2	3	4	5
W	222	124	33	9	1
WS	7	13	6	1	
D1	51	11	7	3	
D2	88	30	13	2	
DS2	1		1		
D3	2	37	15	9	2
DS3		3			
D4	1	18	5	2	
D5	2	3			1
DS5		1			
D6	3	2			
DS7	2	22	6	5	
D8	1				
D9	5	1			
DS10	1	1	1		
Dd21		1			
Dd22	9	5			
Dd23	1	1	1	1	
Dd26				1	
Dd27			1		
Dd28	1				
Dd99	2	10	6	2	
DdS99	1	4	6		

表2-2-8 Ⅷ図の反応順別領域コード出現頻度

Ⅷ図	1	2	3	4	5	6	7	8	9
W	172	101	55	14	4				
WS	3	13	3	1					
D1	170	54	12	4					
D2	15	52	25	9	2				
D3	1	2	3	1					
DS3				1	1				
D4	5	19	19	9	2				
DS4		3							
D5	3	15	14	9	2				
D6	10	20	4	2	1				
DS6		1							
D7			1		2	1			
D8	7	10	9						
DS8	2	7	2						
Dd21			1						
Dd22		4		1					
Dd23		1							
Dd24		1	1		1				
Dd26				1	1				
DdS28	1								
Dd30							1		
Dd33		3	1						
Dd40	5	4	1	2				1	
Dd99	6	14	6	3	3				1
DdS99		5	2	1					

表2-2-9　IX図の反応順別領域コード出現頻度

IX図	1	2	3	4	5	6
W	150	73	42	7	2	1
WS	27	21	8		2	
D1	17	19	11	1	1	
DS1	4	5	2	3		
D2	29	9	2		1	
DS2	3	2	1			
D3	47	31	15	3	1	
DS3	9	6		1		
D4	4	4	1	2		
D5	1	1	2	1		
D6	20	20	10	5		2
D8	6	8	3			
DS8	20	9	1	2	1	
D9	9	12	7	2	1	
D11	4	13	8	2	1	
DS11			3	1		
D12	4	5	3			
Dd22				1	1	
DdS22	9	5	4	2		
DdS23	1	2	1			
DdS29			1			
Dd30				1		
Dd31			1			
Dd34	1	3	3	2		
Dd35	1	1	1			
Dd40	11	10	1	3		
DdS40	1	1				
Dd41		1				
Dd99	10	7	3	4	1	
DdS99	12	11	2			

表2−2−10　X図の反応順別領域コード出現頻度

X図	1	2	3	4	5	6	7	8	9	10
W	185	63	32	12	4		1			
WS	7	3	3	1	2					
D1	42	46	19	11	4	3				1
DS1	1	3		1	1					
D2	3	9	5	5	7	1	3	2		
D3			2	1	1	1				
D4	3	4	10	4	5	2				
D5	1			2						
DS5		1								
D6			2	1	2	1				
DS6		1								
D7	4	18	21	8	5	5				
DS7			2							
D8	15	24	14	6	5	1	1			
D9	15	26	20	10	3	2				
DS9				1						
D10	1	11	6	9	4	1				
DS10		1								
D11	15	12	8	10	2	2		1		
D12		3	3	5	2	2	2		1	
D13		2	4	6		1	2	1		
D14		3	3	1		2				
D15	3	7	5	3	2	1	1		1	
Dd21	13	15	5	5	3					
DdS21	1			1						
Dd22	2	1								
DdS22	57	39	23	20	4	4				
DdS28	1	1								
DdS29	1	1	2	1			1			
DdS30	1	1	3							
Dd40	3	1	4	1	1					
Dd41	8	2	1	1						
Dd42	1									
DdS42	5	4	3		1	2				
Dd99	5	8	7	6	2					
DdS99	7	10	4	2	4		1	1		

22　ロールシャッハ・テスト統計集

領域アプローチ

　健常成人 400 人の反応を個別に見る時，図版ごとの領域アプローチにどのようなパターンがどのくらいの頻度で出現するかを集計した結果を，図版ごとに表 2 － 3 － 1 から表 2 － 3 － 10 に示す。領域アプローチは情報処理クラスターのステップ解釈で，Zf（組織化活動反応数）と W：D：Dd（領域の比率）で得られた仮説を検証する上での重要な情報を提供する。W 反応，D 反応，Dd 反応の出現位置や出現パターンの頻度を確認する際に，本章の他の表とともに参照してほしい。

表2－3－1 Ⅰ図の領域アプローチ

Ⅰ図	頻度
W.W	60
W.WS	35
W.W.W	26
WS.W	17
W.D	16
W	12
W.WS.W	11
W.W.WS	10
W.W.D	10
WS.D	9
WS.W.W	7
W.WS.WS	6
W.D.D	6
WS.WS.W	6
D.W	6
W.WS.D	5
W.Dd	5
WS.WS	5
WS.D.D	5
W.W.W.W	4
W.D.W	4
WS.W.WS	4
D.D	4
W.W.W.WS	3
W.W.D.W	3
W.W.Dd	3
W.WS.W.W	3
W.D.WS	3
WS.W.W.WS	3
WS.WS.WS	3
WS.Dd	3
W.W.W.W.W	2
W.WS.WS.W	2
W.WS.WS.W.W	2
W.WS.D.W	2
W.D.D.WS	2
W.D.Dd	2
W.Dd.D	2
WS	2
WS.W.D	2
WS.D.W	2
WS.Dd.D	2

D.D.WS	2
D.Dd	2
W.W.W.WS.D	1
W.W.W.W.D	1
W.W.W.D	1
W.W.W.Dd	1
W.W.WS.W	1
W.W.WS.WS.WS	1
W.W.WS.D	1
W.W.WS.D.W	1
W.W.D.W.WS	1
W.W.D.W.D	1
W.W.D.WS.D	1
W.W.D.Dd	1
W.W.D.DdS	1
W.WS.W.W.W	1
W.WS.W.WS	1
W.WS.W.WS.W	1
W.WS.W.Dd.D	1
W.WS.WS.W.Dd	1
W.WS.WS.D	1
W.WS.WS.D.WS	1
W.WS.D.D.D	1
W.WS.Dd.DS.DdS	1
W.D.W.W	1
W.D.W.W.W	1
W.D.W.WS	1
W.D.W.D	1
W.D.W.DdS	1
W.D.WS.W	1
W.D.WS.WS	1
W.D.D.W.WS	1
W.D.D.Dd	1
W.D.D.DdS	1
W.D.Dd.D.D	1
W.D.Dd.Dd.W	1
W.D.DdS	1
W.Dd.W.WS	1
W.Dd.D.W	1
W.DdS.WS.D	1
WS.W.W.WS.WS	1
WS.W.W.D	1
WS.W.W.Dd.W	1
WS.W.WS.WS	1
WS.W.Dd	1
WS.W.Dd.D	1

WS.WS.W.W	1
WS.WS.W.W.W	1
WS.WS.WS.W	1
WS.D.W.WS.WS	1
WS.D.WS.Dd	1
WS.D.WS.DdS	1
WS.D.D.W	1
WS.Dd.W.W	1
D.W.W.WS	1
D.W.W.D	1
D.W.WS.W	1
D.W.D	1
D.W.D.Dd.D	1
D.WS.W	1
D.WS.D	1
D.WS.D.W	1
D	1
D.D.WS.D	1
D.D.D	1
D.D.D.W.WS	1
D.D.Dd.Dd	1
D.Dd.W	1
D.Dd.W.W	1
Dd.W	1
Dd.W.WS	1
Dd.W.Dd	1
Dd.WS	1
Dd.D.D	1
Dd.D.Dd.W	1
Dd.Dd	1
Dd.Dd.D.Dd	1
Dd.Dd.Dd.W.Dd	1
Dd.Dd.DdS.W.W	1

表2－3－2 Ⅱ図の領域アプローチ

Ⅱ図	頻度
W	45
D	33
W.D	28
D.D	27
W.DS	20
W.W	17
D.D.D	17
W.D.D	12

D.DS	12	WS.WS.WS	1	D.WS	7
D.W	11	WS.WS.D.D	1	D.D.Dd	7
W.WS	10	WS.DS.DS	1	D.W	5
W.DS.D	9	D.W.D	1	D.D.WS	5
W.D.DS	7	D.W.DS.WS.D	1	D.Dd.D	5
DS	7	D.WS.D	1	DdS.D	5
WS	5	D.D.W	1	W.DdS	4
WS.W	5	D.D.W.D	1	D.D.D.D.D	4
D.DS.D	5	D.D.WS	1	D.D.D.Dd	4
W.W.W	4	D.D.D.W.D	1	D.D.D.DdS	4
D.WS	4	D.D.D.D.W	1	D.D.DdS.DdS	4
D.D.DS	4	D.D.D.D.DS	1	WS.D	3
DS.D	4	D.D.D.DS.D	1	D.WS.D	3
DS.D.D	4	D.D.DS.D	1	D.D.W	3
W.DdS	3	D.D.DS.D.D	1	D.D.Dd.D	3
WS.D.D	3	D.D.Dd	1	D.D.DdS	3
D.W.DS	3	D.D.DdS.DS.D.D	1	D.DdS.D	3
D.D.D.D	3	D.DS.W	1	W.D.D	2
DS.W	3	D.DS.W.D.D	1	W.Dd	2
DS.D.D.D	3	D.DS.D.DS	1	D.W.D	2
DS.DS	3	D.DS.D.Dd	1	D.WS.Dd	2
Dd.D	3	D.DS.D.DdS	1	D.D.D.D.D.D	2
W.WS.WS	2	D.DS.DS.D	1	D.D.Dd.DdS	2
W.WS.D	2	D.DS.Dd.D.W	1	D.Dd.D.D	2
W.DS.W	2	D.DS.DdS	1	D.Dd.Dd	2
W.DS.DS	2	D.Dd	1	Dd	2
WS.WS	2	D.Dd.W	1	Dd.D.DdS	2
WS.D	2	D.DdS.D.D	1	Dd.Dd	2
D.D.DdS	2	D.DdS.DS	1	Dd.DdS	2
D.DS.WS	2	DS.W.WS	1	DdS.D.D	2
DS.D.W	2	DS.W.D	1	W.W.W	1
DS.D.DdS	2	DS.W.DS	1	W.D.W.D	1
W.W.D	1	DS.D.W.W.DS	1	W.D.Dd	1
W.W.D.W	1	DS.D.WS.D	1	W.DdS.Dd.D	1
W.W.D.DdS.D	1	DS.D.D.D.W	1	WS.D.D	1
W.W.DS	1	DS.DS.D	1	D.W.WS	1
W.W.DS.W	1	DS.DS.D.D.DS	1	D.W.D.D	1
W.WS.W	1	DS.DS.Dd	1	D.W.Dd	1
W.WS.DS	1	DS.Dd	1	D.WS.D.Dd.D	1
W.D.W	1	DS.DdS.DdS	1	D.D.D.W.D	1
W.D.WS	1	Dd.DS	1	D.D.D.D.Dd	1
W.D.D.W	1	DdS.D	1	D.D.D.D.Dd.D.D	1
W.D.D.W.D	1			D.D.D.D.DdS	1
W.D.D.D.Dd	1			D.D.D.DS	1
W.D.D.DS	1			D.D.D.Dd.D	1
W.D.D.DS.DS	1			D.D.D.DdS.D.D	1
W.D.Dd	1			D.D.Dd.Dd.DdS.D	1
W.D.Dd.D	1			D.D.DdS.DdS	1
W.DS.D.W	1			D.Dd.W	1
W.DS.D.WS	1			D.Dd.D.D.Dd	1
W.DS.DS.D	1			D.Dd.D.Dd	1
W.Dd	1			D.Dd.DdS	1
WS.W.W	1			D.DdS.W.DdS	1
WS.W.D	1			D.DdS.D.D.Dd	1
WS.W.DS	1			D.DdS.D.D.DdS	1
WS.WS.W	1			D.DdS.D.Dd.D	1

表2−3−3
Ⅲ図の領域アプローチ

Ⅲ図	頻度
D.D	75
D	58
D.D.D	31
D.DdS	23
D.Dd	20
W	18
D.D.D.D	12
Dd.D	12
W.D	11

D.DdS.DS	1
D.DdS.Dd	1
D.DdS.DdS.D	1
Dd.W	1
Dd.D.D	1
Dd.D.D.D	1
Dd.D.D.D.D	1
Dd.D.D.Dd	1
Dd.Dd.D	1
Dd.Dd.D.D.D	1
Dd.Dd.DdS	1
DdS	1
DdS.W.D	1
DdS.D.D.Dd	1
DdS.Dd	1
DdS.Dd.D	1

表2-3-4
IV図の領域アプローチ

IV図	頻度
W.W	91
W	85
W.D	38
W.W.W	31
W.W.D	16
D.W	13
D	13
W.D.W	9
D.D	9
W.W.W.W	6
D.W.W	6
W.D.D	5
Dd.W	5
W.W.Dd	4
W.WS	4
W.Dd	4
D.Dd	4
WS	3
D.W.W.W	3
Dd	3
W.W.W.W.W	2
W.W.W.D	2
W.D.D.W	2
W.Dd.W	2
W.Dd.D	2
WS.W	2
D.W.D	2
D.D.D	2
Dd.D	2
W.W.W.W.D	1
W.W.W.WS	1
W.W.D.D	1
W.W.D.Dd.DdS	1
W.WS.W	1
W.D.W.W.W	1

W.D.D.D	1
W.D.D.D.D	1
W.D.D.Dd.Dd	1
W.D.Dd	1
W.Dd.W.W	1
W.Dd.W.W.W	1
W.Dd.D.D	1
W.DdS.W	1
WS.W.D	1
WS.WS.W	1
D.W.D.W	1
D.W.WS	1
D.W.Dd	1
D.D.W	1
D.D.D.W	1
D.D.D.W.D.D	1
D.D.D.D.D	1
D.D.Dd	1
D.D.DdS	1
D.Dd.W	1
D.Dd.D.D	1
Dd.W.W	1
DdS.W	1
DdS.W.D	1

表2-3-5
V図の領域アプローチ

V図	頻度
W.W	146
W	111
W.W.W	37
W.D	29
W.W.D	16
W.W.W.W	7
W.D.D	7
D.W	5
W.W.D.Dd	4
W.Dd	4
W.W.Dd	3
W.D.W	3
W.W.D.W	2
W.D.W.W	2
W.D.D.W	2
W.D.D.D	2
W.DdS.W	2
D.W.W	2
W.W.W.W.W	1
W.W.W.D.Dd	1
W.W.W.Dd	1
W.W.WS	1
W.W.WS.W	1
W.W.D.W.W	1
W.W.Dd.D.Dd	1
W.D.W.W.D	1
W.D.D.Dd	1

W.D.Dd.D.D	1
W.Dd.W	1
D.W.W.W	1
D.D	1
Dd.W	1
Dd.W.D.W	1
Dd.Dd.W.Dd	1

表2-3-6
VI図の領域アプローチ

VI図	頻度
W.W	85
W	75
W.W.W	30
D	28
W.D	27
D.W	18
W.Dd	14
W.W.D	10
W.W.Dd	9
W.W.W.W	7
W.D.D	7
D.D	7
W.D.W	6
Dd.D	6
D.D.W	5
D.D.D	5
D.Dd	4
W.D.W.W	3
W.D.Dd	3
W.Dd.W	3
W.Dd.D	3
D.W.W	3
W.W.Dd.D	2
W.D.W.D	2
W.Dd.W.W	2
D.W.D	2
D.D.Dd	2
W.W.W.W.W	1
W.W.W.W.W.W	1
W.W.W.D	1
W.W.W.D.W	1
W.W.D.W	1
W.W.D.D	1
W.WS	1
W.D.D.W	1
W.D.D.D	1
W.D.D.Dd	1
W.D.D.Dd.D	1
W.D.Dd.Dd	1
W.Dd.D.D	1
W.Dd.Dd.W	1
W.DdS.D.D	1
D.W.W.Dd	1
D.D.D.W	1

D.D.D.D	1
D.Dd.W	1
D.Dd.D	1
D.Dd.D.Dd	1
D.Dd.Dd	1
Dd.W	1
Dd.W.W	1
Dd.W.W.W.D	1
Dd.W.D.W	1
Dd.W.Dd	1
Dd.D.W	1
Dd.D.D	1
Dd	1
Dd.Dd	1
Dd.Dd.D	1

表2－3－7
Ⅶ図の領域アプローチ

Ⅶ図	頻度
W	68
W.W	57
D	38
D.D	32
W.D	27
D.W	25
W.DS	12
W.W.W	7
D.D.W	6
D.D.D	5
D.DS	5
W.W.WS	4
W.W.D	4
W.WS	4
W.D.W	4
W.D.D	4
D.W.W	4
D.WS	4
D.Dd	4
WS	3
W.DS.D	3
D.D.W.W	3
D.D.D.D	3
D.Dd.D	3
Dd	3
Dd.D	3
W.W.DS.D	2
W.W.DdS	2
W.Dd	2
WS.W	2
D.W.Dd	2
D.DS.D	2
D.DdS	2
DS.D	2
Dd.Dd	2
W.W.W.W	1

W.W.W.D.D	1
W.W.WS.D	1
W.W.D.DS	1
W.W.D.Dd	1
W.W.DS	1
W.W.Dd.D	1
W.W.Dd.Dd	1
W.D.W.D	1
W.D.WS.D	1
W.D.D.D	1
W.D.DS	1
W.DS.W	1
W.DS.W.D	1
W.DS.DS	1
W.DS.Dd	1
W.DS.DdS	1
W.Dd.W	1
W.Dd.D	1
W.Dd.D.DS	1
W.DdS	1
W.DdS.W.DS.D	1
WS.W.D	1
WS.WS	1
D.W.D	1
D.W.D.W	1
D.W.DS	1
D.W.DdS.D	1
D.WS.D	1
D.WS.Dd.DS.W	1
D.D.D.D.D	1
D.D.DS	1
D.D.DS.WS	1
D.D.Dd.D	1
D.D.DdS	1
D.D.DdS.W	1
D.Dd.W.W	1
D.Dd.D.W	1
D.Dd.D.Dd	1
DS.W.D.DS	1
DS.W.Dd	1
Dd.WS	1
Dd.WS.D.W	1
Dd.D.W	1
Dd.D.D.D	1
Dd.D.D.Dd	1
DdS	1

表2－3－8
Ⅷ図の領域アプローチ

Ⅷ図	頻度
W	38
D.D	38
D.W	34
W.W	32
D	28

W.D	27
D.D.D	22
W.D.D	14
D.D.W	12
D.Dd	9
W.Dd	7
D.D.D.D	7
W.W.W	6
W.W.D	6
W.D.W	6
D.W.W	6
D.W.D	6
W.WS	5
W.D.D.D.D	4
D.DdS	4
Dd.D	4
W.D.W.D	3
D.D.W.D	3
D.DS.D	3
Dd	3
W.W.W.W	2
W.W.D.D	2
W.D.W.W	2
WS	2
D.W.W.W	2
D.W.W.D	2
D.WS	2
D.D.WS	2
D.D.Dd	2
D.D.Dd.D	2
D.DS	2
D.Dd.D	2
Dd.D.W	2
W.W.W.Dd	1
W.W.W.Dd.D	1
W.W.DS.W	1
W.WS.DdS	1
W.D.W.W.W	1
W.D.D.W	1
W.D.D.D	1
W.D.D.D.W	1
W.D.Dd.W.DdS	1
W.DS.W	1
W.DS.WS	1
W.DS	1
W.DS.D	1
W.DS.Dd.WS	1
W.Dd.W	1
W.Dd.D	1
W.Dd.Dd	1
W.DdS	1
WS.WS	1
D.WS.W	1
D.WS.D	1
D.WS.D.D	1
D.D.W.W	1

D.D.W.DS	1
D.D.D.W	1
D.D.D.D.W	1
D.D.D.D.D	1
D.D.D.D.D.D	1
D.D.D.D.DS	1
D.D.D.D.Dd	1
D.D.D.Dd	1
D.D.D.Dd.Dd.Dd.Dd.Dd.Dd	1
D.D.DS	1
D.D.Dd.Dd.D	1
D.D.DdS.Dd.W	1
D.DS.D.D	1
D.Dd.W.W	1
D.Dd.D.W	1
D.Dd.D.D.D	1
D.Dd.D.D.Dd	1
D.Dd.Dd	1
D.Dd.Dd.Dd.Dd	1
DS.D	1
DS.D.D	1
Dd.WS	1
Dd.D.D	1
DdS.D	1

表2-3-9
IX図の領域アプローチ

IX図	頻度
W	50
D	39
W.W	22
D.D	22
W.D	19
D.D.D	18
DS	12
WS	11
D.Dd	8
W.D.W	7
D.W	7
W.WS	6
W.DS	5
WS.W	5
Dd.D	5
DdS	5
DdS.D	5
W.W.W	4
W.D.D	4
D.WS	4
D.D.D.Dd	4
DS.W	4
DS.D	4
Dd	4
Dd.W	4
DdS.D.D	4
W.DS.W	3

W.DdS	3
D.W.W	3
D.D.DdS	3
D.Dd.D	3
D.DdS	3
Dd.W.W	3
W.D.WS	2
W.Dd	2
W.Dd.D	2
W.DdS.D	2
WS.W.D	2
WS.WS	2
WS.D	2
D.D.D.D	2
D.D.Dd	2
D.DdS.W	2
DS.WS	2
Dd.W.D	2
W.W.W.W	1
W.W.W.W.W	1
W.W.W.D.Dd	1
W.W.W.DS	1
W.W.D	1
W.W.D.D	1
W.W.DS.D	1
W.W.Dd.DS	1
W.W.DdS	1
W.WS.W	1
W.WS.W.W.WS.W	1
W.WS.WS.W	1
W.D.Dd	1
W.DS.D	1
W.Dd.W	1
W.DdS.W.D.D.D	1
W.DdS.WS.D.Dd.D	1
W.DdS.D.DS	1
W.DdS.DS.D.D	1
WS.W.D.D	1
WS.WS.W	1
WS.D.D	1
WS.D.D.DS	1
WS.Dd	1
D.W.W.W	1
D.W.D	1
D.W.D.W.D	1
D.W.DdS	1
D.D.W	1
D.D.D.D.DS	1
D.D.Dd.Dd	1
D.D.Dd.DdS	1
D.D.DdS.DS	1
D.DS.W	1
D.DS.WS.Dd	1
D.DS.WS.DdS	1
D.DS	1
D.DS.D.D.W	1

D.DS.DS	1
D.Dd.D.Dd	1
D.Dd.DS.D.WS	1
D.DdS.W.Dd	1
D.DdS.WS.Dd	1
D.DdS.D	1
D.DdS.DdS	1
DS.W.DS	1
DS.WS.D	1
DS.D.W.D	1
DS.D.WS	1
DS.D.D.D.D	1
DS.D.D.DS	1
DS.D.Dd	1
DS.D.DdS	1
DS.DS	1
DS.DS.W.DS	1
DS.DS.W.Dd	1
DS.DS.DS.D	1
DS.Dd	1
DS.DdS	1
Dd.WS	1
Dd.D.W	1
Dd.D.D	1
Dd.DS.DS	1
Dd.Dd.D.Dd	1
DdS.W	1
DdS.W.W	1
DdS.WS	1
DdS.D.W	1
DdS.D.Dd	1
DdS.D.Dd.D.D	1
DdS.DS.W	1
DdS.DS.D.W	1
DdS.Dd	1

表2-3-10
X図の領域アプローチ

X図	頻度
W	55
W.D	16
W.DdS	16
D.D.D	13
DdS	13
W.W	12
D.D.D.D	10
DdS.D	10
W.Dd	9
D.D	8
DdS.W	8
D.W	6
Dd	6
W.D.D	5
D.D.D.DdS	5
Dd.D	5

DdS.DdS	5		W.D.D.DdS.D.D	1		Dd.D.D.D.D.D	1
W.D.D.D	4		W.D.DS.DdS.D.D	1		Dd.D.Dd.D	1
W.DdS.D	4		W.D.Dd.DdS	1		Dd.D.DdS	1
WS	4		W.D.DdS.D	1		Dd.Dd.D.D.Dd	1
D.W.DdS	4		W.D.DdS.DS	1		Dd.Dd.DdS	1
D.D.D.D.D	4		W.D.DdS.Dd	1		Dd.DdS.Dd.D.DdS.D	1
D.D.DdS	4		W.DS	1		DdS.W.D	1
Dd.W	4		W.DS.D	1		DdS.W.Dd	1
DdS.D.D	4		W.Dd.D.D.W	1		DdS.D.W	1
W.W.W	3		W.Dd.D.D.D	1		DdS.D.W.W	1
W.D.D.DdS	3		W.Dd.D.Dd	1		DdS.D.D.W	1
W.D.DdS	3		W.Dd.Dd.W	1		DdS.D.D.D.D.D	1
W.Dd.W	3		W.DdS.W	1		DdS.D.D.D.Dd	1
D.W.D.D	3		W.DdS.W.W	1		DdS.D.D.D.Dd.D.D.D	1
D.D.D.D.D.D	3		W.DdS.W.DdS.D	1		DdS.D.D.Dd	1
DdS.D.D.D	3		W.DdS.WS.D	1		DdS.D.D.Dd.D.D	1
W.W.D	2		W.DdS.D.W	1		DdS.D.DdS.D	1
W.D.W	2		W.DdS.D.Dd	1		DdS.D.DdS.D.D	1
W.D.D.D.D	2		W.DdS.D.DdS.WS	1		DdS.D.DdS.D.D.D.D	1
W.DdS.W.D	2		W.DdS.D.DdS	1		DdS.DS.D.D.D	1
W.DdS.DdS	2		W.DdS.DdS.D	1		DdS.DS.Dd.D.D.D	1
D	2		WS.W	1		DdS.Dd	1
D.D.W	2		WS.W.DdS	1		DdS.Dd.D	1
D.D.W.DdS	2		WS.WS	1		DdS.Dd.DdS.W	1
D.D.D.D.D.DdS	2		D.W.W	1		DdS.Dd.DdS.Dd	1
D.D.D.D.Dd.D	2		D.W.D.D.D	1		DdS.DdS.W	1
D.D.Dd.D	2		D.W.Dd	1		DdS.DdS.W.D.DdS	1
D.Dd	2		D.W.Dd.Dd	1		DdS.DdS.D	1
D.DdS	2		D.WS	1		DdS.DdS.D.DdS	1
Dd.D.W	2		D.D.W.W	1		DdS.DdS.Dd.DdS	1
Dd.DdS.W	2		D.D.W.D.DdS	1			
Dd.DdS.D.D.D	2		D.D.WS.D.D.D	1			
DdS.D.D.D.W	2		D.D.D.D.D.D	1			
DdS.D.DdS	2		D.D.D.D.DdS.DdS.W	1			
DdS.DdS.D.D.D	2		D.D.D.Dd.D.D.D	1			
W.W.W.W	1		D.D.D.Dd.D.D.DdS.DdS.D	1			
W.W.W.W.W	1		D.D.D.DdS.D	1			
W.W.W.D	1		D.D.Dd.D.D.D	1			
W.W.WS	1		D.D.Dd.D.D.DdS	1			
W.W.Dd	1		D.D.DdS.WS	1			
W.W.Dd.W	1		D.D.DdS.D.DdS	1			
W.W.Dd.D.D	1		D.DS.D.D	1			
W.W.Dd.Dd	1		D.DS.DS.DdS.DdS.D	1			
W.W.DdS.Dd	1		D.Dd.D.Dd.D	1			
W.W.DdS.DdS	1		D.Dd.D.DdS.D.DdS.DdS	1			
W.WS	1		D.Dd.DdS	1			
W.D.W.W	1		D.DdS.D.D.D.DdS.D.D	1			
W.D.D.W	1		D.DdS.D.D.DdS	1			
W.D.D.D.D	1		D.DdS.D.DdS	1			
W.D.D.D.D.D	1		D.DdS.DdS	1			
W.D.D.D.D.D.D	1		DS.D.D.Dd.Dd.D.D.D.D.D	1			
W.D.D.D.DS	1		Dd.W.D	1			
W.D.D.D.DdS	1		Dd.W.DdS	1			
W.D.D.D.DdS.D.D	1		Dd.W.DdS.D	1			
W.D.D.DS	1		Dd.D.D	1			
W.D.D.DdS.WS	1		Dd.D.D.D.D	1			

2. 発達水準コード

　包括システムで発達水準をコードするために用いられる記号は以下の4つであり，いずれかの記号を必ずコードする。

　①普通反応　o　　　②統合反応　+　　　③漠然反応　v　　　④準統合反応　v/+

　発達水準のコードは，答えられた対象が特定の輪郭をもつ形態を有するか特定の形態を必要とするように推敲されているかどうか（oかv），さらに2つ以上の対象が関連づけて答えられた反応の場合には，少なくとも1つの対象が特定の形態をもつか特定の形態を必要とするように推敲されているかどうか（+かv/+）に基づいて決定する。

　発達水準は認知の成熟度と認知の複雑さを示し，情報（刺激）を効率的に分析・統合する意志や能力に関連し，情報処理の性質を表すと考えられている。高橋・高橋・西尾（2007）は，情報処理の性質を理解するにはどの図版においてDQ+やDQvが出現したかを検討することが大切であるとして，発達水準コードの期待値などについて解説した。

発達水準コード出現頻度

　本書では，情報処理の性質をより客観的に理解できるように，各図版での発達水準コードの出現頻度を集計した結果を表2−4に示す。またこの表の数値から，図版ごとに発達水準コードの出現率をグラフ化したものが図2−4である。

表2−4　発達水準コード出現頻度

		+	o	v	v/+
I	頻度	129	965	25	5
	%	11.5	85.9	2.2	0.4
II	頻度	437	413	50	18
	%	47.6	45.0	5.4	2.0
III	頻度	408	504	40	1
	%	42.8	52.9	4.2	0.1
IV	頻度	88	721	48	5
	%	10.2	83.6	5.6	0.6
V	頻度	94	716	16	3
	%	11.3	86.4	1.9	0.4
VI	頻度	75	736	45	14
	%	8.6	84.6	5.2	1.6
VII	頻度	370	388	62	7
	%	44.7	46.9	7.5	0.8
VIII	頻度	241	640	79	9
	%	24.9	66.0	8.2	0.9
IX	頻度	214	486	127	46
	%	24.5	55.7	14.5	5.3
X	頻度	295	744	129	12
	%	25.0	63.1	10.9	1.0

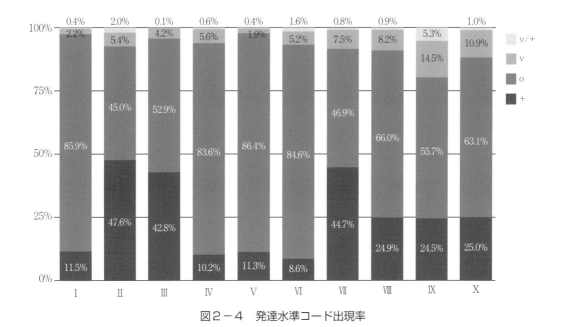

図2-4 発達水準コード出現率

反応順別発達水準コード出現頻度

さらに反応順別に発達水準コードの出現頻度を図版ごとに集計したものが表2－5－1から表2－5－10である。

表2-5-1　Ⅰ図の反応順別発達水準コード出現頻度

Ⅰ図	W				D				Dd			
反応順	o	+	v	v/+	o	+	v	v/+	o	+	v	v/+
1	256	18	3		24	5			10			
2	160	20	6	1	54	24			18	2	3	
3	74	18	4	1	45	13			9	4	1	
4	31	8	2		9	4			10			
5	8	4			4	4			1	1		
6												
7												
8												
9												
10												
合計	529	68	15	2	136	50			48	7	4	

Ⅰ図	WS				DS				DdS			
反応順	o	+	v	v/+	o	+	v	v/+	o	+	v	v/+
1	84											
2	92	2	1	1					1			
3	44	1	3	1					2			
4	17	1	1	1	1				4			
5	6		1						1			
6												
7												
8												
合計	243	4	6	3	1				8			

表２－５－２　Ⅱ図の反応順別発達水準コード出現頻度

Ⅱ図	W				D				Dd			
反応順	o	+	v	v/+	o	+	v	v/+	o	+	v	v/+
1	26	156	1		65	77	6	1	3	1		
2	23	26	5	2	84	46	16	1	4			
3	10	6	1	1	54	24	6		2	3		
4	1	4		1	16	5	1	1			1	
5	2	2			6	1			1			
6					1	1						
7												
8												
9												
10												
合計	62	194	7	4	226	154	29	3	10	4	1	
Ⅱ図	WS				DS				DdS			
反応順	o	+	v	v/+	o	+	v	v/+	o	+	v	v/+
1	17	6	1		13	18	4	4	1			
2	22	4			21	39	6	5	5	1		
3	9				11	13	2	2	6	1		
4	1	1			4	1			2			
5					3	1						
6												
7												
8												
合計	49	11	1		52	72	12	11	14	2		

表２－５－３　Ⅲ図の反応順別発達水準コード出現頻度

Ⅲ図	W				D				Dd			
反応順	o	+	v	v/+	o	+	v	v/+	o	+	v	v/+
1	4	37			64	249	2		24	4		
2	8	5			143	49	17		39	3		
3	1	4	1	1	73	17	10		20	1		
4	1				26	5	5		10	1		
5					10	2	1		2	1	1	
6					3	2						
7					1							
8												
9												
10												
合計	14	46	1	1	320	324	35		95	10	1	
Ⅲ図	WS				DS				DdS			
反応順	o	+	v	v/+	o	+	v	v/+	o	+	v	v/+
1	4								7	5		
2	9	3	1						27	17		
3	5	1			1				12		1	
4					1				6	2	1	
5									3			
6												
7												
8												
合計	18	4	1		2				55	24	2	

表２−５−４　Ⅳ図の反応順別発達水準コード出現頻度

Ⅳ図	W				D				Dd			
反応順	o	+	v	v/+	o	+	v	v/+	o	+	v	v/+
1	272	34	8	3	59	1	3		10	1		
2	153	28	12	1	69	7	2		9	2	5	1
3	59	8	6		37	2	2		5		2	
4	14	1	4		8	1			2			
5	3		2		4						1	
6					1							
7												
8												
9												
10												
合計	501	71	32	4	178	11	7		26	3	8	1

Ⅳ図	WS				DS				DdS			
反応順	o	+	v	v/+	o	+	v	v/+	o	+	v	v/+
1	5	2							1	1		
2	6								1			
3	1								1			
4			1									
5									1			
6												
7												
8												
合計	12	2	1						4	1		

表２−５−５　Ⅴ図の反応順別発達水準コード出現頻度

Ⅴ図	W				D				Dd			
反応順	o	+	v	v/+	o	+	v	v/+	o	+	v	v/+
1	374	14			9				3			
2	164	58	9	1	49				5		1	
3	44	15	1		36				5			
4	10	5	4		5				6		1	
5	1	1			2				2			
6												
7												
8												
9												
10												
合計	593	93	14	1	101				21		2	

Ⅴ図	WS				DS				DdS			
反応順	o	+	v	v/+	o	+	v	v/+	o	+	v	v/+
1												
2									1	1		
3				2								
4												
5												
6												
7												
8												
合計				2					1	1		

32　ロールシャッハ・テスト統計集

表2-5-6　VI図の反応順別発達水準コード出現頻度

VI図	W				D				Dd			
反応順	o	+	v	v/+	o	+	v	v/+	o	+	v	v/+
1	276	19	5	2	66	9	6		12	2	2	
2	154	16	3	5	64	11	6	1	27	2	4	1
3	59	5	5	2	34	6	2		13	2	5	
4	14	2	1	3	8		3		3		2	
5	3				2							
6	1											
7												
8												
9												
10												
合計	507	42	14	12	174	26	17	1	55	6	13	1

VI図	WS				DS				DdS			
反応順	o	+	v	v/+	o	+	v	v/+	o	+	v	v/+
1												
2			1								1	
3												
4												
5												
6												
7												
8												
合計			1								1	

表2-5-7　VII図の反応順別発達水準コード出現頻度

VII図	W				D				Dd			
反応順	o	+	v	v/+	o	+	v	v/+	o	+	v	v/+
1	38	166	18		62	88	3		7	4	2	
2	52	51	19	2	86	15	1		9	6	2	
3	10	16	6	1	34	5	1		6	1	1	
4	1	5	3		16				4			
5		1			3							
6												
7												
8												
9												
10												
合計	101	239	46	3	201	108	5		26	11	5	

VII図	WS				DS				DdS			
反応順	o	+	v	v/+	o	+	v	v/+	o	+	v	v/+
1	2	2	1	2	3	1			1			
2	5	3	4	1	25	2			3	1		
3	3	1	1	1	7	1			5	1		
4	1				5							
5												
6												
7												
8												
合計	11	6	6	4	40	4			9	2		

第2章 領域と発達水準 33

表2−5−8 Ⅷ図の反応順別発達水準コード出現頻度

Ⅷ図	W				D				Dd			
反応順	o	+	v	v/+	o	+	v	v/+	o	+	v	v/+
1	69	89	12	2	157	50	4		7	4		
2	60	32	7	2	136	19	16	1	20	2	5	
3	33	10	10	2	65	9	11	2	7	2	1	
4	7	3	4		30	2	2		5	1	1	
5	3		1		5	2	2		3	1		
6					1				1			
7									1			
8									1			
9									1			
10												
合計	172	134	34	6	394	82	35	3	46	10	7	

Ⅷ図	WS				DS				DdS			
反応順	o	+	v	v/+	o	+	v	v/+	o	+	v	v/+
1	2	1			1	1				1		
2	6	6	1		9	1	1		3	1	1	
3	1	2			2					2		
4	1				1							
5					1				1			
6	10	9	1		14	2	1					
7												
8												
合計	20	18	2		28	4	2		4	4	1	

表2−5−9 Ⅸ図の反応順別発達水準コード出現頻度

Ⅸ図	W				D				Dd			
反応順	o	+	v	v/+	o	+	v	v/+	o	+	v	v/+
1	55	46	30	19	93	20	24	4	11	5	6	1
2	19	22	21	11	73	29	19	1	18	1	2	1
3	13	17	7	5	39	16	6	1	5	3	1	
4	3	4			12	1	3		6	2	2	1
5		1	1		2	2		1	1	1		
6		1			1		1					
7												
8												
9												
10												
合計	90	91	59	35	220	68	53	7	41	12	11	3

Ⅸ図	WS				DS				DdS			
反応順	o	+	v	v/+	o	+	v	v/+	o	+	v	v/+
1	20	7			30	6			20	2	1	
2	13	8			16	5	1		11	7		1
3	4	3	1		7				7	1		
4					4	3			1		1	
5	1	1			1							
6												
7												
8												
合計	38	19	1		58	14	1		39	10	2	1

表2−5−10　X図の反応順別発達水準コード出現頻度

X図	W				D				Dd			
反応順	o	+	v	v/+	o	+	v	v/+	o	+	v	v/+
1	43	84	53	5	83	14	5		14	18		
2	22	24	16	1	130	24	11		20	7		
3	9	13	7	3	91	19	10	2	9	6	2	
4	5	4	3		63	12	6	1	8	3	2	
5	2	1	1		34	5	3		3	1	2	
6					20	4	1					
7	1				7		2					
8					2	1	1					
9					2							
10							1					
合計	82	126	80	9	432	79	40	3	54	35	6	

X図	WS				DS				DdS			
反応順	o	+	v	v/+	o	+	v	v/+	o	+	v	v/+
1	2	5			1				53	19	1	
2	1	2			5	1			43	13		
3	3				2				31	4		
4			1		1		1		17	7		
5	1	1			1				8	1		
6									4	2		
7									2			
8									1			
合計	7	8	1		10	1	1		159	46	1	

第3章　決定因子

　包括システムの決定因子コードには，形態，運動，色彩などの7つのカテゴリーがあり，以下に示す24の記号が用いられる。これらの記号は単独でコードされることも2つ以上の記号がコードされることもある（ブレンド反応）。

①形態　　　F（形態反応）
②運動　　　M（人間運動反応），FM（動物運動反応），m（無生物運動反応）
③色彩　　　Cn（色彩名反応），C（純粋色彩反応），CF（色彩形態反応），FC（形態色彩反応）
④無彩色　　C'（純粋無彩色反応），C'F（無彩色形態反応），FC'（形態無彩色反応）
⑤濃淡
　濃淡材質　T（純粋材質反応），TF（材質形態反応），FT（形態材質反応）
　濃淡立体　V（純粋展望反応），VF（展望形態反応），FV（形態展望反応）
　濃淡拡散　Y（純粋拡散反応），YF（拡散形態反応），FY（形態拡散反応）
⑥形態立体　FD（形態立体反応）
⑦ペアと反射　(2)（ペア反応），rF（反射形態反応），Fr（形態反射反応）

　決定因子コードは既述のとおりステップ解釈の60％を超えるステップに含まれており，多くの解釈所見が決定因子コードから導きだされる。Exner（2000）にしたがってステップ解釈を行った人は理解していると思うが，数値の高低という量的な判断だけではなく，他のコードとの関係はどうか，コードがどの図版で出現したかなどの質的な面も常に考慮すべきである。例えばExnerのステップ解釈にしたがってFD反応の解釈をみると「SumVが0で，FDが1か2の場合，被検者は日常的に自己検閲をすると考えられる」との所見を導き出せるかもしれない。そして，もしFDの数が3以上であれば，解釈をおこなう人は「普通でない自己検閲行動が起きていることを示している」との所見を得るだろう。しかしFDが1の場合でも，表3－1に示すように，FD反応のきわめて稀な図版Vや図版VIで出現しているのであれば，他のコードとの関係も考慮して「普通でない自己検閲行動」の可能性を慎重に検討する必要があろう。

　またブレンド反応は感情のクラスターと状況関連ストレスのクラスターでステップ解釈されるが，ブレンド反応の頻度と内容，複雑さなどを理解できるように，表3－4に，わが国の健常成人に出現するブレンド反応の頻度を図版ごと，反応順別に集計した。表の数値のグラフ化は図3－4だけであるが，解釈で疑問が生じた時や，臨床群との比較研究をおこなう時には，読者の視点でグラフを作成してみてほしい。

決定因子コード出現頻度
　決定因子コードの図版ごとの出現頻度を表3－1と表3－2に示す。なお，表3－1のSumCは（C

+ CF + FC)であり，体験型で用いる WSumC ではない。同様に SumC'（C' + C'F + FC'），SumT（T + TF + FT），SumV（V + VF + FV），SumY（Y + YF + FY）は，各コードの合計である。これらの括弧内の各コードの出現頻度を示したのが表3－2である。

表3－1の数値を比率にしたものが表3－3で，この比率をもとに，図3－1－1から図3－1－5に決定因子コード別に図版ごとの出現率をグラフ化してある。また図版別に決定因子コードの出現率をグラフ化したものが，図3－2－1から図3－2－10である。

表3－1　決定因子コード出現頻度

図版	F	M	FM	m	SumC	SumC'	SumT	SumV	SumY	FD	Fr+rF
I	637	135	213	8	0	161	3	11	11	6	4
II	288	246	155	103	240	89	9	7	21	24	11
III	356	389	76	46	168	51	1	0	13	12	5
IV	384	97	137	26	0	52	87	37	46	141	1
V	441	58	244	7	0	114	2	1	3	4	6
VI	573	31	69	28	0	19	109	20	39	2	19
VII	354	320	86	27	0	15	12	13	31	6	4
VIII	396	43	231	30	346	8	6	11	10	6	23
IX	273	97	66	131	451	11	9	28	39	24	7
X	484	172	191	47	427	35	3	7	7	20	1

表3－2　色彩，濃淡，反射反応コード出現頻度

図版	C			C'			T			V			Y			r	
	FC	CF	C	FC'	C'F	C'	FT	TF	T	FV	VF	V	FY	YF	Y	Fr	rF
I				151	10		3			11			8	3		3	1
II	101	132	7	62	24	3	9			1	6		10	11	11		
III	73	88	7	50	1		1			0			9	4	5		
IV				43	8	1	79	8		25	12		23	19	4		1
V				109	5		2			1			2	1	6		
VI				11	8		100	9		8	12		23	16		10	9
VII				10	5		8	4		4	9		6	23	2	3	1
VIII	194	150	2	5	3		5	1		2	9		3	6	1	22	1
IX	210	235	6	11			8	1		17	11		5	32	2	3	4
X	210	186	31	34		1	3			3	4		3	3	1	1	

表3－3　決定因子コード出現率

図版	F	M	FM	m	SumC	SumC'	SumT	SumV	SumY	FD	Fr+rF
I	53.6	11.4	17.9	0.7	0.0	13.5	0.3	0.9	0.9	0.5	0.3
II	24.1	20.6	13.0	8.6	20.1	7.5	0.8	0.6	1.8	2.0	0.9
III	31.9	34.8	6.8	4.1	15.0	4.6	0.1	0.0	1.2	1.1	0.4
IV	38.1	9.6	13.6	2.6	0.0	5.2	8.6	3.7	4.6	14.0	0.1
V	50.1	6.6	27.7	0.8	0.0	13.0	0.2	0.1	0.3	0.5	0.7
VI	63.0	3.4	7.6	3.1	0.0	2.1	12.0	2.2	4.3	0.2	2.1
VII	40.8	36.9	9.9	3.1	0.0	1.7	1.4	1.5	3.6	0.7	0.5
VIII	35.7	3.9	20.8	2.7	31.2	0.7	0.5	1.0	0.9	0.5	2.1
IX	24.0	8.5	5.8	11.5	39.7	1.0	0.8	2.5	3.4	2.1	0.6
X	34.7	12.3	13.7	3.4	30.6	2.5	0.2	0.5	0.5	1.4	0.1

第 3 章　決定因子

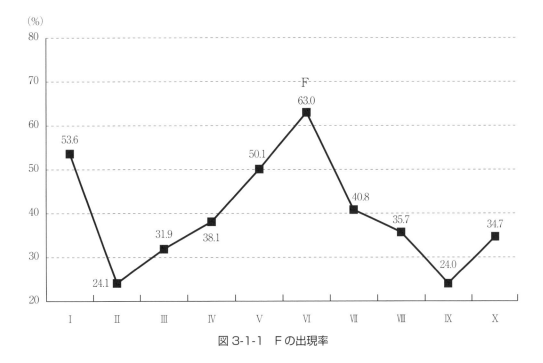

図 3-1-1　F の出現率

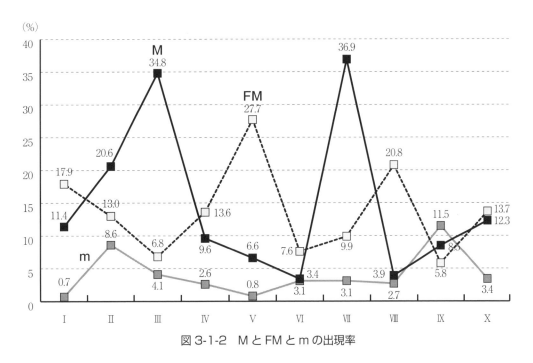

図 3-1-2　M と FM と m の出現率

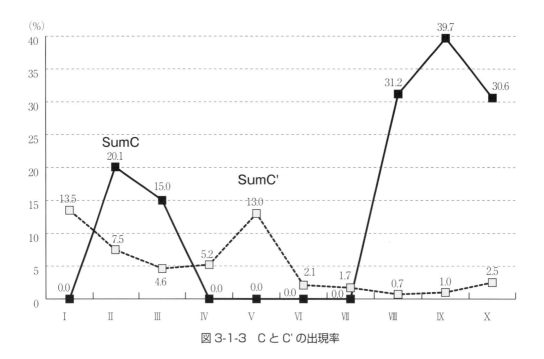

図 3-1-3　C と C' の出現率

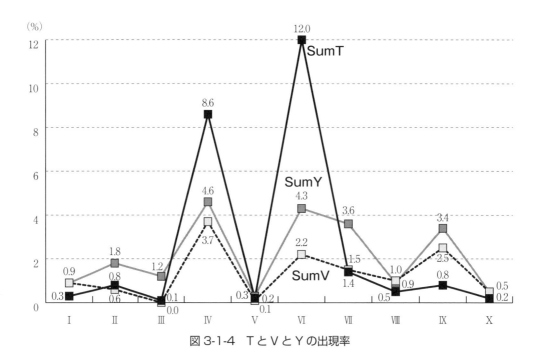

図 3-1-4　T と V と Y の出現率

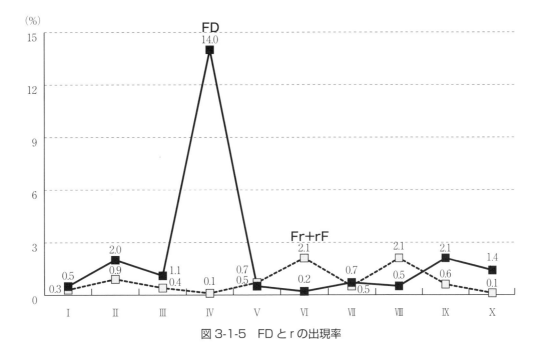

図 3-1-5　FD と r の出現率

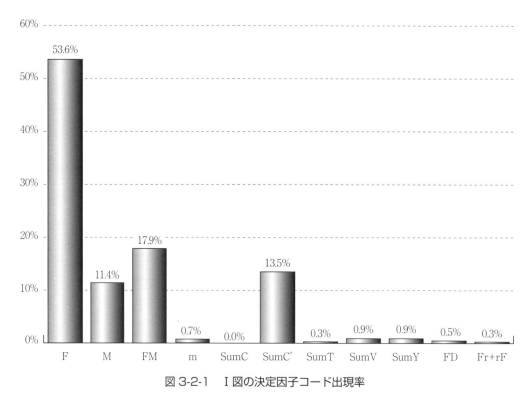

図 3-2-1　Ⅰ図の決定因子コード出現率

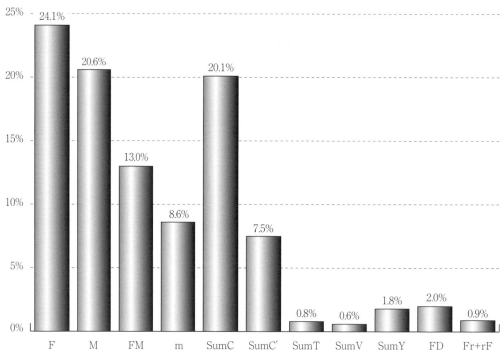

図 3-2-2　Ⅱ図の決定因子コード出現率

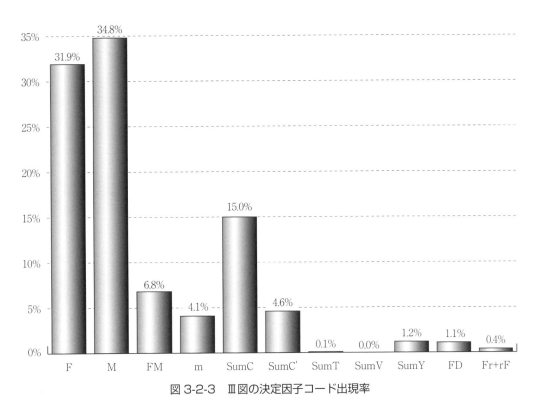

図 3-2-3　Ⅲ図の決定因子コード出現率

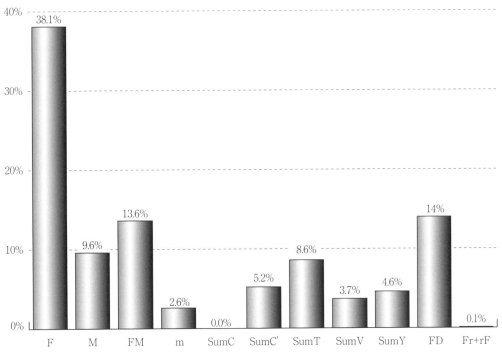

図 3-2-4　Ⅳ図の決定因子コード出現率

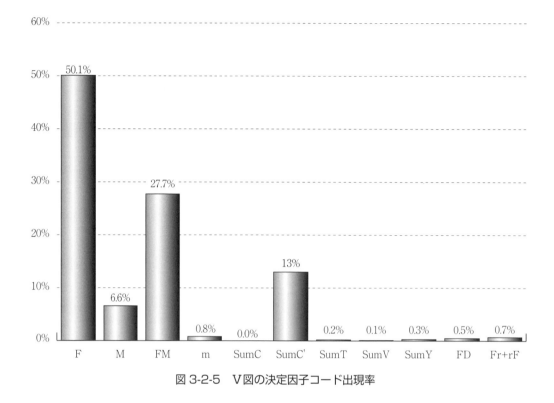

図 3-2-5　Ⅴ図の決定因子コード出現率

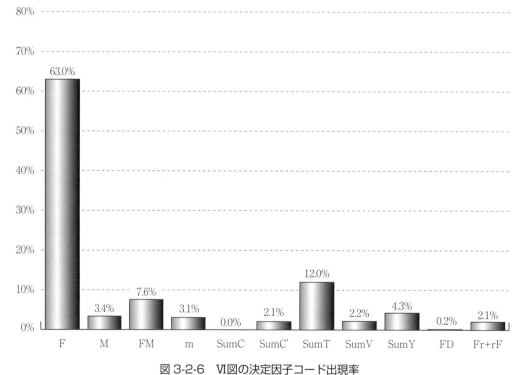

図 3-2-6　Ⅵ図の決定因子コード出現率

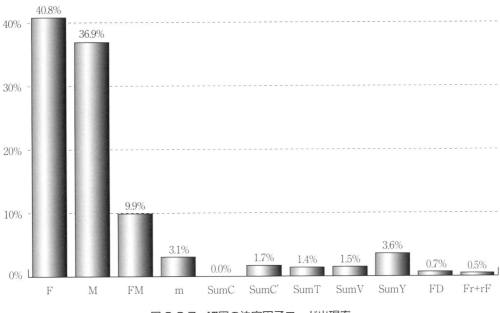

図 3-2-7　Ⅶ図の決定因子コード出現率

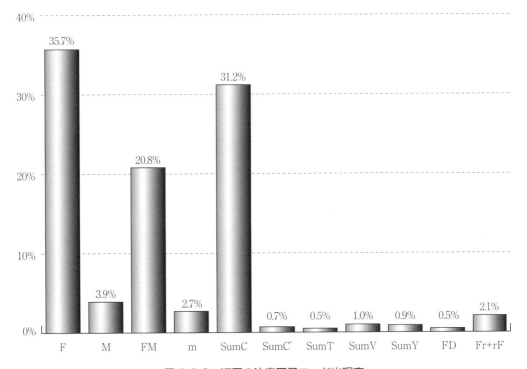

図 3-2-8　Ⅷ図の決定因子コード出現率

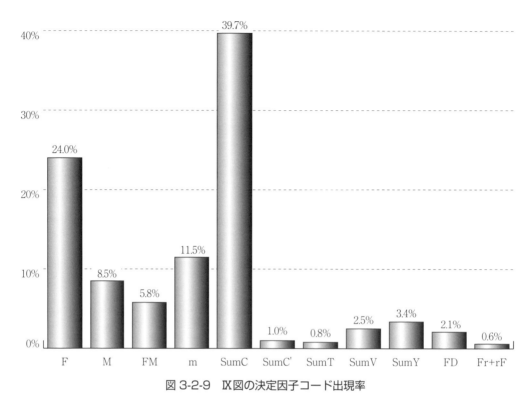

図 3-2-9　Ⅸ図の決定因子コード出現率

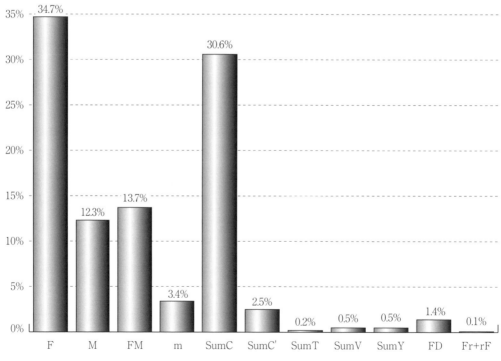

図 3-2-10　Ⅹ図の決定因子コード出現率

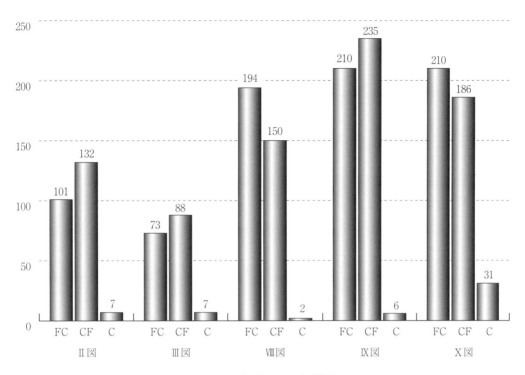

図 3-3-1　色彩反応の出現頻度

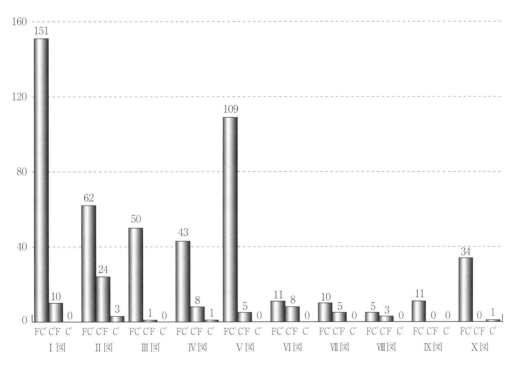

図 3-3-2　無彩色反応の出現頻度

46　ロールシャッハ・テスト統計集

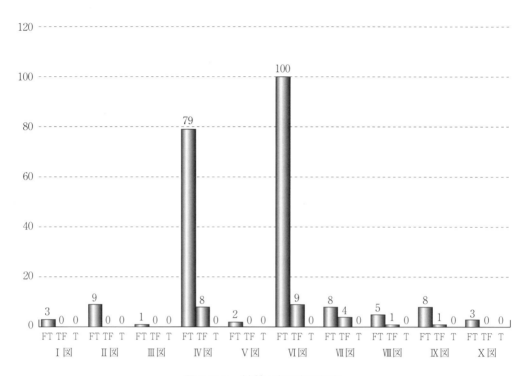

図3-3-3　材質反応の出現頻度

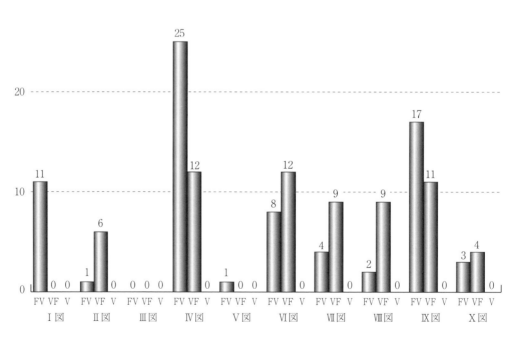

図3-3-4　展望反応の出現頻度

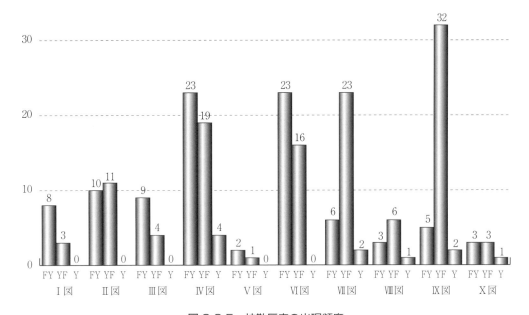

図 3-3-5　拡散反応の出現頻度

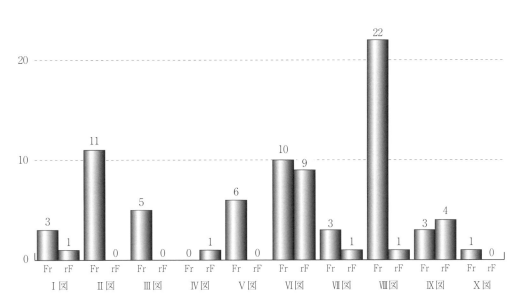

図 3-3-6　反射反応の出現頻度

ブレンド反応の出現率

各図版のブレンド反応の出現率は表3－4と図3－4に示すとおりである。

表3－4　ブレンド反応の出現率

図版	%
Ⅰ	5.7
Ⅱ	25.3
Ⅲ	16.6
Ⅳ	15.1
Ⅴ	5.8
Ⅵ	4.0
Ⅶ	4.7
Ⅷ	12.3
Ⅸ	24.6
Ⅹ	16.0

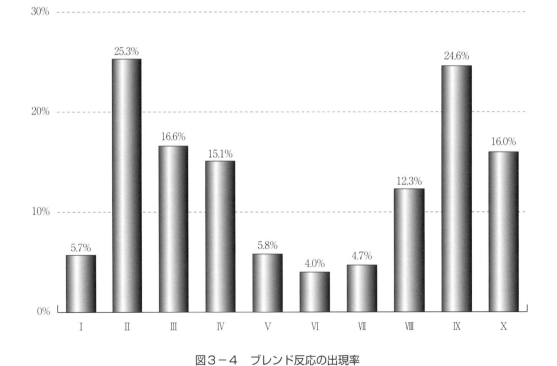

図3－4　ブレンド反応の出現率

決定因子の反応順別出現頻度

表3－5－1から表3－5－10は各図版の決定因子出現頻度を反応順ごとに集計したものである。なお，同一コードのブレンドであってもコード順が異なる場合は，例えば Ma.FC と FC.Ma の頻度を別々に集計してある。

表3－5－1　Ⅰ図の決定因子の反応順別出現頻度

決定因子	1	2	3	4	5	合計
F	229	213	123	55	17	637
Ma	13	20	20	7	6	66
Mp	13	21	12	3	0	49
FMa	29	15	11	8	1	64
FMp	48	41	17	2	3	111
FC'	45	39	17	6		107
ma		1		1		2
mp			1		1	2
C'F		1	3	2		6
FT			1			1
FV		1	2	1		4
FY		3	2	1		6
YF		1	1			2
FD		2				2
Fr				1		1
rF			1			1
Ma.mp	1	1				2
Ma.FC'	1	2			1	4
Ma.C'F		1	1			2
Ma.FT		1				1
Ma.FV		2				2
Ma.FD		1				1
Mp.FC'		2				2
Mp.FV	1	2				3
Mp.FV.FD			1			1
Mp.FD	1					1
Mp.Fr		1				1
FMa.FC'	3	2	1	1		7
FMa.FD					1	1
FMa.FV	1					1
FMp.FC'	4	4	3			11
FMp.FY		1				1
mp.C'F		1				1
FC'.FMa	3		1			4
FC'.FMp	7	6				13
FC'.FT	1					1
FC'.FY				1		1
FC'.Fr			1			1
C'F.YF.ma			1			1

表3－5－2　Ⅱ図の決定因子の反応順別出現頻度

決定因子	1	2	3	4	5	6	合計
F	75	122	63	19	8	1	288
Ma	47	7	3	1			58
Mp	73	23	7				103
FMa	17	18	11	2	3		51
FMp	42	15	8	2	1	1	69
ma	1	2		1			4
mp	1	1	1				3
FC	21	10	9	2			42
CF	4	10	4				18
C	1						1
FC'	8	7	2	1	1		19
C'F	3		1				4
FT	1	1			1		3
FV	1						1
VF	1	1					2
FY	1	4	1				6
YF		1					1
FD	4	5	4				13
Ma.ma			1				1
Ma.mp	1						1
Ma.FC	12	2	3				17
Ma.FC.FC'		1					1
Ma.CF	5	1	2	1			9
Ma.CF.ma		1					1
Ma.CF.mp	1						1
Ma.C		1	1				2
Ma.FC'	5	2	2				9
Ma.FC'.CF	1						1
Ma.FT	1						1
Ma.FY			1				1
Ma.FD.CF	1						1
Ma.Fr		1					1
Mp.FC	13	4	1				18
Mp.FC.ma		1					1
Mp.FC.FC'	2						2
Mp.CF	3	1					4
Mp.CF.mp	1						1
Mp.FC'	1		1				2
Mp.Fr	4	1	1				6
Mp.Fr.FY	1						1
FMa.FC	5						5
FMa.CF	3	1					4
FMa.CF.ma	1		1				2
FMa.CF.mp	1	1	1				3
FMa-p.FC.FD				1			1

表３－５－２　Ⅱ図の決定因子の反応順別出現頻度（つづき）

決定因子	1	2	3	4	5	6	合計
FMa.FC'	1	2					3
FMa.FC'.CF.ma		1					1
FMa.Fr				1			1
FMp.FC		2					2
FMp.FC'		2	1	1			4
FMp.FC'.FC		1					1
FMp.FC'.FT	2		1				3
FMp.FT	1						1
FMp.FY	1						1
FMp.Fr			1				1
ma.CF	12	20	12	1	1		46
ma.CF.C'F	1	5					6
ma.CF.C'F.YF		2					2
ma.C'F		1					1
ma.C'F.CF		2					2
ma.C'F.CF.YF		1					1
ma.C'F.YF	1						1
mp.C		1					1
mp.CF	1		1				2
FC.Ma	1						1
FC.Mp		1	1				2
FC.FC'	2	2	2				6
FC.FY	1						1
CF.ma	2	8	2	1			13

決定因子	1	2	3	4	5	6	合計
CF.mp	1	3					4
CF.C'F		1					1
CF.C'F.YF		1					1
CF.YF	1			1			2
CF.YF.ma	1						1
C.C'		1	1				2
FC'.FMa		1					1
FC'.FMp	1						1
FC'.mp		1					1
FC'.FC	1						1
FC'.CF					1		1
FC'.CF.ma		1					1
FC'.CF.mp				1			1
FC'.VF		1					1
C'F.CF		1					1
C'F.FD	2						2
C'.CF.ma		1					1
FT.FC'	1						1
VF.C'F.FD	1						1
FD.C	1						1
FD.C'F		1					1
FD.VF	1		1				2
FD.YF		2					2
Fr.FC'		1					1

表３－５－３　Ⅲ図の決定因子の反応順別出現頻度

決定因子	1	2	3	4	5	6	7	合計
F	79	162	67	34	9	4	1	356
Ma	127	30	16	6	2	1		182
Mp	87	25	10		1			123
FMa	4	20	3	2	2			31
FMp	15	13	5	1				34
ma				1				1
mp		1						1
FC	9	26	15	6	2			58
CF	1	10	4	3	2			20
FC'	1	7	3		2			13
FY	1		3					4
YF		1						1
FD		2	2	1				5
Ma.FMa	1							1
Ma.ma.CF	3							3
Ma.ma.FD.CF	1							1
Ma.mp.CF	2							2
Ma.FC		1						1
Ma.CF	10		2					12
Ma.CF.ma	11		1					12
Ma.CF.ma.FD		1						1
Ma.CF.mp	2	1						3

表３−５−３ Ⅲ図の決定因子の反応順別出現頻度（つづき）

決定因子	1	2	3	4	5	6	7	合計
Ma.CF.FD	1							1
Ma.CF.FD.mp	1							1
Ma.C	4							4
Ma.FC'	9		1	1				11
Ma.FC'.FC		1						1
Ma.FC'.CF	3							3
Ma.FC'.C	2							2
Ma.C'F.Fr	1							1
Ma.FD	1							1
Ma.FD.YF	1							1
Ma.Fr	1							1
Mp.FMa	1							1
Mp.ma.CF		1						1
Mp.mp			1					1
Mp.FC.FD	1							1
Mp.CF	2		1					3
Mp.C	1							1
Mp.FC'	6	1						7
Mp.FY		1						1
Mp.YF	1							1
Mp.Fr	1							1
FMa.FC		1	1					2
FMa.CF	1			1				2
FMa.FC'			1					1
FMp.FC		1						1
FMp.CF		1						1
FMp.CF.mp		1						1
ma.CF			1					1
mp.CF		3	3					6
mp.Fr		1						1
FC.FMa		1						1
FC.FC'	1	3	1					5
FC.FY	1							1
CF.ma		3	2	1				6
CF.mp	1	1	1	1				4
CF.YF			1					1
FC'.Ma.CF	1							1
FC'.Mp	1							1
FC'.FC			1					1
FC'.CF	1							1
FC'.FT			1					1
FC'.FY	1							1
FY.FC			1					1
FY.FC'		1						1
Fr.Mp.CF	1							1

表３−５−４ Ⅳ図の決定因子の反応順別出現頻度

決定因子	1	2	3	4	5	6	合計
F	151	147	64	16	5	1	384
Ma	12	10	4				26
Mp	10	5	3	1			19
FMa	23	20	7	2	1		53
FMp	11	8	6	3	1		29
mp	6	4	2		1		13
FC'	10	8	2				20
FT	34	14	8	3	1		60
TF	2	6					8
FV	7	12	2				21
VF	1	3	2	1			7
FY	4	10	4				18
YF	1	3	1				5
Y		1					1
FD	51	10	6	1			68
Ma.FC'	1						1
Ma.FC'.FY	1						1
Ma.C'F	1						1
Ma.FT		2					2
Ma.FV.FT		1					1
Ma.YF			1				1
Ma.FD	10	4		1			15
Ma.FD.FC'	1						1
Ma.FD.FT	1						1
Mp.FC'.FY		1					1
Mp.FT	1						1
Mp.FD	17	2	2				21
Mp.FD.FC'.FT	1						1
Mp.FD.FY	1						1
ma.C'F	1						1
ma.YF		1	1	2			4
FMa.FC'		2					2
FMa.C'F			1				1
FMa.C'F.FD			1				1
FMa.FT	4						4
FMa.FV		1					1
FMa.VF		1					1
FMa.FY	1						1
FMa.YF	2						2
FMa.FD	8	2	1				11
FMp.FC'	3	5					8
FMp.FT	3	1					4
FMp.FV		1					1
FMp.YF.FD		1					1
FMp.FD	7	4					11
FC'.FMp	1	1	1				3
FC'.FMp.FV	1						1
FC'.FT	1						1
FC'.FY			1				1
C'F.VF	1				1		2
C'F.YF.ma			1				1
C'.Y			1				1
FT.FMp.FD	1						1

第3章 決定因子 53

表3-5-4 Ⅳ図の決定因子の反応順別出現頻度（つづき）

決定因子	1	2	3	4	5	6	合計
FT.ma	1						1
FT.FC'		1					1
VF.ma	1						1
VF.FD				1			1
YF.ma	1						1
YF.ma.C'F.rF		1					1
YF.mp		1					1
YF.FD	2						2
Y.ma			1		1		2
FD.Mp.FMp		1					1
FD.Mp	1	1					2
FD.FC'	1						1
FD.FT	1						1

表3-5-5 Ⅴ図の決定因子の反応順別出現頻度

決定因子	1	2	3	4	5	合計
F	202	152	62	21	4	441
Ma	5	15	5	2		27
Mp	8	12	2			22
FMa	65	36	11	2	1	115
FMp	53	23	14	1		91
ma		2				2
mp			1	2		3
FC'	40	25	3	2		70
C'F		2	1			3
FT	2					2
FY					1	1
YF		1				1
FD				1		1
Ma.FC'		1				1
Ma.FC'.ma		1				1
Mp.FC'		3				3
Mp.C'F		1				1
Mp.FD		1	1			2
FMa.FC'	8	3				11
FMa.FC'.FY	1					1
FMa.FV.Fr		1				1
FMp.FC'	5	1				6
FMp.FD		1				1
ma.C'F		1				1
FC'.FMa	9	3				12
FC'.FMp	2	2				4
Fr			2			2
Fr.Ma		1				1
Fr.FMa		1	1			2

54　ロールシャッハ・テスト統計集

表3－5－6　Ⅵ図の決定因子の反応順別出現頻度

決定因子	1	2	3	4	5	6	合計
F	273	185	89	21	4	1	573
Ma	2	4	1	1			8
Mp	7	9	3				19
FMa	12	16	6	1			35
FMp	12	6	4				22
ma	2	6		1			9
mp		4	3				7
FC'	3	4	1		1		9
C'F		2					2
FT	56	30	4	2			92
TF	4	2	1	1			8
FV	5	2	1				8
VF		2	2	3			7
FY	9	6	5				20
YF	2	3	3	2			10
FD	1	1					2
Fr	1						1
rF		1	1	1			3
Ma.FC'			1				1
Ma.Fr		1					1
Mp.FT	1						1
Mp.VF	1						1
FMa.ma			1				1
FMa.ma.Fr.YF		1					1
FMa.C'F.FY	1						1
FMa.TF	1						1
FMa.Fr	1		1				2
FMp.FC'		1					1
FMp.FT	1	2					3
ma.FY	1						1
ma.Fr			1				1
mp.FT	1						1
mp.YF			1				1
mp.Fr			1				1
mp.rF		1					1
C'F.mp				1			1
C'F.VF		1					1
C'F.YF	1						1
FT.FMp	1						1
FT.ma		1					1
VF.rF		1	1				2
FY.mp		1					1
YF.C'F			1				1
Fr.FMp		1					1
Fr.C'F				1			1
Fr.FT				1			1
rF.VF	1						1
rF.YF		1					1
rF.YF.mp		1					1

表３－５－７　Ⅶ図の決定因子の反応順別出現頻度

決定因子	1	2	3	4	5	合計
F	104	157	63	28	2	354
Ma	118	36	12			166
Mp	105	20	7	2		134
FMa	17	28	2	2		49
FMp	21	10	2			33
ma	1	2				3
mp	2	1				3
FC'	2	4	1	1		8
C'F		2	1			3
FT	3	3				6
TF	1	1		1		3
FV	1	3				4
VF	1	3	1	1		6
FY		2	3			5
YF	4	4	1			9
Y	1	1				2
FD		1				1
Ma.ma	2					2
Ma.mp	1					1
Ma.FC'		1				1
Ma.FD		1	1			2
Ma.FD.YF		1				1
Ma.Fr	1		1			2
Mp.ma	3					3
Mp.mp					1	1
Mp.FC'			1			1
Mp.FT	1					1
Mp.FY	1					1
Mp.FD	1					1
Mp.Fr		1				1
FMa.C'F			1			1
FMa.FT					1	1
FMa.TF	1					1
FMa.FD	1					1
ma.Ma	1					1
ma.YF	1					1
ma.rF.YF		1				1
mp.YF	1	2				3
VF.Mp	1					1
VF.mp			1			1
VF.YF	1					1
YF.ma			1			1
YF.mp	2	2	1			5
YF.C'F.mp			1			1

表３－５－８　Ⅷ図の決定因子の反応順別出現頻度

決定因子	1	2	3	4	5	6	7	8	9	合計
F	145	140	70	28	11	1			1	396
Ma	4	5	5		1					15
Mp	3	3	2	3	2					13
FMa	83	29	6	1						119
FMp	19	11	4	3	1					38
ma	1	1								2
mp		1	2	1						4
FC	54	67	31	8	2	1	1	1		165
CF	29	27	22	5	2					85
C		1								1
FC'		1		1						2
FT		2								2
VF		1								1
FY		1		1						2
YF		2								2
FD		1								1
Fr	2									2
Ma.FC	1	1	1							3
Ma.CF	1		1							2
Ma.CF.ma	1									1
Mp.ma.CF		1								1
Mp.FC	1									1
Mp.CF				1						1
Mp.C		1								1
Mp.C'F	1									1
Mp.FD.CF			1							1
FMa.FC	12									12
FMa.FC.VF.Fr	1									1
FMa.CF	17	3	1							21
FMa.CF.ma	1									1
FMa.CF.Fr	1									1
FMa.FC'	1									1
FMa.FT	2									2
FMa.VF	2									2
FMa.VF.Fr		1								1
FMa.Fr	3	3	2							8
FMa.Fr.CF	1	1								2
FMp.Ma	1									1
FMp.FC	2	1								3
FMp.CF	4	2								6
FMp.FC'.CF.FD.Y		1								1
FMp.Fr	3	1								4
FMp.Fr.CF		1								1
ma.Ma.FC		1								1
ma.FMa		1								1
ma.CF	1	2	1							4
ma.VF		1								1
ma.YF			1							1
mp.FC.YF		1								1
mp.CF		2	1	1						4
FC.Ma	1									1
FC.FMa		1								1
FC.FC'			1							1

表３－５－８　Ⅷ図の決定因子の反応順別出現頻度（つづき）

決定因子	1	2	3	4	5	6	7	8	9	合計
FC.FT				1						1
FC.FV		1								1
FC.FY			1							1
CF.ma		1	1	1						3
CF.ma.FMa				1						1
CF.mp		1	2							3
CF.mp.FMp	1									1
CF.TF		1								1
CF.YF		2								2
CF.FD		1	1							2
CF.rF		1								1
C'F.C			1							1
FV.FC	1									1
VF.CF.C'F			1							1
FD.CF		1								1
Fr.FMa.VF		1								1
Fr.FMp.CF.VF				1						1

表3−5−9　Ⅸ図の決定因子の反応順別出現頻度

決定因子	1	2	3	4	5	6	合計
F	123	88	44	15	3		273
Ma	7	15	10	1	1		34
Mp	7	11	3	1			22
FMa	5	4	4	1			14
FMp	6	10	6		1	1	24
ma	2	3	1		1		7
mp		1					1
FC	83	47	30	10	3		173
CF	35	32	8	3	1	1	80
C	3						3
FC'	1	2	1	1			5
FT		1		2			3
FV	4	1					5
VF		1	1	1			3
YF	3	1	1	1			6
FD	3	1					4
Fr		1					1
Ma.FMa.ma	1						1
Ma.FC	1	1					2
Ma.CF	3	1	2				6
Ma-p.CF	1						1
Ma.CF.ma	1						1
Ma.CF.ma.YF	1						1
Ma.FT		1					1
Ma.VF.CF	1						1
Ma.Fr.FC		1					1
Mp.FC	1	3	2	1		1	8
Mp.FC.Fr		1					1
Mp.CF	2		1				3
Mp.CF.ma	1	1					2
Mp.FC'				1			1
Mp.FC'.FY		1					1
Mp.FT.FC	1						1
Mp.FV		1					1
Mp.FY.mp	1						1
Mp.Y.C	1						1
Mp.FD	1	1					2
FMa.Ma		1			1		2
FMa.CF	1	2		1			4
FMa.CF.YF		1					1
FMa.FV		1					1
FMa.YF		1					1
FMa.FD			1				1
FMa.FD.CF	1						1
FMp.FC	1	1	1				3
FMp.CF	3						3
FMp.CF.FD	2	2					4
FMp.YF	1						1
FMp.FD.CF	1						1
FMp.FD.CF.ma	1						1
ma.CF	24	6	7	3			40
ma.CF.Mp			1				1
ma.CF.VF		1					1

第3章 決定因子 59

表3−5−9 IX図の決定因子の反応順別出現頻度（つづき）

決定因子	1	2	3	4	5	6	合計
ma.CF.YF	2	2					4
ma.YF	1						1
ma.YF.CF	1						1
ma.FD.CF		1					1
mp.CF	2	2	1				5
mp.YF			1				1
FC.Mp		1					1
FC.FMp	1						1
FC.mp	1		1				2
FC.mp.FV	1						1
FC.FT	1	1					2
FC.FV	3	1					4
FC.FY	3						3
FC.YF	2						2
CF.FMp	1						1
CF.ma	23	8	5		1		37
CF.ma.FMa	1						1
CF.ma.YF	2	3					5
CF.mp	3	2	1				6
CF.mp.VF		1					1
CF.mp.VF.YF	1						1
CF.TF		1					1
CF.VF	1	1					2
CF.YF	1	2	1				4
CF.YF.ma		1					1
CF.YF.mp		1					1
CF.YF.VF			1				1
CF.FD	1						1
CF.rF		1					1
C.ma	1						1
C.FD	1						1
FC'.FC	1						1
FC'.CF.ma		1					1
FC'.CF.FD	1						1
FC'.FV		1					1
FT.CF.ma	1						1
FV.mp				1			1
FV.FC	3						3
Y.ma.FD		1					1
FD.FC	1						1
FD.CF	3						3
rF.CF	1						1
rF.CF.FD	1						1
rF.VF			1				1

表３－５－１０　X図の決定因子の反応順別出現頻度

決定因子	1	2	3	4	5	6	7	8	9	10	合計
F	122	159	90	60	30	17	2	3	1		484
Ma	24	11	11	10	2	2	1				61
Mp	11	8	5	4	2	1	1				32
FMa	25	16	15	8	4	3	1				72
FMp	16	16	8	7	1		2	1			51
FMa-p					1						1
ma	2	3				1					6
mp		2							1		3
FC	46	35	29	20	11	3	1		1		146
CF	42	24	18	10	3	1	2				100
C	1		1								2
FC'	6	4	4	2	2		1				19
FT	1		1	1							3
FV		1	1								2
VF		1									1
FY	1	1									2
FD	2	3	1								6
Ma.FMa	1			1							2
Ma.FMa.C	1										1
Ma.FMa.CF	1										1
Ma.FC	6	3	2	1							12
Ma.FC.FC'		1	1								2
Ma.FC.FV	1										1
Ma.CF	9	4	2	2		1					18
Ma.CF.ma	1										1
Ma-p.CF.FD	1										1
Ma.C	11	1									12
Ma.FC'.FC					1						1
Ma.FD.FC	1										1
Ma.FD.C	1										1
Mp.FMa		1									1
Mp.FMa.C				1							1
Mp.FC	1	1	2	2							6
Mp.FC.FC'	1										1
Mp.CF	2	2									4
Mp.C	2	1									3
Mp.C.Y.C'	1										1
Mp.FC'.FC.FMp	1										1
Mp.FD.C	1										1
FMa.FC	5	2	3		1	1					12
FMa.FC.FD		2									2
FMa.CF	7	2	2								11
FMa.CF.FY.mp	1										1
FMa.CF.Fr	1										1
FMa.C	2		1								3
FMa.FC'	1										1
FMa.FD		1	1			1					3
FMp.FC	2	2									4
FMp.CF	3	2	1								6
FMp.C	2	1									3
FMp.FC'		1									1
ma.FC			1								1
ma.CF	6	2	2		2						12

表３−５−１０　X図の決定因子の反応順別出現頻度（つづき）

決定因子	1	2	3	4	5	6	7	8	9	10	合計
mp.VF				1							1
FC.Mp	1										1
FC.FMa	1	2	2	1	1						7
FC.FMp	1			1							2
FC.mp	2										2
FC.FC'	1	1	1								3
FC.FC'.Mp	1										1
CF.Ma	2										2
CF.FMa	1										1
CF.FMp		1									1
CF.ma	11	1	1	2							15
CF.ma.Ma	1										1
CF.mp	1				1		1				3
CF.VF					1			1			2
CF.YF			3								3
CF.FD	1										1
C.ma	1										1
FC'.FMa		1									1
FC'.FC	1	1									2
FC'.FC.Ma			1								1
FD.FC	1										1
FD.CF			1								1
FD.C	1				1						2

ペア反応の出現頻度

　ペア反応は，自己知覚クラスターのステップ3で検討する自己中心性指標の要素である。ペア反応は全反応の約28％にコードされるが，被検者の自己中心性指標を検討する時には出現頻度だけに注目するのではなく，どの図版で出現したかの情報を考慮して解釈することが役立つであろう。

　以下の表3-6と図3-6は，各図版でのペア反応の出現頻度とそれぞれの図版の総反応数に占める出現率を示したものである。ペア反応の出現頻度はⅦ図，Ⅲ図，Ⅱ図で多く，Ⅳ図，Ⅵ図，Ⅴ図では少ないので，この点を考慮して，自己中心性指標の数値を解釈する必要があるだろうし，図版ごとのペア反応の頻度を臨床群と比較検討することで新たな知見が得られるかもしれない。

表3-6　ペア反応の出現頻度

図版		ペア反応
Ⅰ	頻度	129
	％	11.5
Ⅱ	頻度	403
	％	43.9
Ⅲ	頻度	461
	％	48.4
Ⅳ	頻度	50
	％	5.8
Ⅴ	頻度	74
	％	8.9
Ⅵ	頻度	59
	％	6.8
Ⅶ	頻度	503
	％	60.8
Ⅷ	頻度	316
	％	32.6
Ⅸ	頻度	184
	％	21.1
Ⅹ	頻度	428
	％	36.3

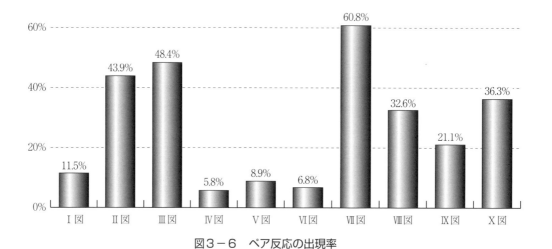

図3-6　ペア反応の出現率

第4章　形態水準

　形態水準は，被検者が反応を見た領域の形態と，知覚した対象の形態との適合度を表すコードである。包括システムでは領域の形態と知覚した対象の形態との合致度を以下の4つに分類し，＋, o, u, −の記号によってコードする。

①普通・詳細　　＋
②普通　　　　　o
③稀少　　　　　u
④マイナス　　　−

　本書に掲載する形態水準に関する表と図の数値は，ロールシャッハ・テスト形態水準表（高橋・高橋・西尾，2009）によって反応の形態水準をコードして集計したものである。
　形態水準のコード化に使われる4つの記号のうち＋は，o（普通）とコードされる反応でありかつ単に形態を詳細に明細化された反応にコードされるが，コード化の基準がそれほど明確ではなく検査者の主観的判断によらざるを得ないので，われわれは＋のコードは用いないでoとコードし，解釈において＋に近い反応かどうかを考慮している（高橋・高橋・西尾，2006）。したがって本書の表と図の数値は o, u, −の記号に関する数値のみとなっている。なお，まったく形態を伴わない決定因子をもつ反応（C, Cn, C', T, V, Y）と，形態を伴わない人間運動反応には形態水準のコードはつけないが，以下に示す表にはこれらの反応の出現頻度も掲載してある。
　ところで形態水準のコードは，おもに認知的媒介クラスターのステップで，XA％・WDA％・X＋％・Xu％・X−％などの量的側面や，マイナスの反応についての同質性や歪みの程度などの質的側面などを考慮して解釈される。量的側面に関連するさまざまな数値はこれまでにも多くの研究で示されているが，同質性や歪みの程度などの質的側面の解釈に活用できる実証的で客観的な資料はほとんど示されていないので，本書の図表を参照してほしい。

反応順別形態水準コード出現頻度
　著者らは形態水準コードの出現頻度をより詳細に検討することで質的側面の解釈で参照できる資料が得られるのではないかと考えて，形態水準コードがどの領域に何番目の反応として出現するかを図版ごとに集計した。その結果を示したものが表4−1から表4−10である。
　また以下の3種類の図は，これらの表の数値をもとに図版ごとの形態水準コードの出現頻度を図示したものである。
　まず図4−1−1から図4−1−10に，反応順に形態水準コードの出現頻度をグラフ化してある。

領域コード別形態水準コード出現頻度

次に, 図4 − 2 − 1から図4 − 2 − 10は領域コード（W, D, Dd, S）ごとに, さらに図4 − 3 − 1から図4 − 3 − 10には, すべての領域ごとに形態水準コードの出現頻度をグラフ化してある。

形態水準コードに関するこれらの表と図を解釈や研究に用いる時には次のことに注意をしてほしい。

すでに述べたように本書の形態水準コード出現頻度は, ロールシャッハ・テスト形態水準表（高橋・高橋・西尾, 2009）によっているが, エクスナーの形態水準表（Exner, J. E., 2002）によって形態水準をコードしている読者もいると思う。

図4 − 4は形態水準に関する統計値を比較したものであり, 図からわかる通り, エクスナーの形態水準表によって日本人の反応の形態水準をコードした中村らの数値（Nakamura, N., Fuchigami, Y., & Tugawa, R., 2007）は, Exner（2003）や高橋・高橋・西尾（2007）の数値と比べて, WA％, WDA％, X＋％が低く, Xu％とX−％が高い値となっている。したがって形態水準に関する変数の値を解釈する時には, どの基準によって得られた数値であるかを意識して, その基準によって導きだされた, 被検者の属する集団での各変数の平均値や期待値に基づいて解釈をおこなうことが重要である。

ロールシャッハ・テスト形態水準表（高橋・高橋・西尾, 2009）によって形態水準をコードしている場合には, 本章の表と図や, 第5章に示す記述統計値やパーセンタイル値を解釈や研究の参考にしてほしい。

表 4 − 1　Ⅰ図の反応順別形態水準コード出現頻度

領域	o						u						一					
	1	2	3	4	5	合計	1	2	3	4	5	合計	1	2	3	4	5	合計
W	271	169	83	30	7	560	3	12	10	9	4	38	3	6	4	2	1	16
WS	84	86	43	13	6	232		7	5	5	1	18		3	1	2		6
D1			1	1		2		1	1	1		3						
D2	8	20	10	1	3	42	3	7	8	1	1	20	1	1				2
DS2																1		1
D3											1	1						
D4	12	35	25	4	2	78	1	3	5	2	1	12	1	4	2			7
D7	3	7	5	3		18			1			1						
Dd21							1	5	3	2		11						
Dd22								1				1						
Dd23								1	1	1		3						
Dd24									2			2				1		1
Dd25									1			1						
Dd28	1					1												
Dd33										1	1	2		1				1
Dd34			1			1												
Dd35							1			1		2						
Dd40	3	7	1			11												
Dd99		1				1	3	5	4	2	1	15		2	2	2		6
DdS26									1		1	2			1			1
DdS99				2		2		1		1		2		2				2

表4−2　Ⅱ図の反応順別形態水準コード出現頻度

領域	o							u						-							none			
	1	2	3	4	5	6	合計	1	2	3	4	5	合計	1	2	3	4	5	6	合計	1	2	3	合計
W	170	42	10	5	1		228	8	6	5	1	1	21	5	7	2		2		16		1	1	2
WS	17	24	8	1			50	3	1	1			5	4	1		1			6				
D1	9	12	7	1	1		30	1					1											
D2	5	8	6	2	1		22		6	2	1	1	10	1	4	1	2			8				
D3	9	24	23	5	1		62	3	7	3	1		14	1	3	3			1	8	1			1
D4	3	1	1				5		1	1		1	3	1			1			2				
DS4	1	3					4																	
DS5	16	43	20	5	2		86	3	9	4		2	18	2	2					4				
D6	102	65	29	7	2	1	206	11	13	4	2		30	2	3	4	1			10				
DS6	9	11	4				24	5	1				6	3	2					5				
Dd21					1		1		1		1		2											
Dd22										1			1											
Dd25										1			1											
Dd31										1			1											
Dd99			2				2							4	3					7				
DdS99		1	1				2	3	3				6	1	2	3	2			8				

表４−３　Ⅲ図の反応順別形態水準コード出現頻度

領域	o							合計	u					合計	-					合計
	1	2	3	4	5	6	7		1	2	3	4	5		1	2	3	4	5	
W	38	4	4					46	3	7	2			12		2	1	1		4
WS	2	7	2					11	2	3	3			8	2	1	1			4
D1	188	70	20	4	4	2	1	289	6	8	2	5	1	22	3	3	1	1		8
D2	2	29	17	11	3	1		63		2	1			3		1			1	2
D3	10	45	21	8	2			86			2			2	1		1			2
D5	1	5	8	1		1		16				1	1	2			1			1
D7	4	16	11	4				35	1	4	2		1	8			1			1
DS7																				
D8											2			2						
D9	98	23	11	1		1		134							1	2		1		4
Dd22									2	1				3		1				1
DdS23										1				1						
DdS24			1		1			2		1				1	1	2			1	4
Dd29										1				1						
Dd32	2			1				3												
Dd33			1	2				3					1	1						
Dd34	2							2	1	1				2						
Dd35			1	1				2												
Dd40	14	22	14	3	1			54	1					1	1	1				2
DdS40		1						1								1				1
Dd41		5						5	2	3				5	2	2				4
DdS41	3	10	3	2				18	3	6		2		11						
Dd99	2	2		1				5	1	5	1	1		8	1	1	1	1	2	6
DdS99	3	12	3	1				19	2	5	4			11	2	3	2	3	1	11

表4-4　IV図の反応順別形態水準コード出現頻度

領域	o							u						-						none		
	1	2	3	4	5	6	合計	1	2	3	4	5	合計	1	2	3	4	5	合計	2	3	合計
W	281	160	51	12	2		506	27	25	13	5	2	72	9	9	9	2	1	30			
WS	5				2		7	2	4	1	1		8								1	1
D1	11	20	7	3			41	1	6	4	1		12		1				1			
D2	1	3	5	1			10			1			1									
D3	0	2	2				4		1	3			4		1	2			3			
D4	2	3	3	1			9	1	3	1		1	6			1			1			
D5	1	2	2	1			6	4	1	2			7		1			1	2			
D6	8	15	4	1	1	1	30		3	1	1		5		1				1			
D7	32	13	2				47		1				1		3		1		4			
Dd21									1				1									
Dd22										1			1									
DdS24																		1	1			
Dd31																	1		1			
Dd32										1			1									
Dd99	1	2					3	5	7	5	1	1	19	5	6				11	1		1
DdS99	1						1	1	1				2							1		1

表4−5 V図の反応順別形態水準コード出現頻度

領域	o						u						-					
	1	2	3	4	5	合計	1	2	3	4	5	合計	1	2	3	4	5	合計
W	381	199	47	12	1	640	3	25	10	4	1	43	4	8	3	3		18
WS			1			1			1			1						
D1		3	1			4	1	1	1			3				1		1
D4	1	1	1			3	1	6	5	1		13		2		1		3
D6	1	6	7		1	15		1			1	2						
D7	5	5	3			13		3	1			4						
D9		4	2			6		2				2						
D10		7	9	2		18		8	6			14						
Dd22		1				1												
DdS29														1				1
Dd30					1	1												
Dd31			1			1	1					1	1					1
Dd33									1			1			1			1
Dd35				3		3				2		2						
Dd99	1	2	2	1		6		2				2	1		1	1	1	4
DdS99								1				1						

表4－6　Ⅵ図の反応順別形態水準コード出現頻度

領域	o							u						-					
	1	2	3	4	5	6	合計	1	2	3	4	5	合計	1	2	3	4	5	合計
W	263	129	50	16	1	1	460	25	32	13	3	1	74	15	17	7	1	1	41
WS															1				1
D1	24	36	10	1			71	7	7	2	3		19	6	1	2	1	1	11
D12										2		1	3						
D2			1				1			1			1						
D3	28	20	10	2			60	3	5	1			9	6	2	2	1		11
D4	3	5	6	1			15		1	2			3						
D5										2	2		4		1				1
D6		1					1	1		1			2	1					1
D8								2		1			3	2					2
Dd21											1		1		1				1
Dd22		1					1			1			1						
Dd23	1		2				3		2	1			3		1				1
Dd26	2	2					4												
Dd29											1		1						
Dd33										2			2						
Dd40	3	4					7												
Dd41	2	3	4	1			10												
Dd99	1						1	3	11	6	1		21	4	9	4	1		18
DdS99									1				1		1				1

表４−７　Ⅷ図の反応順別形態水準コード出現頻度

領域	o						u						-					none		
	1	2	3	4	5	合計	1	2	3	4	5	合計	1	2	3	4	合計	1	2	合計
W	188	70	21	6	1	286	22	36	9	2		69	11	18	3	1	33	1		1
WS		5	2			7	4	2	2			8	3	6	2	1	12			
D1	41	7	3	2		53	9	4	4	1		18	1				1			
D2	82	27	8	1		118	3	2	5			10	3	1		1	5			
DS2							1					1			1		1			
D3	2	32	15	8	2	59		3		1		4		2			2			
DS3		3				3														
D4	1	13	4	2		20		2	1			3		3			3			
D5								3			1	4		1	1		2			
DS5														1			1			
D6							3					3		1			1		1	1
DS7	1	11	1	3		16	1	11	4	2		18			1		1			
D8							1					1								
D9	5	1				6							1				1			
DS10							1		1			2		1			1			
Dd21								1				1								
Dd22	4	5				9	1					1	4				4			
Dd23									1	1		2	2				2			
Dd26																1	1			
Dd27									1			1								
Dd28							1					1								
Dd99			1	1		2	1	8	3			12	1	2	2	1	6			
DdS99		1				1			2			2	1	3	4		8			

表4−8　Ⅷ図の反応順別形態水準コード出現頻度

領域	o						合計	u							合計	-						合計	none	合計
	1	2	3	4	5	8		1	2	3	4	5	6	7		1	2	3	4	5	9		2	
W	116	60	32	4	3		215	41	33	13	8	1			96	15	8	10	2			35	2	2
WS	1	6	1				8	2	3	2	1				8		4					4		
D1	165	51	11	3			230	3	2	1					6	2	1		1			4		
D2	14	37	17	5	2		75		9	6	2				17	1	5	2	2			10	1	1
D3								1	2	3	1				7									
DS3											1	1			2									
D4	4	7	4	1	1		17	1	10	6	8				25	1	2	9				12		
DS4									1		1				2			1				1		
D5	1	10	6	8	1		26	1	3	4	1	1			10	1	2	4				7		
D6	5	7	2				14	3	6	2		1			12	2	7		2			11		
DS6																	1					1		
D7												2	1		3			1				1		
D8		2	1				3	3	5	5					13	4	3	3				10		
DS8								2	3	1					6	2	3					5		
Dd21										1					1			1				1		
Dd22		3		1			4		1						1									
Dd23									1						1									
Dd24									1	1			1		3									
Dd26											1	1			2									
DdS28														1	1									
Dd30								1							1									
Dd33									2						2		1	1				2		
Dd40	4	2				1	7	1	2						3	1	2					3		
Dd99	3	1					4	4	5	3	3	1			16	2	9		1		1	13		
DdS99								4	2						6		1			1		2		

表4－9　Ⅸ図の反応順別形態水準コード出現頻度

領域	o						u							-							none	
	1	2	3	4	5	合計	1	2	3	4	5	6	合計	1	2	3	4	5	6	合計	1	合計
W	101	41	25	4	2	173	30	21	12	2	0	1	66	17	11	5	1	0	0	34	2	2
WS	15	11	4	0	1	31	10	7	2	0	1	0	20	2	3	2	0	0	0	7		
D1	12	8	5	1	1	27	4	11	6	0	0	0	21	1	0	0	0	0	0	1		
DS1	4	4	2	2	0	12								0	1	1	0	0	0	2		
D2	24	7	2	0	1	34	5	1	0	0	0	0	6	0	1	0	0	0	0	1		
DS2	1	0	0	0	0	1	1	2	1	0	0	0	4	1	0	0	0	0	0	1		
D3	41	25	9	1	1	77	0	3	3	0	0	0	6	6	3	3	2	0	0	14		
DS3	9	4	0	1	0	14	0	2	0	0	0	0	2									
D4	2	3	1	1	0	7	2	1	0	1	0	0	4									
D5	1	0	0	0	0	1	0	1	1	1	0	0	3	0	0	1	0	0	0	1		
D6	15	10	4	3	0	32	1	9	3	1	0	1	15	4	1	3	1	1	0	10		
D8	2	4	2	0	0	8	3	4	1	0	0	0	8	1	0	0	0	0	0	1		
DS8	14	7	1	0	1	23	4	1	0	2	0	0	7	2	1	0	0	0	0	3		
D9	1	4	3	1	1	10	7	7	2	1	0	0	17	1	1	2	0	0	0	4		
D11	0	4	3	0	0	7	3	7	4	2	1	0	17	1	2	1	0	0	0	4		
DS11	0	0	3	1	0	4																
D12	2	3	2	0	0	7	0	1	1	0	0	0	2	2	1	0	0	0	0	3		
Dd22							0	0	0	1	0	0	1									
Dd30							0	0	0	1	0	0	1									
Dd31	0	0	1	0	0	1								0	1	0	0	0	0	1		
Dd34							1	2	3	2	0	0	8									
Dd35							1	1	1	0	0	0	3									
Dd40	9	8	1	2	0	20	2	0	0	0	0	0	2									
Dd41	0	1	0	0	0	1																
D99	3	2	1	1	0	7	3	5	1	1	1	0	11	1	2	0	0	0	0	3	2	2
DdS22	3	2	1	1	0	7	6	3	3	1	0	0	13	8	2	2	0	0	0	12		
DdS23	1	0	0	0	0	1	0	2	1	0	0	0	3									
DdS29							0	0	1	0	0	0	1									
DdS40														1	0	0	0	0	0	1		
DdS99	1	1	0	0	0	2	3	5	1	0	0	0	9	8	5	1	0	0	0	14		

表4－10　X図の反応順別形態水準コード出現頻度

領域	o											u										-								none		
	1	2	3	4	5	6	7	8	9	10	合計	1	2	3	4	5	6	7	8	9	合計	1	2	3	4	5	6	7	合計	1	3	合計
W	155	54	25	7	4	2	1				246	9	7	4	3	1					24	9	7	2	2				20	6	1	7
WS	3	3	3		2						11	3									3	1			1				2			
D1	31	29	11	6	2	2				1	82	9	13	7	4	1	1				35	2	4	1	1	1			9			
DS1	1	2		1							4	1									1	1							1			
D2	1	1		2	1		1				6	2	7	5	3	6	1	1	2		27		1					1	2			
D3			2	1							3	1		2							3			2					2			
D4	3	4	7	3	4	2					23		1	2							3	1		1					2			
D5				1							1		1			1					2											
DS5												1									1											
D6						1					1	2			1	2					5											
DS6												1									1											
D7	2	15	15	7	4	4					47	2		6	1			1			10	2			1		1		4			
DS7											1	1									1											
D8	12	13	11	3	4	1					44	11	3	2	2	1					19	1		1	1				3			
D9	14	20	15	6	2	2					59	1	2	2	2	1					8		4	3	2				9			
DS9											1	1									1											
D10		8	3	6	2	1					20	1	1	1	2	1					6	1	1	2	1	1			6			
DS10																				1	1											
D11	9	5	4	4	1	1		1			25	1	5	4	2						12	5	2		4	1	1		13			
D12		1		3	1						5	1	2	2	1	1	2	1	1		11		1	1					2			
D13			2	1							3	1		3	1		1	2			8		2	2				1	5			
D14														3	1	1	2				7			1	1				2			
D15	3	6	5	1	1	1	1		1		19	1	1		1	1		1			4		2						2			
Dd21	8	4	3	3	3						21	5	6		2						13		5	2					7			
DdS21		1									1		1		1						2											
Dd22	1	1									2											1							1			
DdS22	55	39	18	18	4	4					138	1	1	5							6	1			2				3			
DdS28				1	1						2	1	1								2											
DdS29				1							1		1	2		1		1			5											
DdS30		1	2					1			3	1									1			1					1			
Dd40	3	1	4	1	1						10																					

Dd41	8	1	1			10	1	1			2								
Dd42	1					1													
DdS42	5	4	3	1	2	15													
Dd99	2	2	2			8	1	4	5	3	1	14	2	2	1	1	6		
DdS99	1	3	2	1		7	2	1	1	2	1	8	4	6	1	2	1	14	

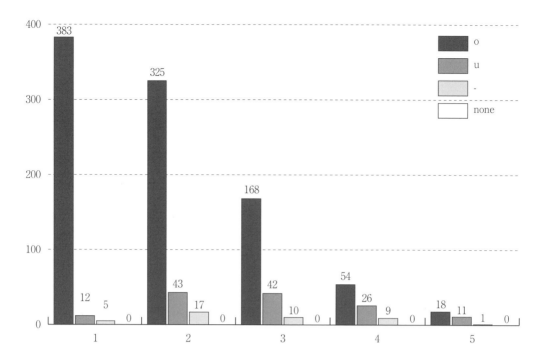

図4−1−1　Ⅰ図の反応順別形態水準コード出現頻度

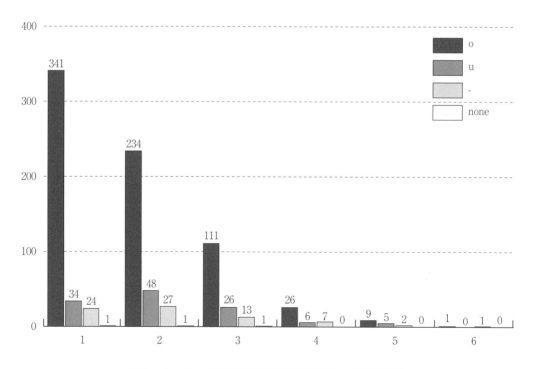

図4−1−2　Ⅱ図の反応順別形態水準コード出現頻度

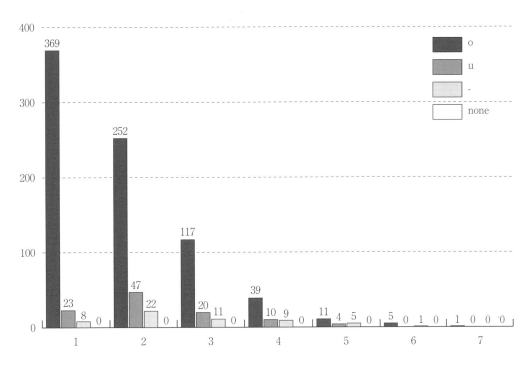

図4-1-3　Ⅲ図の反応順別形態水準コード出現頻度

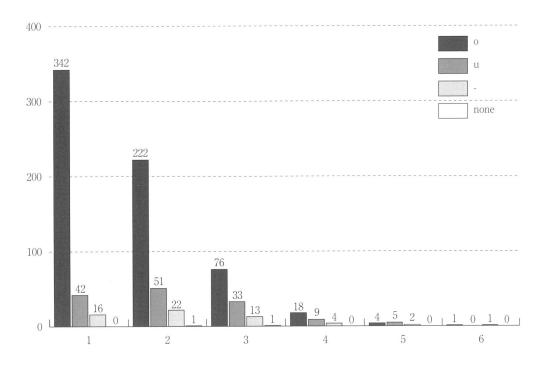

図4-1-4　Ⅳ図の反応順別形態水準コード出現頻度

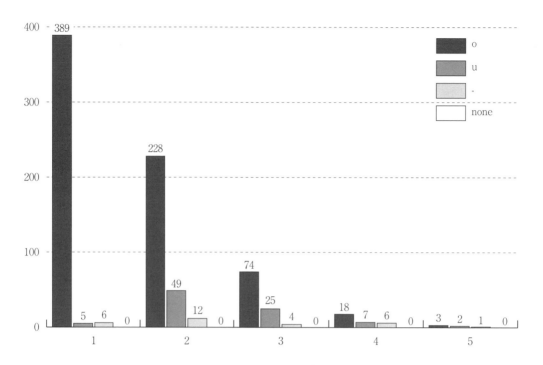

図4-1-5 Ⅴ図の反応順別形態水準コード出現頻度

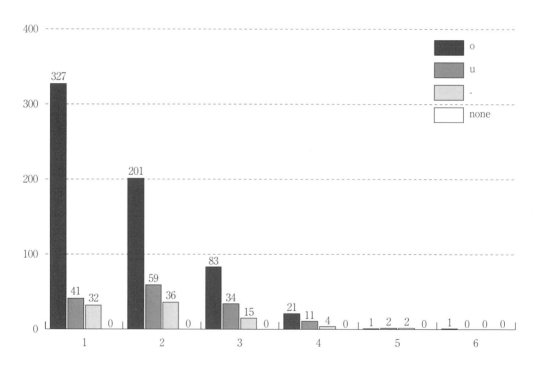

図4-1-6 Ⅵ図の反応順別形態水準コード出現頻度

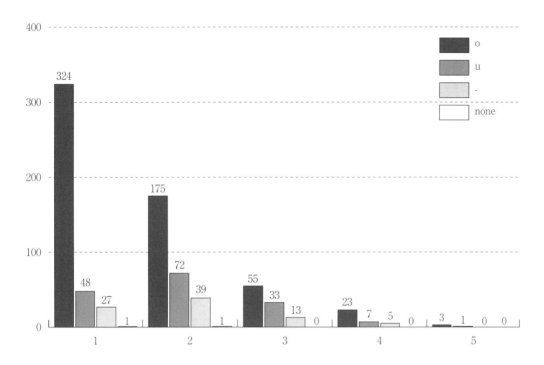

図4-1-7　Ⅶ図の反応順別形態水準コード出現頻度

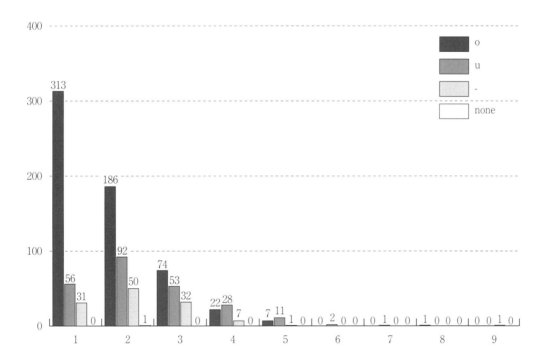

図4-1-8　Ⅷ図の反応順別形態水準コード出現頻度

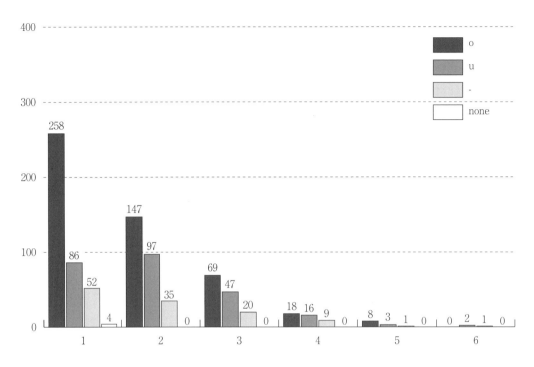

図4－1－9　Ⅸ図の反応順別形態水準コード出現頻度

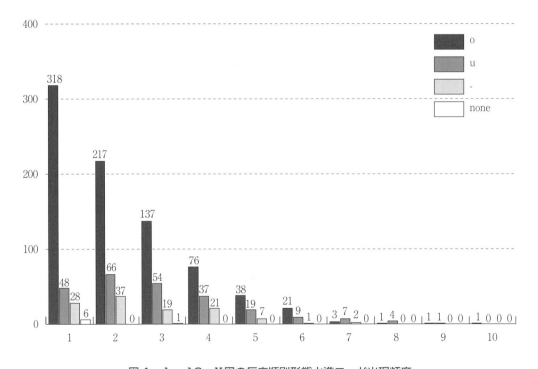

図4－1－10　Ⅹ図の反応順別形態水準コード出現頻度

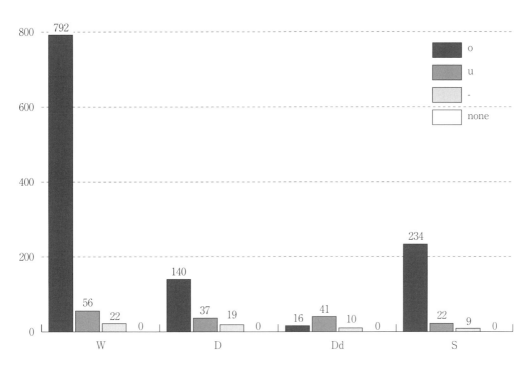

図4−2−1　Ⅰ図の領域コード別形態水準コード出現頻度

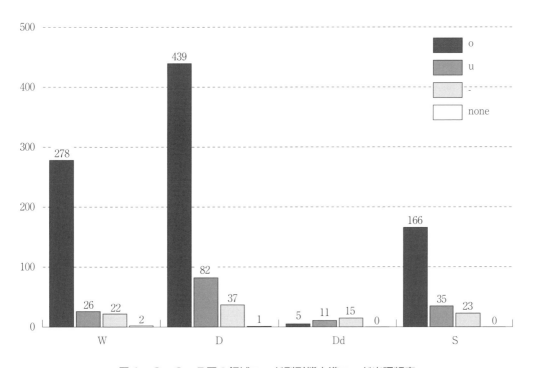

図4−2−2　Ⅱ図の領域コード別形態水準コード出現頻度

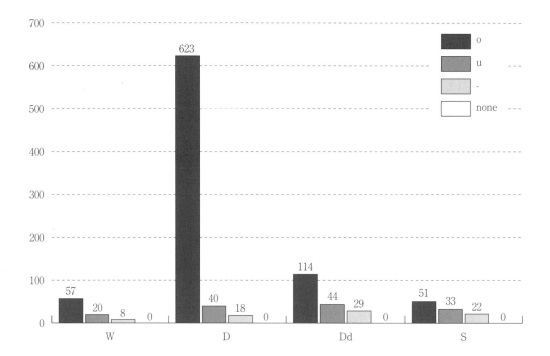

図4-2-3　Ⅲ図の領域コード別形態水準コード出現頻度

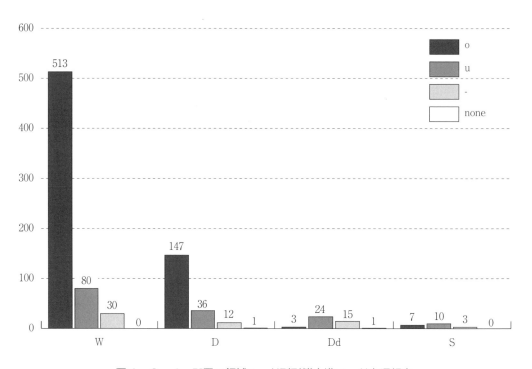

図4-2-4　Ⅳ図の領域コード別形態水準コード出現頻度

第4章 形態水準 83

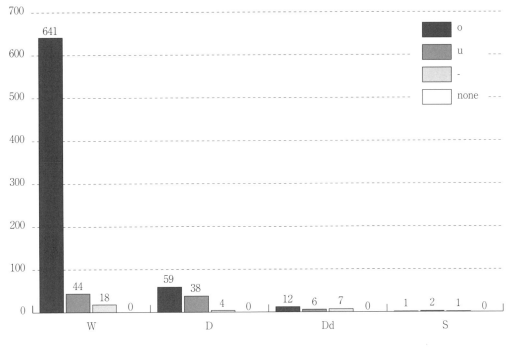

図4-2-5 Ⅴ図の領域コード別形態水準コード出現頻度

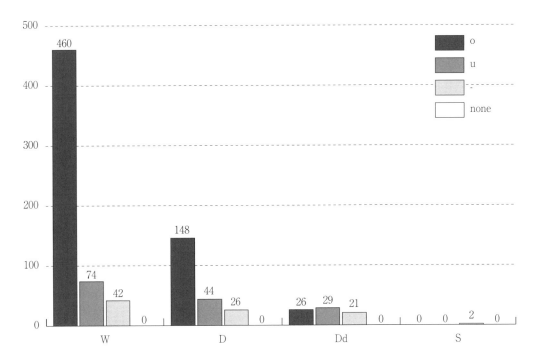

図4-2-6 Ⅵ図の領域コード別形態水準コード出現頻度

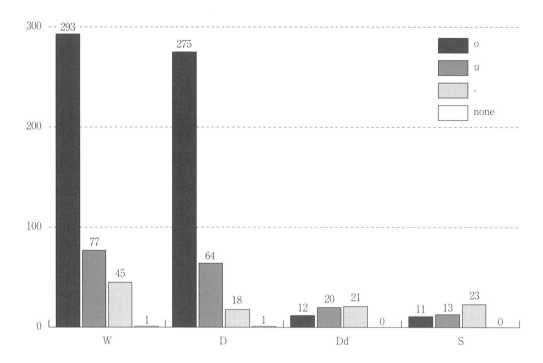

図4−2−7　Ⅶ図の領域コード別形態水準コード出現頻度

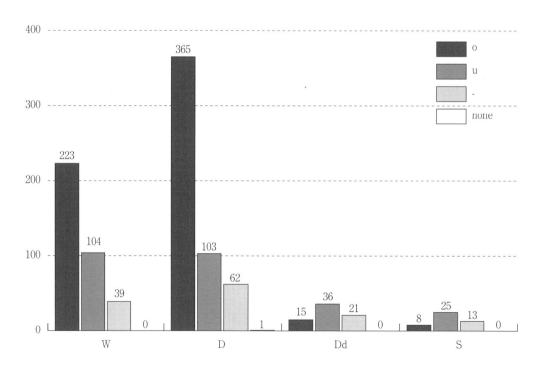

図4−2−8　Ⅷ図の領域コード別形態水準コード出現頻度

第4章 形態水準　85

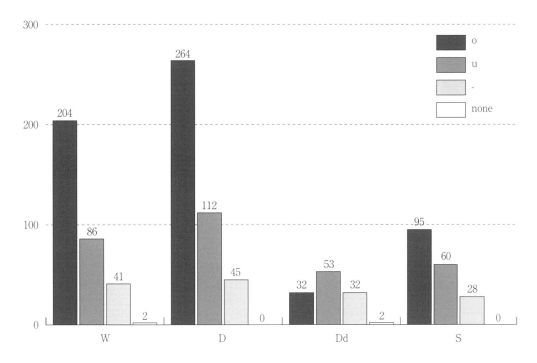

図4-2-9　Ⅸ図の領域コード別形態水準コード出現頻度

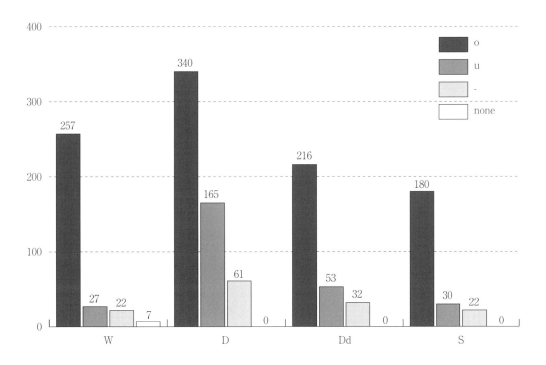

図4-2-10　Ⅹ図の領域コード別形態水準コード出現頻度

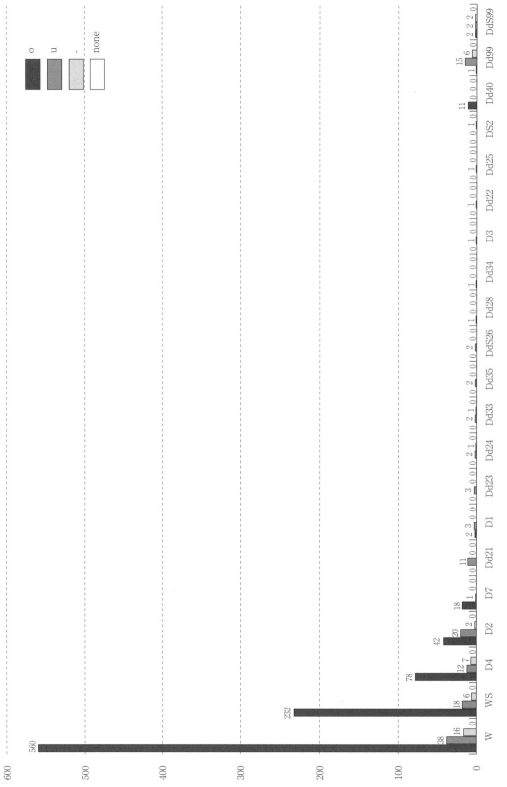

図4-3-1 Ⅰ図の領域別形態水準コード出現頻度

第4章 形態水準　87

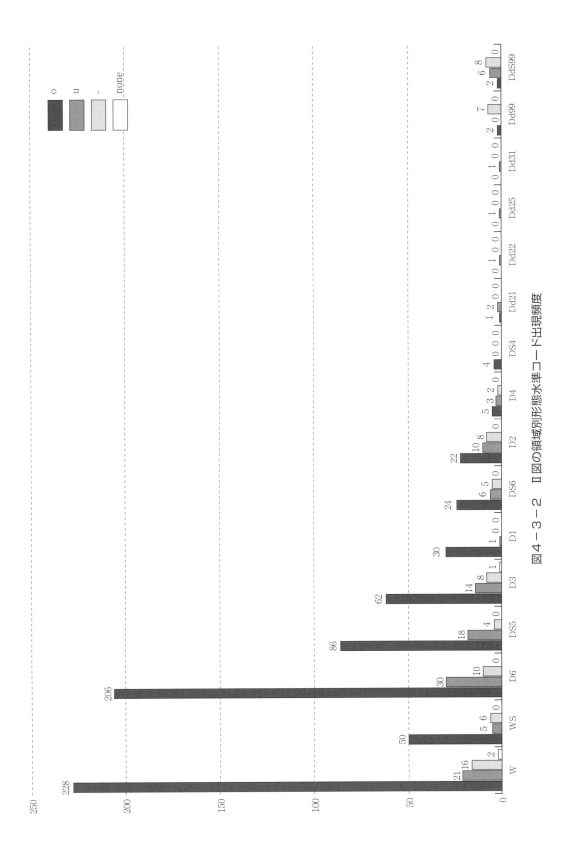

図4-3-2　Ⅱ図の領域別形態水準コード出現頻度

88　ロールシャッハ・テスト統計集

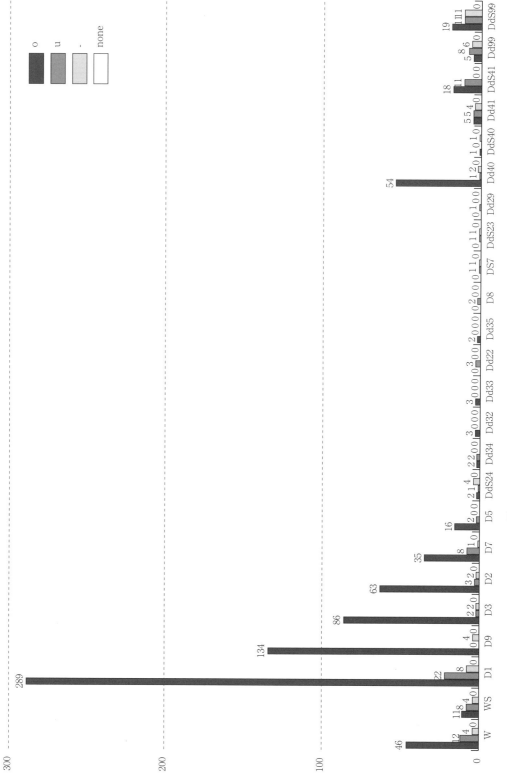

図4-3-3　Ⅲ図の領域別形態水準コード出現頻度

第4章 形態水準 89

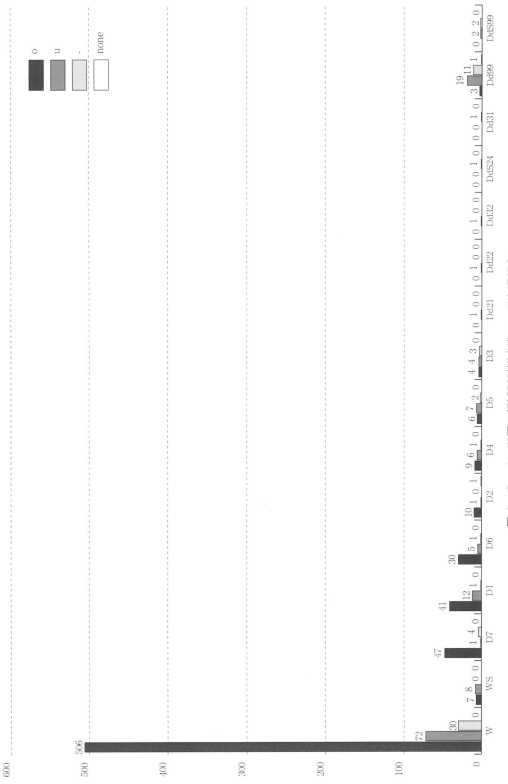

図4-3-4 Ⅳ図の領域別形態水準コード出現頻度

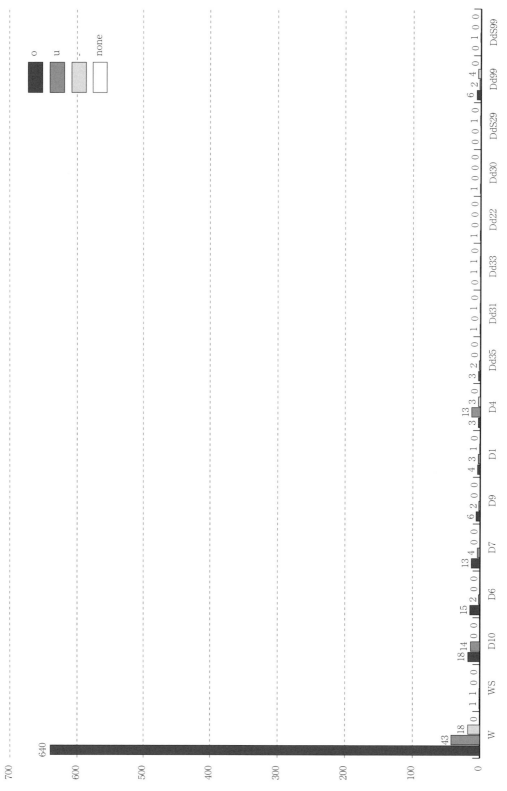

図4-3-5　Ⅴ図の領域別形態水準コード出現頻度

第4章 形態水準 91

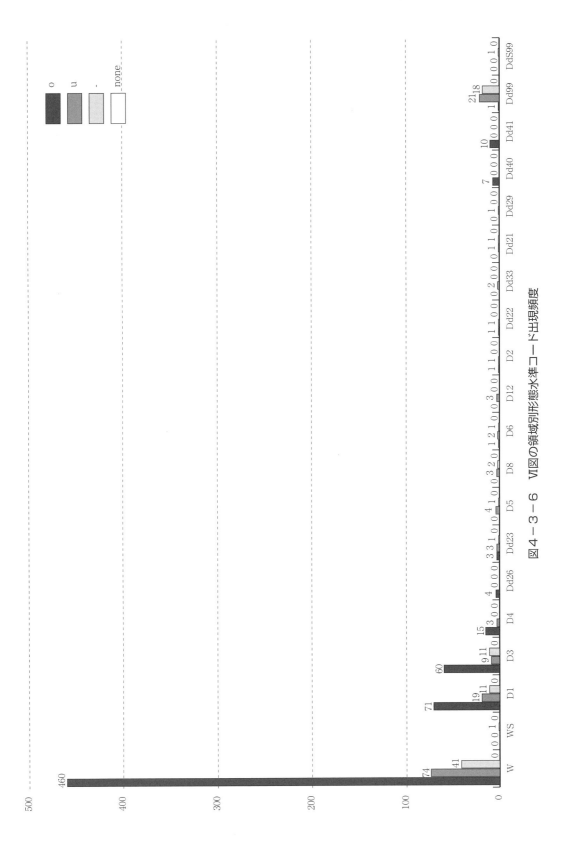

図4-3-6 Ⅵ図の領域別形態水準コード出現頻度

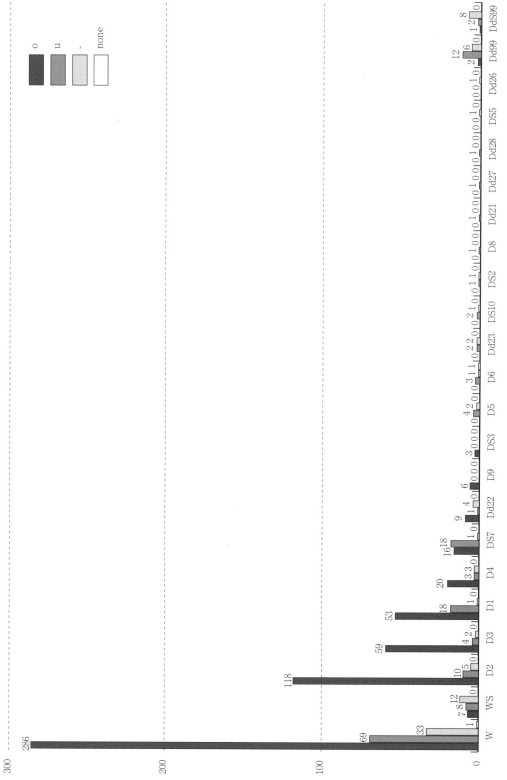

図4-3-7 Ⅷ図の領域別形態水準コード出現頻度

第4章 形態水準　93

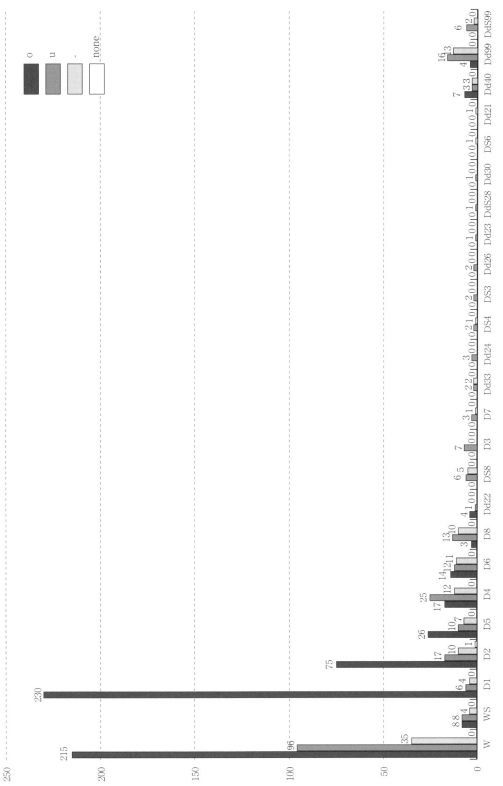

図4-3-8　Ⅷ図の領域別形態水準コード出現頻度

94 ロールシャッハ・テスト統計集

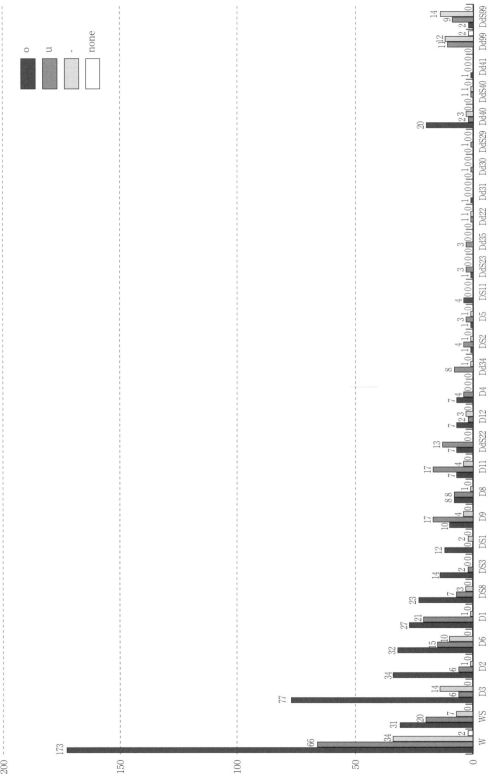

図4-3-9 Ⅸ図の領域別形態水準コード出現頻度

第 4 章 形態水準　95

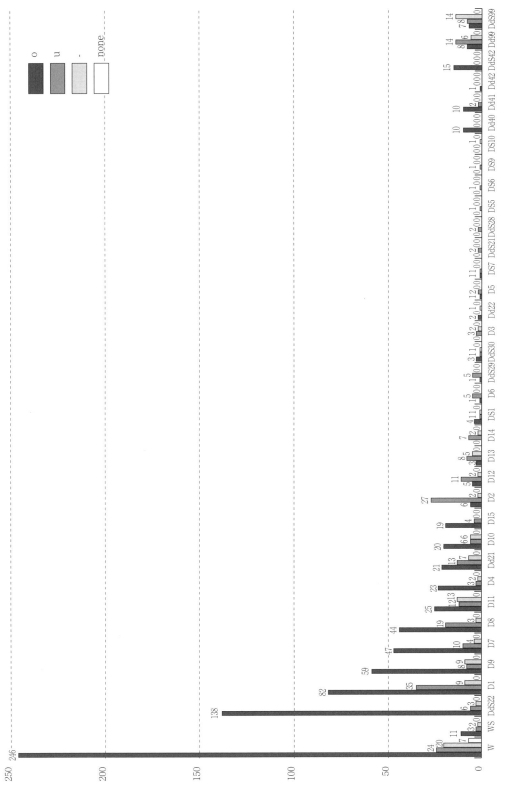

図 4 – 3 – 10　X 図の領域別形態水準コード出現頻度

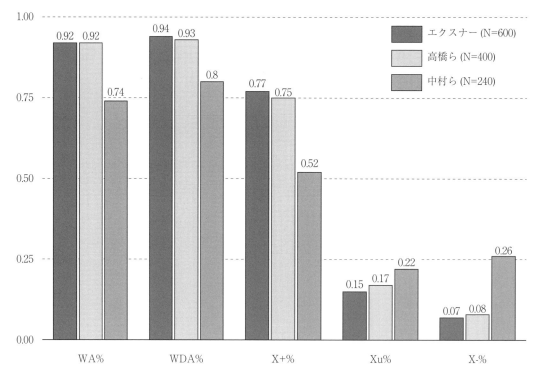

図4－4　形態水準の比較

反応領域と形態水準の散布図

　ロールシャッハ・テストの解釈では，「コード化（スコアリング）に基づく数値（構造分析）」，「図版ごとに変化していく反応の流れの様相（系列分析）」，「インクブロットに意味づけた内容や言語表現の検討（内容分析）」の3つのアプローチを統合することが重要である（高橋・高橋・西尾，2007）。

　構造分析には本書でこれまでに示したさまざまな統計値が有効であるが，系列分析を実証的なデータに基づいて進める時にもこれらの統計値が活用できると思われる。そこで，被検者の反応を可視化して，図版ごとの反応の流れの様相を理解する系列分析の参照資料として，図4－5－1のような反応領域と形態水準の散布図を作成した。図4－5－1は，領域別形態水準コード出現頻度の図4－3－4の上に，被検者の反応をプロットしたものである。

　領域別形態水準コード出現頻度の図（図4－3－1から図4－3－10）には，領域別の形態水準頻度を形態水準oとuの頻度が多い領域順にまず全体を，次いで部分領域を配置してある。なおDd40台の領域はDd99と置きかえても構わないが，一応Dd99の前に配置してある。また健常者群で出現頻度のみられなかった領域は表示していない。

　図4－5－1はⅣ図の例である。散布図の作成は，まず反応のコードを中央上部に記入し，各反応の反応番号と形態水準を丸で囲って配置する。なお，丸の色は図中の凡例と同じく，oが黒，uが濃灰色，－が淡灰色，noneが白である。

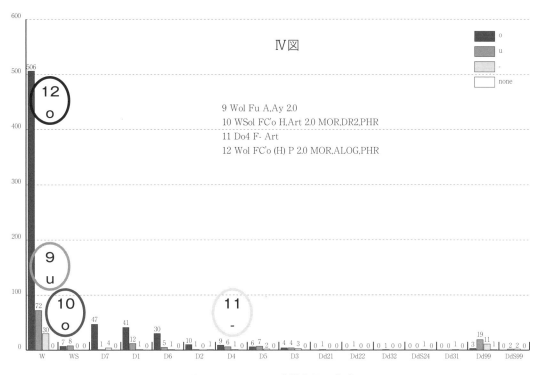

図4−5−1　反応散布図の作成

　同様の手順で全ての図版の散布図を作成し，A4用紙の左にⅠ図からⅢ図，中央にⅣ図からⅦ図の無彩色図版，右にⅧ図からⅩ図の全色彩図版の領域別形態水準頻度表を配置して全図版の反応散布図を作成する。図版をこのように配置することで，全反応の系列を俯瞰するだけではなく，例えば，左3枚からはⅡ図やⅢ図の赤色領域が出現する図版での被検者の領域使用と形態水準が健常者群の分布のどの位置に対応するかを読み取ることができるであろう。また中央の3枚からは無彩色図版での，右の3枚からは全色彩図版での領域使用と形態水準の特徴が視覚的に理解できるのではないかと思われる。

　さらに，中央上部に記入した反応コードの領域や決定因子を，それぞれに対応する本書の表や図を参照しながら検討することでより多様な知見が得られるであろう。

　図4−5−2に，『ロールシャッハ・テストによるパーソナリティの理解』（高橋依子，2009）の事例のコードを基に作成した散布図の例を示すので参照してほしい。

98 ロールシャッハ・テスト統計集

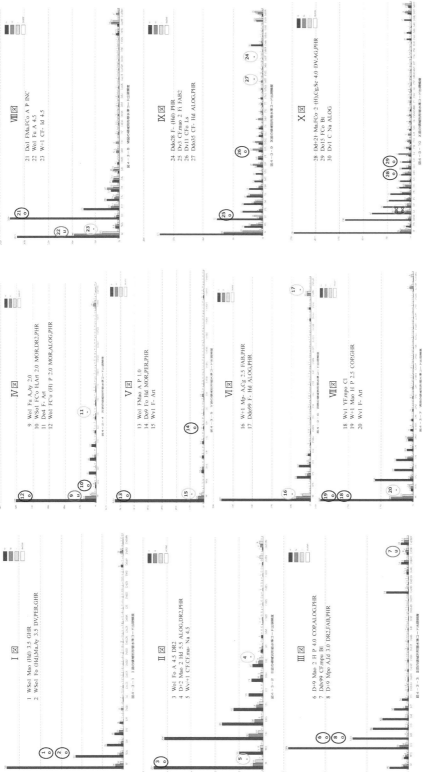

図4−5−2 反応散布図の例

第5章　記述統計値

　健常成人 400 人のロールシャッハ・テスト・データから得られた 133 の包括システム主要変数の記述統計値と各変数のパーセンタイル値を，表5−1−1と表5−1−2に示す。

　表5−1−1には年齢と 133 の変数の記述統計値と共に正規性の検定結果（Shapiro-Wilk の検定）を示してある。正規分布に従うことが確認された変数は Zd と X ＋％であり，これらの変数以外のロールシャッハ・テスト変数にはノンパラメトリックな統計分析を適用すべきであろう。

　また体験型ごとの記述統計値を表5−2−1から表5−2−3に示す。さらに反応数のパーセンタイル値を基に，18 以下を反応数低群，19 〜 27 を反応数中群，28 以上を反応数高群として，それぞれの群の記述統計値を求めたものが表5−3−1から表5−3−3である。

　体験型や反応数の異なる群での変数値を検討することが解釈上重要であると考えられる場合には，これらの表を参照してほしい。ただしこれらの表中の数値はあくまで参考程度と考えて控えめな解釈をおこなうべきであろう。

　なお，体験型間や反応数低群・中群・高群間で各変数に有意差があるかを検定したので解釈の参考になると考えてその結果を表5−4−1と表5−4−2に示しておく。

表5－1－1　記述統計値と正規性の検定（N＝400）

	平均値	標準偏差	最小値	最大値	中央値	最頻値	歪度	尖度	Shapiro-Wilk 検定 統計量	p
Age	35.59	12.84	20.00	69.00	37.00	21.00	0.22	-1.15	.897	.000
R	23.51	6.90	14.00	51.00	22.00	20.00	0.88	0.63	.940	.000
W	11.53	4.59	1.00	32.00	11.00	10.00	0.92	1.81	.954	.000
D	9.55	5.65	0.00	32.00	8.00	5.00	0.87	0.38	.939	.000
Dd	2.44	1.97	0.00	16.00	2.00	2.00	1.71	6.63	.864	.000
S	2.92	2.04	0.00	11.00	3.00	2.00	0.68	0.19	.938	.000
DQ+	5.88	3.01	0.00	16.00	5.00	5.00	0.62	0.27	.965	.000
DQo	15.78	5.99	3.00	41.00	15.00	16.00	0.80	0.76	.961	.000
DQv	1.55	1.55	0.00	8.00	1.00	1.00	1.24	1.49	.851	.000
DQv/+	0.30	0.61	0.00	4.00	0.00	0.00	2.54	8.43	.552	.000
FQx+	0.00	0.00	0.00	0.00	0.00	0.00				
FQxo	17.42	4.97	7.00	35.00	17.00	14.00	0.69	0.42	.966	.000
FQxu	4.08	2.72	0.00	18.00	4.00	4.00	1.19	2.62	.930	.000
FQx-	1.96	1.67	0.00	10.00	2.00	1.00	1.43	3.32	.880	.000
FQxnone	0.05	0.22	0.00	2.00	0.00	0.00	4.92	25.59	.210	.000
MQ+	0.00	0.00	0.00	0.00	0.00	0.00				
MQo	3.37	1.98	0.00	10.00	3.00	3.00	0.68	0.53	.947	.000
MQu	0.43	0.74	0.00	4.00	0.00	0.00	1.88	3.40	.647	.000
MQ-	0.16	0.42	0.00	2.00	0.00	0.00	2.61	6.41	.421	.000
MQnone	0.01	0.10	0.00	1.00	0.00	0.00	9.89	96.22	.058	.000
WD+	0.00	0.00	0.00	0.00	0.00	0.00				
WDo	16.30	4.69	7.00	34.00	16.00	14.00	0.72	0.52	.965	.000
WDu	3.29	2.23	0.00	11.00	3.00	2.00	0.85	0.69	.945	.000
WD-	1.45	1.42	0.00	10.00	1.00	1.00	1.78	5.81	.846	.000
WDnone	0.04	0.21	0.00	2.00	0.00	0.00	5.52	32.79	.185	.000
S-	0.37	0.65	0.00	3.00	0.00	0.00	1.82	2.97	.631	.000
M	3.98	2.45	0.00	13.00	4.00	4.00	0.86	0.86	.939	.000
FM	3.67	2.39	0.00	14.00	3.00	2.00	0.90	1.29	.938	.000
m	1.13	1.15	0.00	6.00	1.00	0.00	0.99	0.73	.842	.000
FM+m	4.80	2.77	0.00	17.00	4.00	4.00	0.78	0.90	.953	.000
FC	1.97	1.63	0.00	11.00	2.00	2.00	1.20	2.71	.892	.000
CF	1.98	1.57	0.00	9.00	2.00	1.00	1.00	1.27	.900	.000
C	0.14	0.40	0.00	3.00	0.00	0.00	3.30	12.52	.376	.000
Cn	0.00	0.00	0.00	0.00	0.00	0.00				
SumColor	4.08	2.36	0.00	15.00	4.00	4.00	0.83	1.31	.947	.000
WSumC	3.16	1.90	0.00	10.00	3.00	2.50	0.79	0.87	.954	.000
SumC'	1.39	1.43	0.00	8.00	1.00	0.00	1.25	1.93	.839	.000
SumT	0.60	0.82	0.00	4.00	0.00	0.00	1.38	1.79	.729	.000
SumV	0.34	0.62	0.00	3.00	0.00	0.00	1.97	3.83	.577	.000
SumY	0.55	0.84	0.00	5.00	0.00	0.00	1.78	3.62	.679	.000
SumShd	2.88	2.21	0.00	11.00	2.00	2.00	0.92	0.72	.919	.000
Fr+rF	0.20	0.53	0.00	3.00	0.00	0.00	2.88	8.41	.432	.000
FD	0.61	0.78	0.00	4.00	0.00	0.00	1.31	1.76	.740	.000
F	10.47	5.15	0.00	28.00	10.00	6.00	0.80	0.69	.956	.000
(2)	6.52	3.38	0.00	21.00	6.00	5.00	0.84	1.31	.955	.000
3r+(2)/R	0.31	0.14	0.00	0.93	0.30	0.33	0.49	1.01	.984	.000
Lambda	0.96	0.88	0.00	13.00	0.78	1.00	7.11	87.31	.588	.000
EA	7.14	3.40	0.00	23.00	6.50	6.00	0.90	1.53	.954	.000
es	7.68	4.02	0.00	22.00	7.00	5.00	0.68	0.53	.965	.000
Adjes	7.02	3.54	0.00	19.00	7.00	5.00	0.65	0.56	.967	.000
D	-0.15	1.42	-6.00	5.00	0.00	0.00	-0.52	2.31	.900	.000
AdjD	0.03	1.35	-5.00	5.00	0.00	0.00	-0.23	2.16	.893	.000

第 5 章　記述統計値　101

表 5 − 1 − 1　記述統計値と正規性の検定（N=400）（つづき）

	平均値	標準偏差	最小値	最大値	中央値	最頻値	歪度	尖度	Shapiro-Wilk 検定 統計量	p
active	5.09	3.07	0.00	17.00	5.00	3.00	0.83	0.79	.949	.000
passive	3.70	2.24	0.00	14.00	3.00	3.00	0.82	1.09	.944	.000
Ma	2.23	1.91	0.00	9.00	2.00	0.00	0.99	0.97	.896	.000
Mp	1.75	1.48	0.00	9.00	2.00	2.00	0.95	1.59	.895	.000
Intellect	1.57	1.61	0.00	11.00	1.00	1.00	1.63	4.21	.758	.000
Zf	14.23	4.65	3.00	34.00	14.00	16.00	0.57	1.17	.977	.000
ZSum	43.86	17.27	5.00	119.00	43.00	45.50	0.64	1.54	.975	.000
ZEst	46.08	16.53	6.00	116.50	45.50	52.50	0.57	1.16	.977	.000
Zd	-2.22	4.88	-15.50	16.50	-2.00	-3.00	0.10	0.23	.995	.223 *
Blends	2.98	2.18	0.00	12.00	3.00	2.00	1.07	1.45	.910	.000
Blends/R	0.13	0.10	0.00	0.57	0.11	0.00	1.13	1.55	.920	.000
m-Blends	0.94	0.99	0.00	4.00	1.00	0.00	0.87	0.15	.824	.000
Y-Blends	0.29	0.56	0.00	3.00	0.00	0.00	1.90	3.00	.562	.000
T-Blends	0.13	0.35	0.00	2.00	0.00	0.00	2.78	7.28	.382	.000
Col-ShdBlends	0.34	0.62	0.00	4.00	0.00	0.00	2.16	6.15	.582	.000
Afr	0.48	0.16	0.18	1.22	0.45	0.50	1.07	2.08	.944	.000
P	5.48	1.79	1.00	11.00	5.00	5.00	0.06	-0.16	.970	.000
C	1.18	0.79	0.00	4.00	1.00	1.00	0.37	0.12	.853	.000
XA%	0.92	0.06	0.67	1.00	0.93	1.00	-0.80	0.82	.943	.000
WDA%	0.93	0.06	0.69	1.00	0.94	1.00	-0.91	0.83	.911	.000
X+%	0.75	0.11	0.43	1.00	0.75	0.75	-0.14	-0.26	.995	.187 *
X-%	0.08	0.06	0.00	0.33	0.07	0.00	0.86	0.95	.937	.000
Xu%	0.17	0.09	0.00	0.45	0.16	0.00	0.33	0.00	.986	.001
Isolate/R	0.16	0.10	0.00	0.65	0.14	0.00	0.97	1.65	.947	.000
H	3.09	1.92	0.00	11.00	3.00	2.00	0.94	1.08	.923	.000
(H)	0.75	0.96	0.00	5.00	0.00	0.00	1.36	1.62	.771	.000
Hd	1.34	1.38	0.00	7.00	1.00	1.00	1.36	1.93	.825	.000
(Hd)	0.51	0.76	0.00	4.00	0.00	0.00	1.55	2.14	.691	.000
Hx	0.03	0.18	0.00	2.00	0.00	0.00	7.07	55.23	.137	.000
AllH	5.67	3.09	0.00	18.00	5.00	4.00	1.01	1.55	.937	.000
A	8.18	3.47	2.00	20.00	8.00	7.00	0.82	0.64	.951	.000
(A)	0.58	0.82	0.00	4.00	0.00	0.00	1.50	2.21	.752	.000
Ad	2.87	1.94	0.00	11.00	3.00	2.00	0.91	1.16	.926	.000
(Ad)	0.22	0.51	0.00	3.00	0.00	0.00	2.59	6.93	.489	.000
An	0.46	0.73	0.00	4.00	0.00	0.00	1.83	3.70	.652	.000
Art	0.94	1.06	0.00	7.00	1.00	0.00	1.60	4.26	.712	.000
Ay	0.27	0.55	0.00	3.00	0.00	0.00	2.03	3.58	.417	.000
Bl	0.11	0.34	0.00	2.00	0.00	0.00	3.28	10.83	.342	.000
Bt	1.85	1.58	0.00	8.00	2.00	1.00	0.84	0.64	.898	.000
Cg	1.60	1.53	0.00	8.00	1.00	1.00	1.24	1.66	.870	.000
Cl	0.08	0.31	0.00	2.00	0.00	0.00	4.24	18.78	.269	.000
Ex	0.21	0.48	0.00	3.00	0.00	0.00	2.43	6.03	.480	.000
Fd	0.48	0.79	0.00	5.00	0.00	0.00	2.10	6.05	.647	.000
Fi	0.76	0.93	0.00	5.00	1.00	0.00	1.41	2.28	.765	.000
Ge	0.14	0.41	0.00	3.00	0.00	0.00	3.34	12.34	.372	.000
Hh	0.95	1.03	0.00	5.00	1.00	0.00	1.00	0.57	.820	.000
Ls	0.92	1.07	0.00	6.00	1.00	0.00	1.34	2.01	.789	.000
Ma	0.39	0.70	0.00	3.00	0.00	0.00	1.93	3.56	.606	.000
Mu	0.57	0.71	0.00	3.00	0.00	0.00	1.19	1.21	.729	.000
Na	0.26	0.52	0.00	3.00	0.00	0.00	1.97	3.65	.542	.000
Sc	0.80	1.07	0.00	6.00	0.00	0.00	1.88	4.57	.741	.000
Sx	0.06	0.27	0.00	3.00	0.00	0.00	5.94	44.53	.210	.000

表5−1−1 記述統計値と正規性の検定 (N=400)（つづき）

	平均値	標準偏差	最小値	最大値	中央値	最頻値	歪度	尖度	Shapiro-Wilk 検定 統計量	p
Xy	0.10	0.38	0.00	3.00	0.00	0.00	4.18	19.18	.290	.000
Id	1.18	1.17	0.00	7.00	1.00	1.00	1.27	2.23	.838	.000
DV	0.14	0.38	0.00	3.00	0.00	0.00	3.10	11.84	.394	.000
INC	0.23	0.53	0.00	3.00	0.00	0.00	2.57	7.03	.473	.000
DR	0.06	0.23	0.00	1.00	0.00	0.00	3.82	12.62	.245	.000
FAB	0.40	0.74	0.00	4.00	0.00	0.00	2.01	3.88	.603	.000
DV2	0.00	0.00	0.00	0.00	0.00	0.00				
INC2	0.00	0.00	0.00	0.00	0.00	0.00				
DR2	0.00	0.00	0.00	0.00	0.00	0.00				
FAB2	0.00	0.00	0.00	0.00	0.00	0.00				
ALOG	0.01	0.11	0.00	1.00	0.00	0.00	8.81	75.97	.072	.000
CONTAM	0.00	0.00	0.00	0.00	0.00	0.00				
Sum6SpSc	0.84	1.13	0.00	7.00	0.00	0.00	1.88	4.70	.732	.000
Lvl2SpSc	0.00	0.00	0.00	0.00	0.00	0.00				
WSum6	2.44	3.48	0.00	23.00	0.00	0.00	1.90	4.62	.735	.000
AB	0.18	0.47	0.00	3.00	0.00	0.00	2.99	9.84	.424	.000
AG	0.34	0.66	0.00	5.00	0.00	0.00	2.88	12.98	.540	.000
COP	1.27	1.27	0.00	7.00	1.00	0.00	1.07	1.27	.846	.000
CP	0.00	0.00	0.00	0.00	0.00	0.00				
SD	0.14	0.39	0.00	2.00	0.00	0.00	2.94	8.46	.361	.000
PSVS	0.00	0.00	0.00	0.00	0.00	0.00				
GHR	4.30	2.33	0.00	12.00	4.00	4.00	0.65	0.44	.953	.000
PHR	1.97	1.71	0.00	9.00	2.00	1.00	1.15	1.49	.880	.000
MOR	0.42	0.72	0.00	4.00	0.00	0.00	2.00	4.46	.616	.000
PER	0.28	0.66	0.00	5.00	0.00	0.00	3.11	12.07	.469	.000
PSV	0.31	0.61	0.00	4.00	0.00	0.00	2.31	6.22	.551	.000
S-CON	3.56	1.56	0.00	9.00	3.00	3.00	0.15	-0.20	.960	.000
PTI	0.03	0.18	0.00	2.00	0.00	0.00	6.68	49.04	.118	.000
DEPI	3.54	1.22	0.00	7.00	4.00	3.00	0.13	-0.02	.938	.000
CDI	2.68	1.27	0.00	5.00	3.00	3.00	-0.10	-0.72	.932	.000

Shapiro-Wilk の検定 ＊ $p \geq 0.05$
（正規分布に従う）

表5−1−2　ロールシャッハ変数のパーセンタイル値

	5	10	15	20	25	30	35	40	45	50	55	60	65	70	75	80	85	90	95
R	14.05	15.00	17.00	18.00	18.00	19.00	20.00	20.00	21.00	22.00	23.00	24.00	25.00	27.00	28.00	29.00	31.00	33.00	36.90
W	5.00	6.00	7.00	8.00	8.00	9.00	9.00	10.00	10.00	11.00	12.00	12.00	13.00	13.00	14.00	15.00	15.00	17.00	20.00
D	3.00	3.10	4.00	5.00	5.00	6.00	6.00	7.00	8.00	8.00	9.00	10.00	10.00	12.00	13.00	14.00	16.00	18.00	20.95
Dd	0.00	0.00	1.00	1.00	1.00	1.00	2.00	2.00	2.00	2.00	2.00	3.00	3.00	3.00	3.00	4.00	4.00	5.00	6.00
S	0.00	0.10	1.00	1.00	1.00	2.00	2.00	2.00	3.00	3.00	3.00	3.00	3.00	4.00	4.00	5.00	5.00	6.00	7.00
DQ+	1.00	2.00	3.00	3.00	4.00	4.00	4.00	5.00	5.00	5.00	6.00	6.00	7.00	7.00	8.00	8.00	9.00	10.00	12.00
DQo	8.00	9.00	10.00	11.00	11.00	12.00	13.00	14.00	14.00	15.00	16.00	16.00	17.00	18.00	19.00	20.00	22.00	24.00	27.00
DQv	0.00	0.00	0.00	0.00	0.00	1.00	1.00	1.00	1.00	1.00	1.00	2.00	2.00	2.00	2.00	3.00	3.00	4.00	5.00
DQv/+	0.00	0.00	0.00	0.00	0.00	0.00	0.00	0.00	0.00	0.00	0.00	0.00	0.00	0.00	0.00	1.00	1.00	1.00	1.00
FQx+	0.00	0.00	0.00	0.00	0.00	0.00	0.00	0.00	0.00	0.00	0.00	0.00	0.00	0.00	0.00	0.00	0.00	0.00	0.00
FQxo	10.00	11.00	12.00	13.00	13.00	14.00	14.00	15.00	16.00	16.00	17.00	17.00	18.00	19.00	20.00	21.00	22.00	23.00	26.00
FQxu	1.00	1.00	2.00	2.00	2.00	3.00	3.00	3.00	4.00	4.00	4.00	5.00	5.00	6.00	6.00	7.00	7.00	8.00	10.00
FQx-	0.00	0.00	0.00	1.00	1.00	1.00	1.00	1.00	2.00	2.00	2.00	2.00	2.00	3.00	3.00	3.00	4.00	4.00	5.00
FQxnone	0.00	0.00	0.00	0.00	0.00	0.00	0.00	0.00	0.00	0.00	0.00	0.00	0.00	0.00	0.00	0.00	0.00	0.00	0.00
MQ+	0.00	0.00	0.00	0.00	0.00	0.00	0.00	0.00	0.00	0.00	0.00	0.00	0.00	0.00	0.00	0.00	0.00	0.00	0.00
MQo	0.05	1.00	1.00	2.00	2.00	2.00	2.00	3.00	3.00	3.00	3.00	4.00	4.00	4.00	5.00	5.00	5.00	6.00	7.00
MQu	0.00	0.00	0.00	0.00	0.00	0.00	0.00	0.00	0.00	0.00	0.00	0.00	0.00	1.00	1.00	1.00	1.00	1.90	2.00
MQ-	0.00	0.00	0.00	0.00	0.00	0.00	0.00	0.00	0.00	0.00	0.00	0.00	0.00	0.00	0.00	0.00	0.00	1.00	1.00
MQnone	0.00	0.00	0.00	0.00	0.00	0.00	0.00	0.00	0.00	0.00	0.00	0.00	0.00	0.00	0.00	0.00	0.00	0.00	0.00
WD+	0.00	0.00	0.00	0.00	0.00	0.00	0.00	0.00	0.00	0.00	0.00	0.00	0.00	0.00	0.00	0.00	0.00	0.00	0.00
WDo	9.05	10.00	11.00	12.00	13.00	13.00	14.00	14.00	15.00	15.00	16.00	16.00	17.00	18.00	19.00	19.80	21.00	22.00	24.00
WDu	0.00	1.00	1.00	2.00	2.00	2.00	2.00	3.00	3.00	3.00	3.00	4.00	4.00	5.00	5.00	5.00	6.00	7.00	8.00
WD-	0.00	0.00	0.00	0.00	0.25	1.00	1.00	1.00	1.00	1.00	1.00	2.00	2.00	2.00	2.00	3.00	3.00	3.00	4.00
WDnone	0.00	0.00	0.00	0.00	0.00	0.00	0.00	0.00	0.00	0.00	0.00	0.00	0.00	0.00	0.00	0.00	0.00	0.00	0.00
S-	0.00	0.00	0.00	0.00	0.00	0.00	0.00	0.00	0.00	0.00	0.00	0.00	0.00	1.00	1.00	1.00	1.00	1.00	2.00
M	1.00	1.00	2.00	2.00	2.00	3.00	3.00	3.00	3.00	4.00	4.00	4.00	5.00	5.00	5.00	6.00	6.00	7.00	8.95
FM	1.00	1.00	1.00	2.00	2.00	2.00	2.00	3.00	3.00	3.00	4.00	4.00	4.00	5.00	5.00	5.00	6.00	7.00	8.00
m	0.00	0.00	0.00	0.00	0.00	0.00	0.00	1.00	1.00	1.00	1.00	1.00	1.00	2.00	2.00	2.00	2.00	3.00	3.00
FM+m	1.00	1.00	2.00	2.00	3.00	3.00	4.00	4.00	4.00	4.50	5.00	5.00	6.00	6.00	6.00	7.00	8.00	8.00	10.00
FC	0.00	0.00	0.00	1.00	1.00	1.00	1.00	1.00	2.00	2.00	2.00	2.00	2.00	3.00	3.00	3.00	3.00	4.00	5.00
CF	0.00	0.00	0.00	1.00	1.00	1.00	1.00	1.00	2.00	2.00	2.00	2.00	2.00	3.00	3.00	3.00	4.00	4.00	5.00
C	0.00	0.00	0.00	0.00	0.00	0.00	0.00	0.00	0.00	0.00	0.00	0.00	0.00	0.00	0.00	0.00	0.00	1.00	1.00
Cn	0.00	0.00	0.00	0.00	0.00	0.00	0.00	0.00	0.00	0.00	0.00	0.00	0.00	0.00	0.00	0.00	0.00	0.00	0.00
SumColor	1.00	1.00	2.00	2.00	2.00	3.00	3.00	3.00	4.00	4.00	4.00	4.00	5.00	5.00	5.00	6.00	6.00	7.00	9.00

表5－1－2　ロールシャッハ変数のパーセンタイル値（つづき）

| | パーセンタイル | | | | | | | | | | | | | | | | | | |
	5	10	15	20	25	30	35	40	45	50	55	60	65	70	75	80	85	90	95
WSumC	0.50	1.00	1.00	1.50	2.00	2.00	2.50	2.50	2.50	3.00	3.00	3.50	3.50	4.00	4.00	4.50	5.00	6.00	6.50
SumC'	0.00	0.00	0.00	0.00	0.00	0.00	1.00	1.00	1.00	1.00	1.00	1.00	2.00	2.00	2.00	2.00	3.00	3.00	4.00
SumT	0.00	0.00	0.00	0.00	0.00	0.00	0.00	0.00	0.00	0.00	0.00	1.00	1.00	1.00	1.00	1.00	1.00	2.00	2.00
SumV	0.00	0.00	0.00	0.00	0.00	0.00	0.00	0.00	0.00	0.00	0.00	0.00	0.00	0.00	1.00	1.00	1.00	1.00	2.00
SumY	0.00	0.00	1.00	1.00	1.00	0.00	0.00	0.00	0.00	0.00	0.00	0.00	1.00	1.00	1.00	1.00	1.00	2.00	2.00
SumShd	0.00	0.00	1.00	1.00	1.00	1.00	2.00	2.00	2.00	2.00	3.00	3.00	3.00	4.00	4.00	5.00	5.00	6.00	7.00
Fr+rF	0.00	0.00	0.00	0.00	0.00	0.00	0.00	0.00	0.00	0.00	0.00	0.00	0.00	0.00	0.00	0.00	0.85	1.00	1.00
FD	0.00	0.00	0.00	0.00	0.00	0.00	0.00	0.00	0.00	0.00	1.00	1.00	1.00	1.00	1.00	1.00	1.00	2.00	2.00
F	3.00	4.00	5.15	6.00	6.00	7.00	8.00	9.00	9.00	10.00	11.00	11.00	12.00	12.00	13.00	14.00	16.00	17.00	20.00
(2)	2.00	3.00	3.00	4.00	4.00	5.00	5.00	5.00	6.00	6.00	7.00	7.00	7.65	8.00	8.00	9.00	10.00	11.00	13.00
3r+(2)/R	0.08	0.14	0.16	0.19	0.21	0.23	0.25	0.27	0.29	0.30	0.32	0.33	0.35	0.38	0.39	0.41	0.44	0.48	0.55
Lambda	0.23	0.29	0.36	0.43	0.50	0.56	0.62	0.67	0.74	0.78	0.83	0.90	1.00	1.09	1.18	1.35	1.53	1.75	2.09
EA	2.50	3.00	4.00	4.50	4.63	5.00	5.50	6.00	6.00	6.50	7.00	7.50	8.00	8.50	9.00	9.50	10.50	11.00	13.48
es	2.00	3.00	4.00	4.00	5.00	5.00	6.00	6.00	7.00	7.00	8.00	8.00	9.00	9.00	10.00	11.00	12.00	13.00	15.00
Adjes	2.00	3.00	3.00	4.00	5.00	5.00	5.00	6.00	6.00	7.00	7.00	8.00	8.00	8.00	9.00	10.00	10.85	12.00	13.95
D	-2.00	-2.00	-1.00	-1.00	-1.00	0.00	0.00	0.00	0.00	0.00	0.00	0.00	0.00	0.00	0.00	1.00	1.00	1.00	2.00
AdjD	-2.00	-1.00	-1.00	-1.00	0.00	0.00	0.00	0.00	0.00	0.00	0.00	0.00	0.00	0.00	1.00	1.00	1.00	2.00	2.00
active	1.00	1.00	2.00	3.00	3.00	3.00	3.35	4.00	4.00	5.00	5.00	5.00	6.00	6.00	7.00	7.00	8.00	9.00	11.00
passive	1.00	1.00	1.00	2.00	2.00	2.00	3.00	3.00	3.00	3.00	4.00	4.00	4.00	5.00	5.00	5.00	6.00	7.00	8.00
Ma	0.00	0.00	0.00	0.00	1.00	1.00	1.00	1.00	2.00	2.00	2.00	2.00	3.00	3.00	3.00	4.00	4.00	5.00	6.00
Mp	0.00	0.00	0.00	0.00	0.00	1.00	1.00	1.00	1.00	2.00	2.00	2.00	2.00	2.00	3.00	3.00	3.00	4.00	4.00
Intellect	0.00	0.00	0.00	0.00	0.00	0.00	0.00	0.00	1.00	1.00	1.00	1.00	1.00	2.00	2.00	2.00	2.00	3.00	4.00
Zf	7.00	8.10	10.00	10.00	11.00	12.00	12.00	13.00	13.00	14.00	15.00	15.00	16.00	16.00	17.00	17.00	18.85	20.00	22.00
ZSum	16.53	22.55	26.00	28.60	31.50	34.00	37.00	38.70	40.50	42.75	45.28	46.80	49.00	51.50	55.50	58.40	60.93	64.45	70.50
ZEst	20.50	24.35	31.00	31.00	34.50	38.00	38.00	41.50	41.50	45.50	49.00	49.00	52.50	52.50	56.00	56.00	62.47	66.50	73.50
Zd	-9.98	-8.50	-7.50	-6.50	-5.50	-5.00	-4.50	-3.50	-3.00	-2.00	-1.50	-1.00	0.00	0.50	1.00	2.00	3.00	4.00	5.47
Blends	0.00	1.00	1.00	1.00	1.00	2.00	2.00	2.00	2.00	3.00	3.00	3.00	3.00	4.00	4.00	4.00	5.00	6.00	7.00
Blends/R	0.00	0.03	0.04	0.05	0.06	0.07	0.08	0.09	0.10	0.11	0.12	0.13	0.15	0.17	0.19	0.21	0.24	0.27	0.33
m-Blends	0.00	0.00	0.00	0.00	0.00	0.00	0.00	0.00	1.00	1.00	1.00	1.00	1.00	1.00	2.00	2.00	2.00	2.00	3.00
Y-Blends	0.00	0.00	0.00	0.00	0.00	0.00	0.00	0.00	0.00	0.00	0.00	0.00	0.00	0.00	0.00	1.00	1.00	1.00	1.95
T-Blends	0.00	0.00	0.00	0.00	0.00	0.00	0.00	0.00	0.00	0.00	0.00	0.00	0.00	0.00	0.00	0.00	0.00	1.00	1.00
Col-ShdBlends	0.00	0.00	0.00	0.00	0.00	0.00	0.00	0.00	0.00	0.00	0.00	0.00	0.00	0.00	1.00	1.00	1.00	1.00	2.00
Afr	0.26	0.29	0.33	0.36	0.36	0.39	0.40	0.42	0.43	0.45	0.47	0.50	0.50	0.55	0.56	0.60	0.64	0.69	0.78
P	3.00	3.00	4.00	4.00	4.00	4.00	5.00	5.00	5.00	5.00	6.00	6.00	6.00	6.00	7.00	7.00	7.00	8.00	8.00

表5-1-2　ロールシャッハ変数のパーセンタイル値（つづき）

	パーセンタイル																		
	5	10	15	20	25	30	35	40	45	50	55	60	65	70	75	80	85	90	95
C	0.00	0.00	0.00	1.00	1.00	1.00	1.00	1.00	1.00	1.00	1.00	1.00	1.00	2.00	2.00	2.00	2.00	2.00	2.00
XA%	0.79	0.82	0.84	0.86	0.88	0.89	0.89	0.90	0.91	0.92	0.93	0.93	0.94	0.95	0.95	0.96	1.00	1.00	1.00
WDA%	0.80	0.84	0.86	0.88	0.89	0.90	0.91	0.92	0.93	0.94	0.94	0.95	0.95	0.96	0.97	1.00	1.00	1.00	1.00
X+%	0.55	0.57	0.61	0.64	0.65	0.67	0.69	0.71	0.72	0.74	0.75	0.76	0.78	0.79	0.81	0.82	0.85	0.86	0.91
X-%	0.00	0.00	0.00	0.04	0.04	0.05	0.06	0.06	0.07	0.08	0.09	0.10	0.10	0.11	0.12	0.13	0.15	0.18	0.21
Xu%	0.04	0.07	0.09	0.11	0.12	0.13	0.14	0.15	0.16	0.18	0.19	0.20	0.21	0.23	0.24	0.25	0.28	0.31	0.35
Isolate/R	0.00	0.04	0.05	0.07	0.08	0.10	0.11	0.12	0.13	0.14	0.15	0.17	0.18	0.20	0.21	0.24	0.26	0.29	0.35
H	0.05	1.00	1.00	1.00	2.00	2.00	2.00	2.00	2.00	3.00	3.00	3.00	3.00	4.00	4.00	4.00	5.00	6.00	7.00
(H)	0.00	0.00	0.00	0.00	0.00	0.00	0.00	0.00	0.00	1.00	1.00	1.00	1.00	1.00	1.00	1.80	2.00	2.00	3.00
Hd	0.00	0.00	0.00	0.00	0.00	0.00	1.00	1.00	1.00	1.00	1.00	1.00	1.00	2.00	2.00	2.00	3.00	3.00	4.00
(Hd)	0.00	0.00	0.00	0.00	0.00	0.00	0.00	0.00	0.00	0.00	0.00	0.00	0.00	1.00	1.00	1.00	1.00	2.00	2.00
Hx	0.00	0.00	0.00	0.00	0.00	0.00	0.00	0.00	0.00	0.00	0.00	0.00	0.00	0.00	0.00	0.00	0.00	0.00	0.00
AllH	2.00	2.00	3.00	3.00	3.00	4.00	4.00	4.00	5.00	5.00	6.00	6.00	6.00	7.00	7.00	8.00	8.85	10.00	12.00
A	3.00	4.00	5.00	5.00	6.00	6.00	6.00	7.00	7.00	8.00	8.00	8.00	9.00	9.00	10.00	10.80	12.00	13.00	15.00
(A)	0.00	0.00	0.00	0.00	0.00	0.00	0.00	0.00	0.00	0.00	1.00	1.00	1.00	1.00	1.00	1.00	2.00	2.00	2.00
Ad	0.00	1.00	1.00	1.00	1.25	2.00	2.00	2.00	2.00	3.00	3.00	3.00	3.00	4.00	4.00	4.00	5.00	6.00	6.00
(Ad)	0.00	0.00	0.00	0.00	0.00	0.00	0.00	0.00	0.00	0.00	0.00	0.00	0.00	0.00	0.00	0.00	1.00	1.00	1.00
An	0.00	0.00	0.00	0.00	0.00	0.00	0.00	0.00	0.00	0.00	0.00	0.00	0.00	1.00	1.00	1.00	1.00	1.00	2.00
Art	0.00	0.00	0.00	0.00	0.00	0.00	0.00	0.00	0.00	0.00	0.00	1.00	1.00	1.00	1.00	1.00	1.00	2.00	2.00
Ay	0.00	0.00	0.00	0.00	0.00	0.00	0.00	0.00	0.00	0.00	0.00	0.00	0.00	0.00	0.00	0.00	0.00	1.00	1.00
Bl	0.00	0.00	0.00	0.00	0.00	0.00	0.00	0.00	0.00	0.00	0.00	0.00	0.00	0.00	0.00	0.00	0.00	0.00	1.00
Bt	0.00	0.00	0.00	0.00	1.00	1.00	1.00	1.00	1.00	2.00	2.00	2.00	2.00	3.00	3.00	3.00	4.00	4.00	5.00
Cg	0.00	0.00	0.00	0.00	1.00	1.00	1.00	1.00	1.00	1.00	2.00	2.00	2.00	2.00	3.00	3.00	3.85	4.00	5.00
Cl	0.00	0.00	0.00	0.00	0.00	0.00	0.00	0.00	0.00	0.00	0.00	0.00	0.00	0.00	0.00	0.00	0.00	0.00	1.00
Ex	0.00	0.00	0.00	0.00	0.00	0.00	0.00	0.00	0.00	0.00	0.00	0.00	0.00	0.00	0.00	0.00	1.00	1.00	1.00
Fd	0.00	0.00	0.00	0.00	0.00	0.00	0.00	0.00	0.00	1.00	1.00	1.00	1.00	1.00	1.00	1.00	1.00	1.00	2.00
Fi	0.00	0.00	0.00	0.00	0.00	0.00	0.00	0.00	1.00	1.00	1.00	1.00	1.00	1.00	1.00	1.00	2.00	2.00	2.00
Ge	0.00	0.00	0.00	0.00	0.00	0.00	0.00	0.00	0.00	0.00	0.00	0.00	0.00	0.00	0.00	0.00	0.00	0.00	1.00
Hh	0.00	0.00	0.00	0.00	0.00	0.00	0.00	0.00	1.00	1.00	1.00	1.00	1.00	1.00	2.00	2.00	2.00	2.00	3.00
Ls	0.00	0.00	0.00	0.00	0.00	0.00	0.00	0.00	1.00	1.00	1.00	1.00	1.00	1.00	1.00	2.00	2.00	2.00	3.00
Ma	0.00	0.00	0.00	0.00	0.00	0.00	0.00	0.00	0.00	0.00	0.00	0.00	0.00	0.00	1.00	1.00	1.00	2.00	2.00
Mu	0.00	0.00	0.00	0.00	0.00	0.00	0.00	0.00	0.00	0.00	1.00	1.00	1.00	1.00	1.00	1.00	1.00	1.00	2.00
Na	0.00	0.00	0.00	0.00	0.00	0.00	0.00	0.00	0.00	0.00	0.00	0.00	0.00	0.00	0.00	1.00	1.00	1.00	1.00
Sc	0.00	0.00	0.00	0.00	0.00	0.00	0.00	0.00	0.00	1.00	1.00	1.00	1.00	1.00	1.00	2.00	2.00	2.00	3.00

表5－1－2　ロールシャッハ変数のパーセンタイル値（つづき）

パーセンタイル

	5	10	15	20	25	30	35	40	45	50	55	60	65	70	75	80	85	90	95
Sx	0.00	0.00	0.00	0.00	0.00	0.00	0.00	0.00	0.00	0.00	0.00	0.00	0.00	0.00	0.00	0.00	0.00	0.00	0.00
Xy	0.00	0.00	0.00	0.00	0.00	0.00	0.00	0.00	0.00	0.00	0.00	0.00	0.00	0.00	0.00	0.00	0.00	0.00	1.00
Id	0.00	0.00	0.00	0.00	0.00	0.00	1.00	1.00	1.00	1.00	1.00	1.00	1.00	2.00	2.00	2.00	2.00	3.00	4.00
DV	0.00	0.00	0.00	0.00	0.00	0.00	0.00	0.00	0.00	0.00	0.00	0.00	0.00	0.00	0.00	0.00	0.00	1.00	1.00
INC	0.00	0.00	0.00	0.00	0.00	0.00	0.00	0.00	0.00	0.00	0.00	0.00	0.00	0.00	0.00	0.00	1.00	1.00	1.00
DR	0.00	0.00	0.00	0.00	0.00	0.00	0.00	0.00	0.00	0.00	0.00	0.00	0.00	0.00	0.00	0.00	0.00	1.00	1.00
FAB	0.00	0.00	0.00	0.00	0.00	0.00	0.00	0.00	0.00	0.00	0.00	0.00	0.00	0.00	1.00	1.00	1.00	1.00	2.00
DV2	0.00	0.00	0.00	0.00	0.00	0.00	0.00	0.00	0.00	0.00	0.00	0.00	0.00	0.00	0.00	0.00	0.00	0.00	0.00
INC2	0.00	0.00	0.00	0.00	0.00	0.00	0.00	0.00	0.00	0.00	0.00	0.00	0.00	0.00	0.00	0.00	0.00	0.00	0.00
DR2	0.00	0.00	0.00	0.00	0.00	0.00	0.00	0.00	0.00	0.00	0.00	0.00	0.00	0.00	0.00	0.00	0.00	0.00	0.00
FAB2	0.00	0.00	0.00	0.00	0.00	0.00	0.00	0.00	0.00	0.00	0.00	0.00	0.00	0.00	0.00	0.00	0.00	0.00	0.00
ALOG	0.00	0.00	0.00	0.00	0.00	0.00	0.00	0.00	0.00	0.00	0.00	0.00	0.00	0.00	0.00	0.00	0.00	0.00	0.00
CONTAM	0.00	0.00	0.00	0.00	0.00	0.00	0.00	0.00	0.00	0.00	0.00	0.00	0.00	0.00	0.00	0.00	0.00	0.00	0.00
Sum6SpSc	0.00	0.00	0.00	0.00	0.00	0.00	0.00	0.00	0.00	0.00	1.00	1.00	1.00	1.00	1.00	2.00	2.00	2.00	3.00
Lvl2SpSc	0.00	0.00	0.00	0.00	0.00	0.00	0.00	0.00	0.00	0.00	0.00	0.00	0.00	0.00	0.00	0.00	0.00	0.00	0.00
WSum6	0.00	0.00	0.00	0.00	0.00	0.00	0.00	0.00	0.00	0.00	1.00	2.00	3.00	4.00	4.00	4.00	6.00	8.00	9.00
AB	0.00	0.00	0.00	0.00	0.00	0.00	0.00	0.00	0.00	0.00	0.00	0.00	0.00	0.00	0.00	0.00	0.00	1.00	1.00
AG	0.00	0.00	0.00	0.00	0.00	0.00	0.00	0.00	0.00	0.00	0.00	0.00	0.00	0.00	1.00	1.00	1.00	1.00	1.95
COP	0.00	0.00	0.00	0.00	0.00	0.00	0.00	1.00	1.00	1.00	1.00	1.00	2.00	2.00	2.00	2.00	3.00	3.00	3.00
CP	0.00	0.00	0.00	0.00	0.00	0.00	0.00	0.00	0.00	0.00	0.00	0.00	0.00	0.00	0.00	0.00	0.00	0.00	0.00
SD	0.00	0.00	0.00	0.00	0.00	0.00	0.00	0.00	0.00	0.00	0.00	0.00	0.00	0.00	0.00	0.00	0.00	1.00	1.00
PSVS	0.00	0.00	0.00	0.00	0.00	0.00	0.00	0.00	0.00	0.00	0.00	0.00	0.00	0.00	0.00	0.00	0.00	0.00	0.00
GHR	1.00	2.00	2.00	2.00	3.00	3.00	3.00	3.00	4.00	4.00	4.00	5.00	5.00	5.00	6.00	6.00	7.00	7.00	9.00
PHR	0.00	0.00	0.00	0.00	1.00	1.00	1.00	1.00	1.00	2.00	2.00	2.00	2.00	2.00	3.00	3.00	4.00	4.00	5.00
MOR	0.00	0.00	0.00	0.00	0.00	0.00	0.00	0.00	0.00	0.00	0.00	0.00	0.00	1.00	1.00	1.00	1.00	1.00	2.00
PER	0.00	0.00	0.00	0.00	0.00	0.00	0.00	0.00	0.00	0.00	0.00	0.00	0.00	0.00	0.00	0.00	1.00	1.00	2.00
PSV	0.00	0.00	0.00	0.00	0.00	0.00	0.00	0.00	0.00	0.00	0.00	0.00	0.00	0.00	0.00	1.00	1.00	1.00	2.00
S-CON	1.00	2.00	2.00	2.00	3.00	3.00	3.00	3.00	3.00	4.00	4.00	4.00	4.00	5.00	5.00	5.00	5.00	6.00	6.00
PTI	0.00	0.00	0.00	0.00	0.00	0.00	0.00	0.00	0.00	0.00	0.00	0.00	0.00	0.00	0.00	0.00	0.00	0.00	0.00
DEPI	2.00	2.00	2.00	3.00	3.00	3.00	3.00	3.00	3.00	3.00	4.00	4.00	4.00	4.00	4.00	4.00	5.00	5.00	5.00
CDI	1.00	1.00	1.00	2.00	2.00	2.00	2.00	2.00	3.00	3.00	3.00	3.00	3.00	4.00	4.00	4.00	4.00	4.00	5.00

第5章 記述統計値 107

表5－2－1　内向型（N=132）の記述統計値

	平均値	標準偏差	最小値	最大値	中央値	最頻値	歪度	尖度
Age	33.37	12.89	20.00	64.00	29.50	20.00	0.37	-1.38
R	24.43	6.80	14.00	43.00	23.00	22.00	0.65	-0.14
W	11.57	4.20	3.00	26.00	11.00	9.00	0.86	1.38
D	10.33	5.92	0.00	32.00	9.00	10.00	0.89	0.55
Dd	2.53	1.90	0.00	9.00	2.00	2.00	0.97	1.10
S	3.40	2.19	0.00	10.00	3.00	2.00	0.44	-0.44
DQ+	7.52	2.99	2.00	16.00	7.00	7.00	0.54	-0.15
DQo	15.74	6.48	3.00	34.00	15.00	11.00	0.48	-0.25
DQv	0.95	1.03	0.00	5.00	1.00	0.00	1.15	1.40
DQv/+	0.21	0.51	0.00	3.00	0.00	0.00	2.75	8.59
FQx+	0.00	0.00	0.00	0.00	0.00	0.00		
FQxo	18.36	5.16	9.00	35.00	18.00	14.00	0.70	0.56
FQxu	4.14	2.47	0.00	13.00	4.00	3.00	1.12	1.84
FQx-	1.92	1.46	0.00	7.00	2.00	1.00	0.61	0.12
FQxnone	0.02	0.12	0.00	1.00	0.00	0.00	8.03	63.44
MQ+	0.00	0.00	0.00	0.00	0.00	0.00		
MQo	5.03	1.81	2.00	10.00	5.00	4.00	0.68	0.02
MQu	0.80	0.95	0.00	4.00	1.00	0.00	1.02	0.32
MQ-	0.33	0.56	0.00	2.00	0.00	0.00	1.52	1.39
MQnone	0.00	0.00	0.00	0.00	0.00	0.00		
WD+	0.00	0.00	0.00	0.00	0.00	0.00		
WDo	17.19	4.94	8.00	34.00	17.00	14.00	0.77	0.73
WDu	3.35	2.13	0.00	11.00	3.00	2.00	1.01	1.22
WD-	1.35	1.19	0.00	4.00	1.00	1.00	0.77	-0.20
WDnone	0.02	0.12	0.00	1.00	0.00	0.00	8.03	63.44
S-	0.48	0.68	0.00	2.00	0.00	0.00	1.08	-0.09
M	6.17	2.22	3.00	13.00	6.00	5.00	0.94	0.42
FM	3.55	2.16	0.00	11.00	3.00	3.00	0.80	0.82
m	0.96	1.11	0.00	4.00	1.00	0.00	0.96	-0.05
FM+m	4.52	2.52	0.00	12.00	4.00	4.00	0.56	0.14
FC	1.66	1.50	0.00	11.00	2.00	2.00	2.03	10.31
CF	1.31	1.16	0.00	5.00	1.00	1.00	0.77	0.01
C	0.11	0.31	0.00	1.00	0.00	0.00	2.59	4.77
Cn	0.00	0.00	0.00	0.00	0.00	0.00		
SumColor	3.08	2.07	0.00	15.00	3.00	3.00	1.80	7.65
WSumC	2.30	1.60	0.00	10.00	2.00	1.00	1.37	3.48
SumC'	1.22	1.36	0.00	8.00	1.00	0.00	1.77	4.95
SumT	0.58	0.74	0.00	3.00	0.00	0.00	1.08	0.48
SumV	0.39	0.66	0.00	3.00	0.00	0.00	1.79	3.08
SumY	0.67	0.93	0.00	5.00	0.00	0.00	1.64	3.23
SumShd	2.86	2.21	0.00	11.00	3.00	3.00	1.20	1.99
Fr+rF	0.30	0.62	0.00	3.00	0.00	0.00	2.08	3.82
FD	0.77	0.87	0.00	4.00	1.00	0.00	1.11	1.00
F	10.65	5.39	1.00	28.00	10.00	8.00	0.64	0.03
(2)	8.00	3.24	1.00	20.00	8.00	9.00	0.75	0.87
3r+(2)/R	0.38	0.14	0.06	0.93	0.36	0.33	0.85	1.63
Lambda	0.88	0.62	0.08	4.67	0.77	1.00	2.31	10.19
EA	8.47	3.51	4.00	23.00	7.75	6.00	1.19	1.73
es	7.37	4.00	0.00	20.00	7.00	8.00	0.56	0.21
Adjes	6.73	3.53	0.00	19.00	6.50	6.00	0.68	0.89
D	0.34	1.35	-5.00	5.00	0.00	0.00	-0.08	2.32
AdjD	0.51	1.34	-5.00	5.00	0.00	0.00	-0.06	2.80
active	6.21	3.39	0.00	17.00	5.50	4.00	0.80	0.28

表5-2-1 内向型（N=132）の記述統計値（つづき）

	平均値	標準偏差	最小値	最大値	中央値	最頻値	歪度	尖度
passive	4.48	2.18	0.00	11.00	4.00	5.00	0.62	0.14
Ma	3.39	2.13	0.00	9.00	3.00	2.00	0.69	-0.04
Mp	2.76	1.52	0.00	9.00	3.00	2.00	0.79	1.86
Intellect	1.59	1.41	0.00	6.00	1.00	1.00	0.84	0.25
Zf	15.48	4.31	5.00	30.00	15.00	16.00	0.48	0.67
ZSum	49.03	16.54	15.00	119.00	48.75	36.00	0.61	1.46
ZEst	50.55	15.34	13.50	102.50	49.00	52.50	0.47	0.68
Zd	-1.52	5.10	-14.00	16.50	-1.00	-0.50	0.11	0.43
Blends	3.22	2.43	0.00	12.00	3.00	1.00	1.17	1.68
Blends/R	0.14	0.11	0.00	0.55	0.11	0.00	1.01	0.87
m-Blends	0.83	0.99	0.00	4.00	1.00	0.00	1.01	0.15
Y-Blends	0.37	0.63	0.00	3.00	0.00	0.00	1.68	2.36
T-Blends	0.14	0.37	0.00	2.00	0.00	0.00	2.61	6.29
Col-ShdBlends	0.26	0.53	0.00	2.00	0.00	0.00	1.99	3.10
Afr	0.47	0.17	0.18	1.14	0.45	0.40	0.89	1.71
P	6.02	1.78	2.00	11.00	6.00	6.00	0.06	-0.19
C	1.08	0.82	0.00	4.00	1.00	1.00	0.60	0.52
XA%	0.92	0.06	0.76	1.00	0.93	1.00	-0.46	-0.26
WDA%	0.94	0.05	0.75	1.00	0.95	1.00	-0.79	0.54
X+%	0.76	0.09	0.55	1.00	0.76	0.67	0.05	-0.31
X-%	0.08	0.06	0.00	0.24	0.07	0.00	0.48	-0.24
Xu%	0.17	0.08	0.00	0.38	0.16	0.13	0.22	-0.22
Isolate/R	0.12	0.09	0.00	0.44	0.12	0.00	0.61	0.34
H	4.43	1.92	1.00	11.00	4.00	4.00	0.67	0.35
(H)	1.08	1.12	0.00	5.00	1.00	0.00	0.97	0.48
Hd	1.77	1.53	0.00	6.00	1.00	1.00	0.90	0.17
(Hd)	0.66	0.85	0.00	3.00	0.00	0.00	1.10	0.36
Hx	0.01	0.09	0.00	1.00	0.00	0.00	11.49	132.00
AllH	7.93	3.08	3.00	18.00	8.00	8.00	0.98	1.25
A	7.96	3.64	2.00	20.00	8.00	8.00	0.86	0.59
(A)	0.68	0.88	0.00	4.00	0.00	0.00	1.29	1.35
Ad	2.95	1.90	0.00	8.00	3.00	2.00	0.53	-0.40
(Ad)	0.28	0.57	0.00	3.00	0.00	0.00	2.18	4.89
An	0.46	0.74	0.00	3.00	0.00	0.00	1.60	2.05
Art	0.96	0.97	0.00	4.00	1.00	1.00	1.00	0.82
Ay	0.27	0.55	0.00	3.00	0.00	0.00	2.27	5.60
Bl	0.08	0.29	0.00	2.00	0.00	0.00	4.13	18.14
Bt	1.40	1.41	0.00	6.00	1.00	0.00	0.87	0.05
Cg	2.28	1.68	0.00	8.00	2.00	1.00	1.09	1.19
Cl	0.08	0.32	0.00	2.00	0.00	0.00	4.57	21.80
Ex	0.08	0.28	0.00	1.00	0.00	0.00	3.05	7.41
Fd	0.42	0.76	0.00	5.00	0.00	0.00	2.60	9.93
Fi	0.64	0.93	0.00	5.00	0.00	0.00	2.00	5.13
Ge	0.12	0.35	0.00	2.00	0.00	0.00	2.88	8.01
Hh	0.94	0.96	0.00	4.00	1.00	0.00	0.82	0.00
Ls	0.89	0.97	0.00	4.00	1.00	0.00	1.17	1.36
Ma	0.42	0.74	0.00	3.00	0.00	0.00	2.00	3.80
Mu	0.64	0.79	0.00	3.00	0.00	0.00	1.20	1.06
Na	0.23	0.44	0.00	2.00	0.00	0.00	1.59	1.28
Sc	0.88	1.17	0.00	6.00	1.00	0.00	1.77	3.72
Sx	0.04	0.19	0.00	1.00	0.00	0.00	4.90	22.32
Xy	0.09	0.42	0.00	3.00	0.00	0.00	5.05	26.60
Id	1.34	1.19	0.00	6.00	1.00	1.00	1.24	1.95

表5−2−1　内向型（N=132）の記述統計値（つづき）

	平均値	標準偏差	最小値	最大値	中央値	最頻値	歪度	尖度
DV	0.14	0.37	0.00	2.00	0.00	0.00	2.61	6.29
INC	0.27	0.54	0.00	2.00	0.00	0.00	1.93	2.86
DR	0.05	0.22	0.00	1.00	0.00	0.00	4.04	14.50
FAB	0.67	0.94	0.00	4.00	0.00	0.00	1.38	1.21
DV2	0.00	0.00	0.00	0.00	0.00	0.00		
INC2	0.00	0.00	0.00	0.00	0.00	0.00		
DR2	0.00	0.00	0.00	0.00	0.00	0.00		
FAB2	0.00	0.00	0.00	0.00	0.00	0.00		
ALOG	0.01	0.09	0.00	1.00	0.00	0.00	11.49	132.00
CONTAM	0.00	0.00	0.00	0.00	0.00	0.00		
Sum6SpSc	1.14	1.29	0.00	7.00	1.00	0.00	1.61	3.59
Lvl2SpSc	0.00	0.00	0.00	0.00	0.00	0.00		
WSum6	3.56	4.24	0.00	23.00	3.00	0.00	1.59	3.16
AB	0.18	0.46	0.00	2.00	0.00	0.00	2.57	6.09
AG	0.45	0.71	0.00	5.00	0.00	0.00	2.56	11.68
COP	1.63	1.41	0.00	7.00	1.00	1.00	1.13	1.64
CP	0.00	0.00	0.00	0.00	0.00	0.00		
SD	0.10	0.37	0.00	2.00	0.00	0.00	3.99	16.09
PSVS	0.00	0.00	0.00	0.00	0.00	0.00		
GHR	6.01	2.24	1.00	12.00	6.00	6.00	0.58	0.12
PHR	2.75	1.86	0.00	9.00	2.00	2.00	0.77	0.50
MOR	0.40	0.74	0.00	4.00	0.00	0.00	2.18	5.38
PER	0.23	0.58	0.00	3.00	0.00	0.00	2.83	8.55
PSV	0.25	0.53	0.00	2.00	0.00	0.00	2.05	3.36
S-CON	3.07	1.51	0.00	7.00	3.00	3.00	0.03	-0.43
PTI	0.06	0.24	0.00	1.00	0.00	0.00	3.73	12.06
DEPI	3.33	1.30	0.00	6.00	3.00	3.00	0.13	-0.36
CDI	2.36	1.09	0.00	5.00	2.00	2.00	0.00	-0.69

表5－2－2 両向型 （N＝211）の記述統計値

	平均値	標準偏差	最小値	最大値	中央値	最頻値	歪度	尖度
Age	36.95	13.12	20.00	69.00	40.00	21.00	0.15	-1.02
R	22.37	6.78	14.00	51.00	21.00	18.00	1.22	1.84
W	10.89	4.44	1.00	32.00	11.00	11.00	0.87	2.44
D	9.25	5.55	0.00	28.00	8.00	5.00	0.83	0.04
Dd	2.23	1.98	0.00	16.00	2.00	2.00	2.33	11.41
S	2.61	1.93	0.00	11.00	2.00	2.00	0.96	1.18
DQ+	5.21	2.75	0.00	15.00	5.00	5.00	0.58	0.53
DQo	15.37	5.77	5.00	41.00	15.00	16.00	1.15	1.95
DQv	1.52	1.44	0.00	7.00	1.00	1.00	1.08	1.01
DQv/+	0.27	0.58	0.00	4.00	0.00	0.00	2.78	10.61
FQx+	0.00	0.00	0.00	0.00	0.00	0.00		
FQxo	16.74	4.77	7.00	33.00	16.00	14.00	0.74	0.42
FQxu	3.76	2.76	0.00	18.00	3.00	4.00	1.38	3.71
FQx-	1.82	1.63	0.00	10.00	1.00	1.00	1.91	5.89
FQxnone	0.05	0.23	0.00	2.00	0.00	0.00	5.36	31.32
MQ+	0.00	0.00	0.00	0.00	0.00	0.00		
MQo	2.74	1.55	0.00	9.00	3.00	3.00	0.41	0.63
MQu	0.29	0.56	0.00	3.00	0.00	0.00	2.10	5.06
MQ-	0.08	0.29	0.00	2.00	0.00	0.00	3.68	13.85
MQnone	0.01	0.12	0.00	1.00	0.00	0.00	8.27	66.95
WD+	0.00	0.00	0.00	0.00	0.00	0.00		
WDo	15.72	4.47	7.00	31.00	15.00	14.00	0.69	0.32
WDu	2.96	2.15	0.00	10.00	3.00	2.00	0.86	0.67
WD-	1.43	1.41	0.00	10.00	1.00	1.00	1.95	7.37
WDnone	0.03	0.20	0.00	2.00	0.00	0.00	6.83	51.30
S-	0.28	0.60	0.00	3.00	0.00	0.00	2.55	7.30
M	3.13	1.79	0.00	10.00	3.00	3.00	0.51	0.55
FM	3.67	2.46	0.00	13.00	3.00	2.00	0.88	0.99
m	1.04	1.07	0.00	6.00	1.00	0.00	1.22	2.25
FM+m	4.71	2.78	0.00	14.00	4.00	6.00	0.71	0.41
FC	1.99	1.59	0.00	8.00	2.00	1.00	1.03	1.16
CF	1.91	1.35	0.00	7.00	2.00	2.00	0.77	0.83
C	0.14	0.43	0.00	3.00	0.00	0.00	3.62	14.75
Cn	0.00	0.00	0.00	0.00	0.00	0.00		
SumColor	4.04	2.14	0.00	13.00	4.00	4.00	0.76	1.58
WSumC	3.11	1.66	0.00	10.00	3.00	2.50	0.73	1.80
SumC'	1.52	1.49	0.00	8.00	1.00	0.00	1.01	0.87
SumT	0.58	0.81	0.00	4.00	0.00	0.00	1.50	2.37
SumV	0.29	0.58	0.00	3.00	0.00	0.00	2.15	4.77
SumY	0.45	0.76	0.00	4.00	0.00	0.00	2.02	4.81
SumShd	2.85	2.22	0.00	10.00	2.00	2.00	0.87	0.33
Fr+rF	0.16	0.48	0.00	3.00	0.00	0.00	3.61	14.59
FD	0.55	0.68	0.00	3.00	0.00	0.00	1.01	0.59
F	10.14	5.14	0.00	28.00	10.00	6.00	1.01	1.35
(2)	5.99	3.24	0.00	21.00	5.00	5.00	0.85	1.64
3r+(2)/R	0.29	0.13	0.00	0.61	0.29	0.14	-0.11	-0.30
Lambda	1.04	1.09	0.00	13.00	0.79	0.50	6.79	69.34
EA	6.24	3.26	0.00	20.00	5.50	4.50	0.85	1.29
es	7.56	4.00	0.00	22.00	7.00	5.00	0.79	0.57
Adjes	7.03	3.56	0.00	19.00	7.00	5.00	0.68	0.38
D	-0.38	1.36	-6.00	4.00	0.00	0.00	-0.79	2.37
AdjD	-0.24	1.28	-5.00	4.00	0.00	0.00	-0.45	2.35
active	4.45	2.76	0.00	15.00	4.00	3.00	0.68	0.72

第5章 記述統計値 111

表5－2－2 両向型（N=211）の記述統計値（つづき）

	平均値	標準偏差	最小値	最大値	中央値	最頻値	歪度	尖度
passive	3.39	2.10	0.00	11.00	3.00	3.00	0.77	0.62
Ma	1.76	1.54	0.00	8.00	2.00	0.00	0.73	0.30
Mp	1.37	1.21	0.00	7.00	1.00	0.00	0.81	1.14
Intellect	1.39	1.53	0.00	8.00	1.00	0.00	1.73	3.99
Zf	13.25	4.55	3.00	31.00	13.00	16.00	0.54	1.30
ZSum	40.20	16.50	5.00	116.00	40.50	37.00	0.61	1.93
ZEst	42.60	16.15	6.00	105.50	41.50	52.50	0.54	1.27
Zd	-2.39	4.59	-14.50	13.00	-2.50	-5.00	0.07	0.09
Blends	2.75	2.11	0.00	10.00	2.00	2.00	1.00	1.04
Blends/R	0.13	0.10	0.00	0.57	0.11	0.00	1.13	1.75
m-Blends	0.86	0.90	0.00	4.00	1.00	0.00	0.86	0.33
Y-Blends	0.22	0.48	0.00	2.00	0.00	0.00	2.13	3.87
T-Blends	0.13	0.35	0.00	2.00	0.00	0.00	2.58	5.83
Col-ShdBlends	0.33	0.60	0.00	4.00	0.00	0.00	2.17	6.80
Afr	0.48	0.16	0.20	1.22	0.45	0.50	1.29	2.72
P	5.31	1.68	1.00	9.00	5.00	5.00	0.02	-0.08
C	1.19	0.76	0.00	3.00	1.00	1.00	0.25	-0.22
XA%	0.92	0.06	0.67	1.00	0.93	1.00	-0.99	1.57
WDA%	0.93	0.06	0.72	1.00	0.94	1.00	-0.72	0.22
X+%	0.76	0.11	0.46	1.00	0.75	0.75	-0.18	-0.41
X-%	0.08	0.06	0.00	0.33	0.07	0.00	1.08	1.84
Xu%	0.16	0.09	0.00	0.45	0.16	0.00	0.42	0.10
Isolate/R	0.16	0.11	0.00	0.65	0.14	0.00	1.03	1.94
H	2.60	1.58	0.00	10.00	2.00	2.00	1.09	2.47
(H)	0.59	0.81	0.00	4.00	0.00	0.00	1.53	2.57
Hd	1.11	1.30	0.00	7.00	1.00	0.00	1.79	4.20
(Hd)	0.45	0.72	0.00	4.00	0.00	0.00	1.83	3.87
Hx	0.03	0.20	0.00	2.00	0.00	0.00	6.83	51.30
AllH	4.74	2.50	0.00	15.00	4.00	4.00	1.06	2.08
A	8.24	3.41	2.00	19.00	8.00	7.00	0.92	0.94
(A)	0.55	0.78	0.00	4.00	0.00	0.00	1.43	1.88
Ad	2.76	1.96	0.00	11.00	2.00	2.00	1.17	2.37
(Ad)	0.15	0.44	0.00	2.00	0.00	0.00	3.02	8.59
An	0.40	0.66	0.00	4.00	0.00	0.00	1.88	4.53
Art	0.82	0.99	0.00	7.00	1.00	0.00	1.84	6.71
Ay	0.25	0.52	0.00	2.00	0.00	0.00	2.01	3.18
Bl	0.09	0.30	0.00	2.00	0.00	0.00	3.39	11.46
Bt	1.95	1.61	0.00	8.00	2.00	1.00	0.86	0.74
Cg	1.32	1.33	0.00	7.00	1.00	1.00	1.25	1.70
Cl	0.06	0.28	0.00	2.00	0.00	0.00	4.93	25.96
Ex	0.19	0.43	0.00	2.00	0.00	0.00	2.08	3.61
Fd	0.44	0.68	0.00	3.00	0.00	0.00	1.73	3.16
Fi	0.70	0.82	0.00	4.00	0.00	0.00	0.97	0.43
Ge	0.15	0.44	0.00	3.00	0.00	0.00	3.44	13.35
Hh	0.88	1.01	0.00	5.00	1.00	0.00	1.18	1.29
Ls	0.85	1.04	0.00	5.00	1.00	0.00	1.32	1.53
Ma	0.40	0.69	0.00	3.00	0.00	0.00	1.81	3.01
Mu	0.55	0.68	0.00	3.00	0.00	0.00	1.03	0.61
Na	0.27	0.54	0.00	3.00	0.00	0.00	2.12	4.56
Sc	0.73	0.96	0.00	5.00	0.00	0.00	1.66	3.47
Sx	0.06	0.25	0.00	2.00	0.00	0.00	4.72	23.97
Xy	0.11	0.37	0.00	2.00	0.00	0.00	3.48	12.23
Id	1.02	1.14	0.00	7.00	1.00	0.00	1.49	3.45

112 ロールシャッハ・テスト統計集

表5−2−2 両向型（N=211）の記述統計値（つづき）

	平均値	標準偏差	最小値	最大値	中央値	最頻値	歪度	尖度
DV	0.11	0.32	0.00	1.00	0.00	0.00	2.45	4.04
INC	0.21	0.55	0.00	3.00	0.00	0.00	3.08	10.30
DR	0.05	0.22	0.00	1.00	0.00	0.00	4.06	14.61
FAB	0.31	0.61	0.00	3.00	0.00	0.00	2.08	4.06
DV2	0.00	0.00	0.00	0.00	0.00	0.00		
INC2	0.00	0.00	0.00	0.00	0.00	0.00		
DR2	0.00	0.00	0.00	0.00	0.00	0.00		
FAB2	0.00	0.00	0.00	0.00	0.00	0.00		
ALOG	0.01	0.12	0.00	1.00	0.00	0.00	8.27	66.95
CONTAM	0.00	0.00	0.00	0.00	0.00	0.00		
Sum6SpSc	0.70	1.02	0.00	6.00	0.00	0.00	1.96	5.07
Lvl2SpSc	0.00	0.00	0.00	0.00	0.00	0.00		
WSum6	1.99	3.02	0.00	17.00	0.00	0.00	1.78	3.36
AB	0.16	0.46	0.00	3.00	0.00	0.00	3.61	15.58
AG	0.27	0.58	0.00	3.00	0.00	0.00	2.29	5.41
COP	1.15	1.19	0.00	5.00	1.00	0.00	0.87	0.02
CP	0.00	0.00	0.00	0.00	0.00	0.00		
SD	0.16	0.42	0.00	2.00	0.00	0.00	2.62	6.47
PSVS	0.00	0.00	0.00	0.00	0.00	0.00		
GHR	3.66	1.90	0.00	10.00	3.00	3.00	0.49	0.31
PHR	1.56	1.54	0.00	9.00	1.00	1.00	1.53	3.26
MOR	0.37	0.64	0.00	3.00	0.00	0.00	1.82	3.36
PER	0.26	0.64	0.00	4.00	0.00	0.00	3.00	10.02
PSV	0.31	0.64	0.00	4.00	0.00	0.00	2.50	7.49
S-CON	3.56	1.43	0.00	7.00	3.00	3.00	0.16	-0.67
PTI	0.01	0.15	0.00	2.00	0.00	0.00	11.65	141.99
DEPI	3.55	1.17	0.00	7.00	3.00	3.00	0.29	0.37
CDI	2.82	1.37	0.00	5.00	3.00	4.00	-0.24	-0.85

第５章　記述統計値　113

表５−２−３　外拡型（N=57）の記述統計値

	平均値	標準偏差	最小値	最大値	中央値	最頻値	歪度	尖度
Age	35.65	11.04	20.00	56.00	37.00	21.00	0.09	-1.33
R	25.61	6.86	15.00	44.00	25.00	25.00	0.47	0.21
W	13.82	5.32	6.00	30.00	12.00	8.00	0.94	0.47
D	8.81	5.26	1.00	27.00	8.00	5.00	0.90	1.10
Dd	2.98	1.96	0.00	11.00	3.00	3.00	1.37	3.89
S	2.91	1.84	0.00	7.00	3.00	3.00	0.08	-0.84
DQ+	4.54	2.32	1.00	10.00	4.00	3.00	0.78	-0.01
DQo	17.40	5.40	8.00	34.00	16.00	13.00	0.78	0.68
DQv	3.05	1.94	0.00	8.00	3.00	1.00	0.49	-0.39
DQv/+	0.61	0.82	0.00	4.00	0.00	0.00	1.64	3.85
FQx+	0.00	0.00	0.00	0.00	0.00	0.00		
FQxo	17.75	4.92	8.00	31.00	17.00	16.00	0.48	0.12
FQxu	5.16	2.84	0.00	15.00	5.00	4.00	0.92	1.61
FQx-	2.58	2.09	0.00	9.00	2.00	2.00	0.97	0.72
FQxnone	0.12	0.33	0.00	1.00	0.00	0.00	2.36	3.70
MQ+	0.00	0.00	0.00	0.00	0.00	0.00		
MQo	1.86	1.03	0.00	4.00	2.00	1.00	0.19	-0.59
MQu	0.05	0.23	0.00	1.00	0.00	0.00	4.12	15.48
MQ-	0.09	0.34	0.00	2.00	0.00	0.00	4.26	19.21
MQnone	0.02	0.13	0.00	1.00	0.00	0.00	7.55	57.00
WD+	0.00	0.00	0.00	0.00	0.00	0.00		
WDo	16.35	4.62	8.00	30.00	16.00	14.00	0.53	0.25
WDu	4.39	2.41	0.00	11.00	4.00	4.00	0.55	0.36
WD-	1.77	1.85	0.00	9.00	1.00	1.00	1.75	3.87
WDnone	0.12	0.33	0.00	1.00	0.00	0.00	2.36	3.70
S-	0.42	0.73	0.00	3.00	0.00	0.00	1.71	2.26
M	2.02	1.08	0.00	4.00	2.00	1.00	0.50	-0.83
FM	3.95	2.65	0.00	14.00	4.00	4.00	1.02	2.41
m	1.86	1.32	0.00	5.00	2.00	1.00	0.32	-0.46
FM+m	5.81	3.10	0.00	17.00	5.00	4.00	1.06	2.09
FC	2.61	1.88	0.00	8.00	3.00	1.00	0.49	-0.16
CF	3.75	1.84	0.00	9.00	4.00	4.00	0.38	0.19
C	0.19	0.44	0.00	2.00	0.00	0.00	2.23	4.50
Cn	0.00	0.00	0.00	0.00	0.00	0.00		
SumColor	6.56	2.01	3.00	12.00	6.00	5.00	0.30	-0.51
WSumC	5.35	1.68	3.00	9.50	5.00	6.50	0.56	-0.42
SumC'	1.28	1.31	0.00	5.00	1.00	0.00	1.20	1.43
SumT	0.74	0.97	0.00	4.00	0.00	0.00	1.28	1.22
SumV	0.39	0.67	0.00	3.00	0.00	0.00	1.88	3.52
SumY	0.63	0.86	0.00	3.00	0.00	0.00	1.33	1.13
SumShd	3.04	2.15	0.00	8.00	3.00	2.00	0.48	-0.48
Fr+rF	0.14	0.48	0.00	2.00	0.00	0.00	3.43	10.74
FD	0.47	0.87	0.00	4.00	0.00	0.00	2.12	4.71
F	11.23	4.57	3.00	26.00	12.00	6.00	0.54	0.61
(2)	5.04	3.00	0.00	19.00	5.00	5.00	2.05	7.61
3r+(2)/R	0.21	0.11	0.00	0.55	0.20	0.20	0.92	1.27
Lambda	0.83	0.40	0.25	2.11	0.80	0.35	0.92	0.68
EA	7.37	2.53	4.00	13.50	7.00	4.50	0.49	-0.61
es	8.84	3.98	0.00	22.00	9.00	9.00	0.71	1.57
Adjes	7.61	3.45	0.00	19.00	8.00	8.00	0.52	1.06
D	-0.44	1.50	-5.00	3.00	0.00	0.00	-0.75	2.30
AdjD	-0.12	1.35	-4.00	3.00	0.00	0.00	-0.31	1.43
active	4.82	2.65	1.00	11.00	4.00	3.00	0.62	-0.33

表５－２－３ 外拡型（N=57）の記述統計値（つづき）

	平均値	標準偏差	最小値	最大値	中央値	最頻値	歪度	尖度
passive	3.00	2.40	0.00	14.00	3.00	1.00	1.82	6.48
Ma	1.25	1.24	0.00	4.00	1.00	0.00	0.73	-0.40
Mp	0.77	0.89	0.00	3.00	1.00	0.00	0.95	0.10
Intellect	2.16	2.12	0.00	11.00	2.00	1.00	1.71	4.36
Zf	14.95	5.03	7.00	34.00	14.00	12.00	1.11	2.20
ZSum	45.42	18.68	16.00	114.00	40.50	34.00	1.01	1.74
ZEst	48.61	17.88	20.50	116.50	45.50	38.00	1.11	2.23
Zd	-3.19	5.28	-15.50	10.00	-3.00	0.00	0.15	0.14
Blends	3.28	1.72	1.00	7.00	3.00	3.00	0.81	-0.04
Blends/R	0.13	0.08	0.04	0.44	0.12	0.07	1.66	3.57
m-Blends	1.49	1.10	0.00	4.00	1.00	1.00	0.48	-0.33
Y-Blends	0.37	0.64	0.00	2.00	0.00	0.00	1.55	1.20
T-Blends	0.09	0.34	0.00	2.00	0.00	0.00	4.26	19.21
Col-ShdBlends	0.54	0.83	0.00	4.00	0.00	0.00	1.83	4.26
Afr	0.50	0.14	0.25	0.92	0.47	0.36	0.75	0.57
P	4.86	1.89	1.00	9.00	5.00	4.00	0.19	-0.33
C	1.37	0.82	0.00	4.00	1.00	2.00	0.24	0.75
XA%	0.90	0.07	0.73	1.00	0.91	1.00	-0.59	-0.17
WDA%	0.92	0.07	0.69	1.00	0.94	1.00	-1.20	1.24
X+%	0.70	0.11	0.43	0.93	0.70	0.75	-0.08	-0.02
X-%	0.10	0.07	0.00	0.27	0.08	0.00	0.62	-0.18
Xu%	0.20	0.09	0.00	0.40	0.19	0.25	0.19	-0.31
Isolate/R	0.19	0.11	0.00	0.54	0.16	0.20	1.03	1.06
H	1.77	1.13	0.00	5.00	2.00	1.00	0.54	0.09
(H)	0.56	0.89	0.00	3.00	0.00	0.00	1.48	1.20
Hd	1.18	1.05	0.00	4.00	1.00	1.00	0.77	0.21
(Hd)	0.37	0.67	0.00	3.00	0.00	0.00	1.97	3.85
Hx	0.05	0.23	0.00	1.00	0.00	0.00	4.12	15.48
AllH	3.88	2.00	1.00	8.00	4.00	3.00	0.34	-0.80
A	8.49	3.35	3.00	18.00	8.00	7.00	0.47	0.08
(A)	0.46	0.80	0.00	4.00	0.00	0.00	2.40	7.04
Ad	3.11	1.93	0.00	8.00	3.00	2.00	0.81	0.56
(Ad)	0.30	0.60	0.00	3.00	0.00	0.00	2.41	7.02
An	0.65	0.94	0.00	4.00	0.00	0.00	1.72	2.90
Art	1.32	1.36	0.00	6.00	1.00	1.00	1.45	2.33
Ay	0.35	0.64	0.00	2.00	0.00	0.00	1.64	1.48
Bl	0.25	0.51	0.00	2.00	0.00	0.00	2.01	3.40
Bt	2.49	1.58	0.00	8.00	2.00	2.00	0.76	1.28
Cg	1.04	1.35	0.00	5.00	1.00	0.00	1.43	1.38
Cl	0.16	0.41	0.00	2.00	0.00	0.00	2.68	7.07
Ex	0.54	0.78	0.00	3.00	0.00	0.00	1.25	0.66
Fd	0.81	1.08	0.00	5.00	0.00	0.00	1.56	2.90
Fi	1.26	1.14	0.00	4.00	1.00	1.00	1.02	0.43
Ge	0.14	0.44	0.00	2.00	0.00	0.00	3.30	10.60
Hh	1.26	1.20	0.00	4.00	1.00	0.00	0.68	-0.48
Ls	1.25	1.29	0.00	6.00	1.00	1.00	1.40	2.42
Ma	0.32	0.63	0.00	3.00	0.00	0.00	2.29	5.70
Mu	0.44	0.63	0.00	3.00	0.00	0.00	1.59	3.54
Na	0.33	0.61	0.00	2.00	0.00	0.00	1.67	1.73
Sc	0.86	1.20	0.00	6.00	1.00	0.00	2.33	6.92
Sx	0.11	0.45	0.00	3.00	0.00	0.00	5.33	31.63
Xy	0.09	0.29	0.00	1.00	0.00	0.00	2.99	7.22
Id	1.40	1.18	0.00	5.00	1.00	1.00	0.78	0.48

表5－2－3　外拡型（N=57）の記述統計値（つづき）

	平均値	標準偏差	最小値	最大値	中央値	最頻値	歪度	尖度
DV	0.21	0.56	0.00	3.00	0.00	0.00	3.23	11.86
INC	0.23	0.46	0.00	2.00	0.00	0.00	1.87	2.81
DR	0.09	0.29	0.00	1.00	0.00	0.00	2.99	7.22
FAB	0.12	0.33	0.00	1.00	0.00	0.00	2.36	3.70
DV2	0.00	0.00	0.00	0.00	0.00	0.00		
INC2	0.00	0.00	0.00	0.00	0.00	0.00		
DR2	0.00	0.00	0.00	0.00	0.00	0.00		
FAB2	0.00	0.00	0.00	0.00	0.00	0.00		
ALOG	0.02	0.13	0.00	1.00	0.00	0.00	7.55	57.00
CONTAM	0.00	0.00	0.00	0.00	0.00	0.00		
Sum6SpSc	0.67	1.01	0.00	5.00	0.00	0.00	2.25	6.57
Lvl2SpSc	0.00	0.00	0.00	0.00	0.00	0.00		
WSum6	1.51	2.31	0.00	10.00	0.00	0.00	1.89	3.68
AB	0.25	0.54	0.00	2.00	0.00	0.00	2.18	3.92
AG	0.32	0.78	0.00	5.00	0.00	0.00	4.23	22.89
COP	0.88	1.00	0.00	3.00	1.00	0.00	0.81	-0.53
CP	0.00	0.00	0.00	0.00	0.00	0.00		
SD	0.14	0.35	0.00	1.00	0.00	0.00	2.13	2.62
PSVS	0.00	0.00	0.00	0.00	0.00	0.00		
GHR	2.68	1.56	0.00	7.00	3.00	2.00	0.49	0.04
PHR	1.65	1.34	0.00	5.00	2.00	2.00	0.59	-0.40
MOR	0.63	0.92	0.00	4.00	0.00	0.00	1.67	2.82
PER	0.44	0.87	0.00	5.00	0.00	0.00	3.10	13.04
PSV	0.40	0.65	0.00	3.00	0.00	0.00	1.78	3.64
S-CON	4.68	1.55	1.00	9.00	5.00	5.00	0.13	0.72
PTI	0.02	0.13	0.00	1.00	0.00	0.00	7.55	57.00
DEPI	3.96	1.07	2.00	6.00	4.00	4.00	0.07	-0.36
CDI	2.91	1.12	0.00	5.00	3.00	3.00	-0.14	0.04

表5－3－1　反応数低群（N＝107）の記述統計値

	平均値	標準偏差	最小値	最大値	中央値	最頻値	歪度	尖度
Age	35.52	13.43	20.00	67.00	37.00	21.00	0.33	-1.08
R	16.12	1.48	14.00	18.00	16.00	18.00	-0.07	-1.44
W	9.43	2.78	3.00	16.00	9.00	11.00	-0.12	-0.31
D	5.47	2.57	0.00	14.00	5.00	5.00	0.47	0.37
Dd	1.22	1.28	0.00	5.00	1.00	0.00	1.04	0.51
S	1.77	1.41	0.00	7.00	1.00	1.00	1.37	2.57
DQ+	4.68	2.66	0.00	12.00	4.00	3.00	0.53	0.06
DQo	10.30	2.63	3.00	17.00	10.00	10.00	-0.08	0.02
DQv	0.96	1.08	0.00	4.00	1.00	0.00	1.13	0.70
DQv/+	0.18	0.41	0.00	2.00	0.00	0.00	2.13	3.74
FQx+	0.00	0.00	0.00	0.00	0.00	0.00		
FQxo	12.57	2.12	7.00	18.00	12.00	12.00	0.10	-0.10
FQxu	2.21	1.56	0.00	7.00	2.00	1.00	0.63	-0.01
FQx-	1.30	1.13	0.00	5.00	1.00	1.00	0.92	0.66
FQxnone	0.05	0.25	0.00	2.00	0.00	0.00	5.99	38.65
MQ+	0.00	0.00	0.00	0.00	0.00	0.00		
MQo	2.65	1.78	0.00	8.00	3.00	3.00	0.49	-0.07
MQu	0.22	0.48	0.00	3.00	0.00	0.00	2.71	10.08
MQ-	0.14	0.42	0.00	2.00	0.00	0.00	3.16	9.74
MQnone	0.01	0.10	0.00	1.00	0.00	0.00	10.34	107.00
WD+	0.00	0.00	0.00	0.00	0.00	0.00		
WDo	12.02	2.15	7.00	18.00	12.00	11.00	0.12	-0.10
WDu	1.80	1.39	0.00	5.00	2.00	1.00	0.53	-0.42
WD-	1.05	1.03	0.00	4.00	1.00	1.00	0.90	0.37
WDnone	0.03	0.22	0.00	2.00	0.00	0.00	8.26	71.25
S-	0.22	0.51	0.00	3.00	0.00	0.00	2.81	9.27
M	3.02	2.14	0.00	9.00	3.00	3.00	0.74	0.23
FM	2.86	1.93	0.00	11.00	3.00	2.00	0.97	2.00
m	0.84	0.89	0.00	3.00	1.00	0.00	0.81	-0.18
FM+m	3.70	2.06	0.00	11.00	4.00	3.00	0.47	0.55
FC	1.33	1.22	0.00	5.00	1.00	0.00	0.71	-0.17
CF	1.56	1.17	0.00	5.00	1.00	1.00	0.45	-0.29
C	0.19	0.50	0.00	3.00	0.00	0.00	3.16	11.56
Cn	0.00	0.00	0.00	0.00	0.00	0.00		
SumColor	3.08	1.62	0.00	7.00	3.00	4.00	0.12	-0.38
WSumC	2.51	1.39	0.00	6.00	2.50	2.00	0.28	-0.32
SumC'	1.22	1.22	0.00	5.00	1.00	1.00	0.97	0.29
SumT	0.46	0.74	0.00	3.00	0.00	0.00	1.55	1.66
SumV	0.14	0.37	0.00	2.00	0.00	0.00	2.64	6.57
SumY	0.31	0.57	0.00	3.00	0.00	0.00	2.02	4.62
SumShd	2.12	1.68	0.00	6.00	2.00	1.00	0.63	-0.44
Fr+rF	0.16	0.46	0.00	2.00	0.00	0.00	2.98	8.31
FD	0.46	0.60	0.00	2.00	0.00	0.00	0.95	-0.07
F	6.61	2.89	0.00	15.00	6.00	6.00	0.28	-0.19
(2)	4.79	2.14	0.00	11.00	5.00	5.00	0.05	0.06
3r+(2)/R	0.33	0.16	0.00	0.93	0.31	0.33	0.66	1.80
Lambda	0.88	0.73	0.00	5.00	0.67	0.50	2.34	9.08
EA	5.52	2.73	0.00	11.50	5.00	4.50	0.39	-0.62
es	5.82	3.09	0.00	15.00	5.00	4.00	0.60	0.23
Adjes	5.51	2.98	0.00	15.00	5.00	5.00	0.82	0.82
D	-0.09	1.22	-5.00	3.00	0.00	0.00	-1.00	3.11
AdjD	-0.03	1.20	-5.00	3.00	0.00	0.00	-0.94	2.96
active	3.94	2.50	0.00	11.00	4.00	4.00	0.44	-0.31

第5章 記述統計値 117

表5－3－1 反応数低群（N=107）の記述統計値（つづき）

	平均値	標準偏差	最小値	最大値	中央値	最頻値	歪度	尖度
passive	2.78	1.63	0.00	7.00	3.00	3.00	0.40	-0.52
Ma	1.59	1.70	0.00	6.00	1.00	0.00	0.94	-0.02
Mp	1.42	1.24	0.00	5.00	1.00	1.00	0.65	-0.28
Intellect	1.35	1.49	0.00	7.00	1.00	0.00	1.33	1.73
Zf	11.08	2.83	4.00	17.00	11.00	12.00	-0.23	-0.48
ZSum	33.87	12.02	5.00	63.50	33.50	25.00	0.06	-0.30
ZEst	34.86	10.05	10.00	56.00	34.50	38.00	-0.19	-0.49
Zd	-0.99	4.13	-9.00	7.50	-1.00	0.00	0.05	-0.78
Blends	2.58	1.81	0.00	8.00	2.00	1.00	0.66	-0.06
Blends/R	0.16	0.11	0.00	0.57	0.13	0.00	0.80	0.57
m-Blends	0.71	0.78	0.00	3.00	1.00	0.00	0.68	-0.61
Y-Blends	0.16	0.37	0.00	1.00	0.00	0.00	1.89	1.61
T-Blends	0.08	0.28	0.00	1.00	0.00	0.00	3.04	7.38
Col-ShdBlends	0.20	0.44	0.00	2.00	0.00	0.00	2.19	4.22
Afr	0.44	0.16	0.20	1.14	0.40	0.40	1.56	3.73
P	4.79	1.68	1.00	9.00	5.00	4.00	0.07	-0.22
C	1.12	0.79	0.00	3.00	1.00	1.00	0.26	-0.39
XA%	0.92	0.07	0.67	1.00	0.93	1.00	-0.97	0.91
WDA%	0.93	0.07	0.73	1.00	0.93	1.00	-0.84	0.02
X+%	0.78	0.12	0.47	1.00	0.78	0.67	-0.16	-0.67
X-%	0.08	0.07	0.00	0.33	0.07	0.00	1.06	1.23
Xu%	0.14	0.10	0.00	0.41	0.13	0.00	0.59	-0.06
Isolate/R	0.16	0.12	0.00	0.65	0.14	0.00	0.99	1.83
H	2.51	1.52	0.00	6.00	2.00	2.00	0.31	-0.44
(H)	0.50	0.72	0.00	3.00	0.00	0.00	1.57	2.52
Hd	0.71	0.90	0.00	4.00	0.00	0.00	1.48	2.39
(Hd)	0.40	0.70	0.00	3.00	0.00	0.00	1.97	3.96
Hx	0.04	0.23	0.00	2.00	0.00	0.00	6.92	51.17
AllH	4.11	2.31	0.00	12.00	4.00	4.00	0.69	0.64
A	6.01	2.07	2.00	12.00	6.00	6.00	0.43	-0.04
(A)	0.53	0.76	0.00	3.00	0.00	0.00	1.29	0.93
Ad	1.92	1.29	0.00	6.00	2.00	2.00	0.64	0.47
(Ad)	0.09	0.32	0.00	2.00	0.00	0.00	3.65	13.97
An	0.24	0.45	0.00	2.00	0.00	0.00	1.52	1.14
Art	0.70	0.85	0.00	4.00	1.00	0.00	1.28	1.71
Ay	0.16	0.44	0.00	2.00	0.00	0.00	2.86	7.81
Bl	0.09	0.32	0.00	2.00	0.00	0.00	3.65	13.97
Bt	1.46	1.35	0.00	6.00	1.00	0.00	0.93	0.70
Cg	1.08	1.21	0.00	7.00	1.00	1.00	1.94	5.88
Cl	0.05	0.21	0.00	1.00	0.00	0.00	4.36	17.30
Ex	0.16	0.39	0.00	2.00	0.00	0.00	2.36	4.96
Fd	0.34	0.60	0.00	3.00	0.00	0.00	1.88	3.70
Fi	0.57	0.69	0.00	2.00	0.00	0.00	0.80	-0.53
Ge	0.08	0.36	0.00	3.00	0.00	0.00	6.19	44.93
Hh	0.72	0.83	0.00	3.00	1.00	0.00	0.87	-0.16
Ls	0.64	0.84	0.00	3.00	0.00	0.00	1.17	0.53
Ma	0.27	0.59	0.00	3.00	0.00	0.00	2.35	5.46
Mu	0.37	0.52	0.00	2.00	0.00	0.00	0.93	-0.31
Na	0.16	0.39	0.00	2.00	0.00	0.00	2.36	4.96
Sc	0.45	0.68	0.00	3.00	0.00	0.00	1.59	2.62
Sx	0.04	0.19	0.00	1.00	0.00	0.00	4.95	22.90
Xy	0.09	0.32	0.00	2.00	0.00	0.00	3.65	13.97
Id	1.04	1.05	0.00	5.00	1.00	0.00	1.11	1.38

表5−3−1　反応数低群（N=107）の記述統計値（つづき）

	平均値	標準偏差	最小値	最大値	中央値	最頻値	歪度	尖度
DV	0.18	0.41	0.00	2.00	0.00	0.00	2.13	3.74
INC	0.22	0.57	0.00	3.00	0.00	0.00	3.07	10.38
DR	0.08	0.26	0.00	1.00	0.00	0.00	3.28	8.92
FAB	0.37	0.69	0.00	3.00	0.00	0.00	1.76	2.15
DV2	0.00	0.00	0.00	0.00	0.00	0.00		
INC2	0.00	0.00	0.00	0.00	0.00	0.00		
DR2	0.00	0.00	0.00	0.00	0.00	0.00		
FAB2	0.00	0.00	0.00	0.00	0.00	0.00		
ALOG	0.01	0.10	0.00	1.00	0.00	0.00	10.34	107.00
CONTAM	0.00	0.00	0.00	0.00	0.00	0.00		
Sum6SpSc	0.86	1.16	0.00	5.00	0.00	0.00	1.46	1.64
Lvl2SpSc	0.00	0.00	0.00	0.00	0.00	0.00		
WSum6	2.39	3.38	0.00	13.00	0.00	0.00	1.35	0.79
AB	0.24	0.56	0.00	3.00	0.00	0.00	2.57	6.91
AG	0.27	0.67	0.00	5.00	0.00	0.00	4.10	23.79
COP	0.98	1.13	0.00	4.00	1.00	0.00	0.95	-0.09
CP	0.00	0.00	0.00	0.00	0.00	0.00		
SD	0.14	0.42	0.00	2.00	0.00	0.00	3.16	9.74
PSVS	0.00	0.00	0.00	0.00	0.00	0.00		
GHR	3.35	2.01	0.00	8.00	3.00	2.00	0.43	-0.52
PHR	1.22	1.22	0.00	6.00	1.00	1.00	1.36	2.12
MOR	0.35	0.60	0.00	3.00	0.00	0.00	1.82	3.48
PER	0.28	0.58	0.00	2.00	0.00	0.00	1.96	2.76
PSV	0.26	0.56	0.00	3.00	0.00	0.00	2.38	6.33
S-CON	3.63	1.53	0.00	8.00	4.00	4.00	0.27	-0.16
PTI	0.05	0.25	0.00	2.00	0.00	0.00	5.99	38.65
DEPI	3.21	1.03	0.00	5.00	3.00	3.00	-0.32	0.57
CDI	3.09	1.42	0.00	5.00	3.00	4.00	-0.45	-0.80

第5章　記述統計値　119

表5－3－2　反応数中群（N=187）の記述統計値

	平均値	標準偏差	最小値	最大値	中央値	最頻値	歪度	尖度
Age	35.63	12.86	20.00	69.00	37.00	20.00	0.24	-1.04
R	22.48	2.55	19.00	27.00	22.00	20.00	0.26	-1.13
W	11.32	3.75	1.00	26.00	12.00	12.00	0.06	0.74
D	8.82	4.20	0.00	19.00	8.00	6.00	0.47	-0.38
Dd	2.34	1.33	0.00	6.00	2.00	2.00	0.46	0.44
S	2.90	1.83	0.00	7.00	3.00	2.00	0.22	-0.76
DQ+	5.96	2.93	0.00	16.00	5.00	5.00	0.76	0.55
DQo	14.90	3.43	5.00	24.00	15.00	16.00	0.07	0.13
DQv	1.32	1.23	0.00	6.00	1.00	1.00	1.03	1.01
DQv/+	0.30	0.64	0.00	4.00	0.00	0.00	2.92	11.22
FQx+	0.00	0.00	0.00	0.00	0.00	0.00		
FQxo	16.98	2.93	10.00	27.00	17.00	17.00	0.20	0.22
FQxu	3.74	1.89	0.00	9.00	4.00	4.00	0.24	-0.22
FQx-	1.72	1.31	0.00	6.00	2.00	1.00	0.61	-0.05
FQxnone	0.03	0.18	0.00	1.00	0.00	0.00	5.35	26.95
MQ+	0.00	0.00	0.00	0.00	0.00	0.00		
MQo	3.44	1.96	0.00	10.00	3.00	3.00	0.69	0.51
MQu	0.39	0.71	0.00	3.00	0.00	0.00	1.88	3.11
MQ-	0.13	0.37	0.00	2.00	0.00	0.00	2.79	7.50
MQnone	0.01	0.10	0.00	1.00	0.00	0.00	9.59	90.96
WD+	0.00	0.00	0.00	0.00	0.00	0.00		
WDo	15.82	2.93	8.00	25.00	16.00	14.00	0.02	0.03
WDu	3.01	1.68	0.00	8.00	3.00	3.00	0.50	0.13
WD-	1.28	1.10	0.00	5.00	1.00	1.00	0.87	0.50
WDnone	0.03	0.18	0.00	1.00	0.00	0.00	5.35	26.95
S-	0.36	0.63	0.00	3.00	0.00	0.00	1.65	2.08
M	3.98	2.33	0.00	12.00	4.00	4.00	0.85	1.01
FM	3.84	2.26	0.00	13.00	4.00	4.00	0.71	1.36
m	1.04	1.14	0.00	5.00	1.00	0.00	1.06	0.66
FM+m	4.88	2.66	0.00	14.00	5.00	4.00	0.60	0.38
FC	1.86	1.51	0.00	8.00	2.00	1.00	1.14	2.18
CF	1.78	1.38	0.00	6.00	2.00	1.00	0.79	0.28
C	0.11	0.35	0.00	2.00	0.00	0.00	3.21	10.43
Cn	0.00	0.00	0.00	0.00	0.00	0.00		
SumColor	3.75	2.03	0.00	10.00	4.00	3.00	0.28	-0.12
WSumC	2.87	1.62	0.00	6.50	3.00	2.50	0.25	-0.39
SumC'	1.36	1.48	0.00	8.00	1.00	0.00	1.47	3.21
SumT	0.56	0.78	0.00	4.00	0.00	0.00	1.45	2.12
SumV	0.37	0.64	0.00	3.00	0.00	0.00	1.86	3.68
SumY	0.56	0.81	0.00	4.00	0.00	0.00	1.53	2.17
SumShd	2.85	2.26	0.00	11.00	2.00	1.00	1.21	1.67
Fr+rF	0.19	0.53	0.00	3.00	0.00	0.00	3.21	10.75
FD	0.68	0.88	0.00	4.00	0.00	0.00	1.24	1.00
F	9.73	3.58	2.00	19.00	10.00	12.00	0.12	-0.55
(2)	6.34	2.93	0.00	14.00	6.00	5.00	0.26	-0.25
3r+(2)/R	0.31	0.14	0.00	0.81	0.31	0.20	0.37	0.27
Lambda	0.90	0.58	0.08	3.40	0.79	1.00	1.53	3.29
EA	6.86	2.93	0.50	16.50	6.50	6.00	0.87	1.04
es	7.72	3.77	0.00	19.00	7.00	5.00	0.62	0.23
Adjes	7.11	3.33	0.00	18.00	7.00	6.00	0.52	0.21
D	-0.21	1.29	-5.00	4.00	0.00	0.00	-0.29	1.45
AdjD	-0.06	1.21	-4.00	4.00	0.00	0.00	-0.13	1.38
active	4.94	2.90	0.00	16.00	4.00	3.00	1.05	1.53

表5－3－2　反応数中群（N=187）の記述統計値（つづき）

	平均値	標準偏差	最小値	最大値	中央値	最頻値	歪度	尖度
passive	3.92	2.17	0.00	11.00	4.00	5.00	0.47	0.04
Ma	2.16	1.79	0.00	9.00	2.00	1.00	1.17	1.79
Mp	1.82	1.50	0.00	8.00	2.00	2.00	0.74	0.66
Intellect	1.40	1.40	0.00	7.00	1.00	1.00	1.19	1.49
Zf	14.24	3.62	3.00	23.00	15.00	16.00	-0.50	0.47
ZSum	43.99	13.98	8.00	74.50	45.00	46.50	-0.25	-0.17
ZEst	46.15	12.87	6.00	77.00	49.00	52.50	-0.51	0.44
Zd	-2.17	4.55	-13.50	10.00	-2.50	0.50	0.15	-0.25
Blends	2.96	2.28	0.00	12.00	3.00	2.00	1.14	1.50
Blends/R	0.13	0.10	0.00	0.55	0.11	0.00	1.12	1.52
m-Blends	0.86	0.97	0.00	4.00	1.00	0.00	1.07	0.70
Y-Blends	0.34	0.61	0.00	2.00	0.00	0.00	1.64	1.51
T-Blends	0.13	0.37	0.00	2.00	0.00	0.00	2.88	8.13
Col-ShdBlends	0.35	0.63	0.00	4.00	0.00	0.00	2.14	6.04
Afr	0.47	0.16	0.18	1.11	0.44	0.50	0.88	1.05
P	5.49	1.71	1.00	10.00	6.00	6.00	-0.14	-0.07
C	1.20	0.79	0.00	3.00	1.00	1.00	0.23	-0.36
XA%	0.92	0.06	0.74	1.00	0.92	1.00	-0.52	-0.12
WDA%	0.93	0.05	0.75	1.00	0.94	1.00	-0.74	0.35
X+%	0.76	0.10	0.43	1.00	0.76	0.75	-0.27	-0.09
X-%	0.08	0.06	0.00	0.26	0.07	0.00	0.59	-0.02
Xu%	0.17	0.08	0.00	0.45	0.16	0.20	0.26	0.19
Isolate/R	0.16	0.11	0.00	0.54	0.14	0.00	0.86	0.97
H	2.94	1.72	0.00	9.00	3.00	2.00	0.90	0.69
(H)	0.71	0.88	0.00	4.00	0.00	0.00	1.09	0.59
Hd	1.27	1.18	0.00	5.00	1.00	1.00	0.94	0.56
(Hd)	0.44	0.71	0.00	3.00	0.00	0.00	1.67	2.44
Hx	0.03	0.16	0.00	1.00	0.00	0.00	5.92	33.34
AllH	5.36	2.45	1.00	13.00	5.00	5.00	0.63	0.24
A	8.09	3.07	3.00	18.00	8.00	7.00	0.74	0.62
(A)	0.55	0.69	0.00	2.00	0.00	0.00	0.86	-0.47
Ad	2.91	1.80	0.00	9.00	3.00	2.00	0.66	0.42
(Ad)	0.21	0.52	0.00	3.00	0.00	0.00	2.63	7.26
An	0.41	0.72	0.00	4.00	0.00	0.00	2.06	4.73
Art	0.89	1.11	0.00	7.00	1.00	0.00	2.09	6.95
Ay	0.25	0.48	0.00	2.00	0.00	0.00	1.77	2.29
Bl	0.08	0.29	0.00	2.00	0.00	0.00	3.76	14.58
Bt	1.75	1.48	0.00	6.00	1.00	0.00	0.52	-0.66
Cg	1.55	1.46	0.00	8.00	1.00	1.00	1.57	3.55
Cl	0.07	0.29	0.00	2.00	0.00	0.00	4.61	22.55
Ex	0.16	0.41	0.00	2.00	0.00	0.00	2.63	6.57
Fd	0.37	0.65	0.00	3.00	0.00	0.00	1.74	2.69
Fi	0.72	0.93	0.00	5.00	0.00	0.00	1.68	3.53
Ge	0.10	0.34	0.00	2.00	0.00	0.00	3.48	12.43
Hh	0.91	1.01	0.00	4.00	1.00	0.00	1.03	0.49
Ls	0.97	1.14	0.00	6.00	1.00	0.00	1.27	1.72
Ma	0.32	0.57	0.00	3.00	0.00	0.00	1.96	4.55
Mu	0.61	0.76	0.00	3.00	0.00	0.00	1.17	0.99
Na	0.28	0.56	0.00	3.00	0.00	0.00	2.08	4.31
Sc	0.67	0.91	0.00	5.00	0.00	0.00	1.65	3.20
Sx	0.04	0.23	0.00	2.00	0.00	0.00	5.85	37.55
Xy	0.10	0.35	0.00	2.00	0.00	0.00	3.86	15.33
Id	1.12	1.17	0.00	6.00	1.00	0.00	1.31	2.03

表5－3－2　反応数中群（N=187）の記述統計値（つづき）

	平均値	標準偏差	最小値	最大値	中央値	最頻値	歪度	尖度
DV	0.11	0.31	0.00	1.00	0.00	0.00	2.56	4.62
INC	0.19	0.47	0.00	2.00	0.00	0.00	2.52	5.76
DR	0.06	0.24	0.00	1.00	0.00	0.00	3.78	12.42
FAB	0.40	0.77	0.00	3.00	0.00	0.00	2.08	3.84
DV2	0.00	0.00	0.00	0.00	0.00	0.00		
INC2	0.00	0.00	0.00	0.00	0.00	0.00		
DR2	0.00	0.00	0.00	0.00	0.00	0.00		
FAB2	0.00	0.00	0.00	0.00	0.00	0.00		
ALOG	0.02	0.13	0.00	1.00	0.00	0.00	7.77	58.95
CONTAM	0.00	0.00	0.00	0.00	0.00	0.00		
Sum6SpSc	0.77	1.08	0.00	6.00	0.00	0.00	2.00	5.44
Lvl2SpSc	0.00	0.00	0.00	0.00	0.00	0.00		
WSum6	2.34	3.48	0.00	17.00	0.00	0.00	1.90	3.78
AB	0.13	0.36	0.00	2.00	0.00	0.00	2.52	5.58
AG	0.32	0.63	0.00	5.00	0.00	0.00	3.20	16.67
COP	1.20	1.15	0.00	6.00	1.00	1.00	1.05	1.25
CP	0.00	0.00	0.00	0.00	0.00	0.00		
SD	0.14	0.41	0.00	2.00	0.00	0.00	2.94	8.41
PSVS	0.00	0.00	0.00	0.00	0.00	0.00		
GHR	4.15	2.14	0.00	11.00	4.00	3.00	0.68	0.60
PHR	1.86	1.45	0.00	6.00	2.00	2.00	0.69	0.00
MOR	0.40	0.71	0.00	4.00	0.00	0.00	2.10	5.03
PER	0.30	0.74	0.00	5.00	0.00	0.00	3.20	12.16
PSV	0.29	0.60	0.00	4.00	0.00	0.00	2.66	9.64
S-CON	3.38	1.52	0.00	7.00	3.00	3.00	-0.03	-0.44
PTI	0.01	0.10	0.00	1.00	0.00	0.00	9.59	90.96
DEPI	3.60	1.22	1.00	6.00	4.00	4.00	-0.01	-0.46
CDI	2.70	1.12	0.00	5.00	3.00	3.00	-0.12	-0.33

表5−3−3　反応数高群 (N=106) の記述統計値

	平均値	標準偏差	最小値	最大値	中央値	最頻値	歪度	尖度
Age	35.58	12.31	20.00	58.00	39.50	21.00	0.01	-1.52
R	32.79	4.74	28.00	51.00	31.50	28.00	1.41	1.79
W	14.03	6.05	4.00	32.00	13.50	10.00	0.55	-0.11
D	14.94	6.03	1.00	32.00	15.50	14.00	-0.02	-0.20
Dd	3.82	2.54	0.00	16.00	3.00	2.00	1.52	4.36
S	4.09	2.25	0.00	11.00	4.00	3.00	0.41	0.03
DQ+	6.93	3.09	1.00	16.00	7.00	9.00	0.43	-0.03
DQo	22.87	5.07	12.00	41.00	23.00	25.00	0.62	0.87
DQv	2.57	1.95	0.00	8.00	2.00	2.00	0.61	-0.33
DQv/+	0.43	0.69	0.00	3.00	0.00	0.00	1.70	2.73
FQx+	0.00	0.00	0.00	0.00	0.00	0.00		
FQxo	23.09	4.16	13.00	35.00	23.00	23.00	0.52	0.43
FQxu	6.58	3.04	2.00	18.00	6.00	5.00	1.00	1.49
FQx-	3.05	2.12	0.00	10.00	3.00	1.00	1.11	1.35
FQxnone	0.08	0.27	0.00	1.00	0.00	0.00	3.26	8.80
MQ+	0.00	0.00	0.00	0.00	0.00	0.00		
MQo	3.98	2.01	0.00	10.00	4.00	3.00	0.83	0.59
MQu	0.70	0.91	0.00	4.00	0.00	0.00	1.26	1.17
MQ-	0.24	0.49	0.00	2.00	0.00	0.00	1.98	3.23
MQnone	0.01	0.10	0.00	1.00	0.00	0.00	10.30	106.00
WD+	0.00	0.00	0.00	0.00	0.00	0.00		
WDo	21.44	4.22	11.00	34.00	21.50	23.00	0.33	0.44
WDu	5.29	2.33	0.00	11.00	5.00	4.00	0.43	-0.30
WD-	2.17	1.91	0.00	10.00	2.00	1.00	1.51	3.31
WDnone	0.07	0.25	0.00	1.00	0.00	0.00	3.55	10.77
S-	0.53	0.77	0.00	3.00	0.00	0.00	1.43	1.50
M	4.93	2.59	0.00	13.00	4.00	4.00	0.91	0.58
FM	4.19	2.82	0.00	14.00	4.00	2.00	0.83	0.43
m	1.59	1.29	0.00	6.00	1.00	1.00	0.69	0.36
FM+m	5.78	3.19	0.00	17.00	5.50	4.00	0.66	0.47
FC	2.81	1.85	0.00	11.00	2.00	2.00	1.11	2.60
CF	2.75	1.95	0.00	9.00	3.00	3.00	0.68	0.25
C	0.12	0.36	0.00	2.00	0.00	0.00	2.95	8.64
Cn	0.00	0.00	0.00	0.00	0.00	0.00		
SumColor	5.68	2.73	1.00	15.00	6.00	6.00	0.66	0.41
WSumC	4.34	2.29	1.00	10.00	4.00	3.50	0.53	-0.26
SumC'	1.61	1.52	0.00	6.00	1.00	0.00	0.97	0.33
SumT	0.83	0.91	0.00	4.00	1.00	0.00	1.12	1.35
SumV	0.47	0.75	0.00	3.00	0.00	0.00	1.50	1.53
SumY	0.78	1.02	0.00	5.00	0.00	0.00	1.54	2.56
SumShd	3.70	2.30	0.00	9.00	3.50	2.00	0.35	-0.62
Fr+rF	0.27	0.59	0.00	3.00	0.00	0.00	2.33	5.38
FD	0.64	0.73	0.00	4.00	1.00	0.00	1.27	2.88
F	15.66	5.13	5.00	28.00	15.00	12.00	0.40	-0.26
(2)	8.58	4.02	1.00	21.00	8.00	5.00	0.62	0.40
3r+(2)/R	0.29	0.12	0.03	0.55	0.29	0.31	0.08	-0.59
Lambda	1.15	1.34	0.22	13.00	0.87	0.75	6.97	59.66
EA	9.26	3.70	1.00	23.00	9.00	9.50	0.87	1.51
es	9.48	4.44	0.00	22.00	9.00	9.00	0.43	0.41
Adjes	8.37	3.86	0.00	19.00	8.00	8.00	0.52	0.68
D	-0.10	1.78	-6.00	5.00	0.00	0.00	-0.53	1.83
AdjD	0.23	1.69	-5.00	5.00	0.00	0.00	-0.21	1.62
active	6.50	3.35	0.00	17.00	6.00	6.00	0.49	0.04

第 5 章　記述統計値　123

表5－3－3　反応数高群（N=106）の記述統計値（つづき）

	平均値	標準偏差	最小値	最大値	中央値	最頻値	歪度	尖度
passive	4.23	2.61	0.00	14.00	4.00	2.00	0.94	1.21
Ma	2.99	2.07	0.00	9.00	3.00	3.00	0.75	0.47
Mp	1.93	1.61	0.00	9.00	2.00	1.00	1.25	2.98
Intellect	2.08	1.94	0.00	11.00	2.00	1.00	1.81	4.63
Zf	17.39	5.55	4.00	34.00	17.00	17.00	0.28	0.24
ZSum	53.72	21.02	7.00	119.00	54.25	51.50	0.53	0.86
ZEst	57.27	19.72	10.00	116.50	56.00	56.00	0.29	0.25
Zd	-3.55	5.77	-15.50	16.50	-3.00	-2.00	0.43	0.84
Blends	3.43	2.29	0.00	12.00	3.00	3.00	1.02	1.40
Blends/R	0.11	0.07	0.00	0.32	0.10	0.10	0.92	0.75
m-Blends	1.32	1.10	0.00	4.00	1.00	1.00	0.42	-0.64
Y-Blends	0.34	0.62	0.00	3.00	0.00	0.00	1.89	3.48
T-Blends	0.16	0.39	0.00	2.00	0.00	0.00	2.34	4.88
Col-ShdBlends	0.46	0.72	0.00	4.00	0.00	0.00	1.86	4.70
Afr	0.53	0.15	0.22	1.22	0.50	0.56	1.42	4.19
P	6.16	1.77	3.00	11.00	6.00	5.00	0.27	-0.60
C	1.22	0.80	0.00	4.00	1.00	1.00	0.70	1.45
XA%	0.91	0.06	0.70	1.00	0.91	0.88	-1.04	1.60
WDA%	0.92	0.06	0.69	1.00	0.93	1.00	-1.15	2.17
X+%	0.71	0.10	0.46	0.88	0.71	0.71	-0.42	-0.38
X-%	0.09	0.06	0.00	0.30	0.09	0.00	1.01	1.46
Xu%	0.20	0.08	0.06	0.45	0.19	0.14	0.58	0.04
Isolate/R	0.15	0.08	0.00	0.50	0.14	0.11	0.98	2.06
H	3.94	2.29	0.00	11.00	4.00	4.00	0.72	0.26
(H)	1.06	1.22	0.00	5.00	1.00	0.00	1.05	0.38
Hd	2.08	1.74	0.00	7.00	2.00	1.00	0.95	0.23
(Hd)	0.73	0.87	0.00	4.00	0.50	0.00	1.10	0.97
Hx	0.02	0.14	0.00	1.00	0.00	0.00	7.17	50.42
AllH	7.80	3.62	1.00	18.00	7.00	7.00	0.74	0.44
A	10.54	3.81	2.00	20.00	10.00	9.00	0.31	0.03
(A)	0.67	1.05	0.00	4.00	0.00	0.00	1.66	2.01
Ad	3.76	2.26	0.00	11.00	3.00	3.00	0.66	0.60
(Ad)	0.34	0.63	0.00	3.00	0.00	0.00	1.91	3.33
An	0.76	0.88	0.00	4.00	1.00	0.00	1.17	1.25
Art	1.27	1.06	0.00	5.00	1.00	1.00	0.83	0.65
Ay	0.43	0.72	0.00	3.00	0.00	0.00	1.54	1.37
Bl	0.17	0.42	0.00	2.00	0.00	0.00	2.51	5.95
Bt	2.42	1.82	0.00	8.00	2.00	1.00	0.83	0.74
Cg	2.21	1.74	0.00	7.00	2.00	0.00	0.41	-0.64
Cl	0.13	0.42	0.00	2.00	0.00	0.00	3.32	10.78
Ex	0.35	0.63	0.00	3.00	0.00	0.00	1.85	3.13
Fd	0.82	1.04	0.00	5.00	1.00	0.00	1.71	3.71
Fi	1.04	1.07	0.00	4.00	1.00	0.00	0.98	0.48
Ge	0.26	0.54	0.00	2.00	0.00	0.00	1.96	2.98
Hh	1.26	1.15	0.00	5.00	1.00	1.00	0.81	0.19
Ls	1.12	1.08	0.00	5.00	1.00	1.00	1.40	2.17
Ma	0.64	0.91	0.00	3.00	0.00	0.00	1.32	0.81
Mu	0.68	0.76	0.00	3.00	1.00	0.00	1.01	0.74
Na	0.34	0.55	0.00	2.00	0.00	0.00	1.37	0.96
Sc	1.37	1.38	0.00	6.00	1.00	1.00	1.38	2.02
Sx	0.10	0.39	0.00	3.00	0.00	0.00	4.95	30.30
Xy	0.12	0.47	0.00	3.00	0.00	0.00	4.26	18.87
Id	1.44	1.27	0.00	7.00	1.00	1.00	1.27	2.71

表5－3－3　反応数高群（N=106）の記述統計値（つづき）

	平均値	標準偏差	最小値	最大値	中央値	最頻値	歪度	尖度
DV	0.14	0.45	0.00	3.00	0.00	0.00	3.92	18.38
INC	0.31	0.59	0.00	3.00	0.00	0.00	2.04	4.37
DR	0.04	0.19	0.00	1.00	0.00	0.00	4.92	22.65
FAB	0.43	0.73	0.00	4.00	0.00	0.00	2.10	5.64
DV2	0.00	0.00	0.00	0.00	0.00	0.00		
INC2	0.00	0.00	0.00	0.00	0.00	0.00		
DR2	0.00	0.00	0.00	0.00	0.00	0.00		
FAB2	0.00	0.00	0.00	0.00	0.00	0.00		
ALOG	0.01	0.10	0.00	1.00	0.00	0.00	10.30	106.00
CONTAM	0.00	0.00	0.00	0.00	0.00	0.00		
Sum6SpSc	0.93	1.19	0.00	7.00	1.00	0.00	2.14	6.84
Lvl2SpSc	0.00	0.00	0.00	0.00	0.00	0.00		
WSum6	2.66	3.60	0.00	23.00	2.00	0.00	2.39	9.24
AB	0.19	0.54	0.00	3.00	0.00	0.00	3.15	10.24
AG	0.43	0.69	0.00	3.00	0.00	0.00	1.48	1.47
COP	1.68	1.50	0.00	7.00	2.00	0.00	0.90	0.88
CP	0.00	0.00	0.00	0.00	0.00	0.00		
SD	0.12	0.33	0.00	1.00	0.00	0.00	2.33	3.51
PSVS	0.00	0.00	0.00	0.00	0.00	0.00		
GHR	5.52	2.45	0.00	12.00	5.00	4.00	0.59	0.17
PHR	2.91	2.11	0.00	9.00	3.00	2.00	0.78	0.27
MOR	0.53	0.83	0.00	4.00	0.00	0.00	1.79	3.30
PER	0.23	0.59	0.00	4.00	0.00	0.00	3.59	16.68
PSV	0.37	0.68	0.00	3.00	0.00	0.00	1.79	2.37
S-CON	3.81	1.62	0.00	9.00	4.00	3.00	0.27	-0.10
PTI	0.05	0.21	0.00	1.00	0.00	0.00	4.33	17.10
DEPI	3.75	1.32	1.00	7.00	4.00	4.00	0.31	-0.13
CDI	2.24	1.22	0.00	5.00	2.00	1.00	0.12	-0.79

第 5 章　記述統計値　125

表 5－4－1　内向型，外拡型，両向型の U 検定

		平均値	中央値	漸近有意確率（両側）					
				内向－外拡		内向－両向		外拡－両向	
Age	内向型	33.37	29.50						
	外拡型	35.65	37.00	0.115		0.016	*	0.680	
	両向型	36.95	40.00						
R	内向型	24.43	23.00						
	外拡型	25.61	25.00	0.194		0.002	**	0.000	**
	両向型	22.37	21.00						
W	内向型	11.57	11.00						
	外拡型	13.82	12.00	0.014	*	0.163		0.000	**
	両向型	10.89	11.00						
D	内向型	10.33	9.00						
	外拡型	8.81	8.00	0.110		0.072		0.662	
	両向型	9.25	8.00						
Dd	内向型	2.53	2.00						
	外拡型	2.98	3.00	0.091		0.089		0.002	**
	両向型	2.23	2.00						
S	内向型	3.40	3.00						
	外拡型	2.91	3.00	0.234		0.001	**	0.157	
	両向型	2.61	2.00						
DQ+	内向型	7.52	7.00						
	外拡型	4.54	4.00	0.000	**	0.000	**	0.065	
	両向型	5.21	5.00						
DQo	内向型	15.74	15.00						
	外拡型	17.40	16.00	0.059		0.598		0.005	**
	両向型	15.37	15.00						
DQv	内向型	0.95	1.00						
	外拡型	3.05	3.00	0.000	**	0.000	**	0.000	**
	両向型	1.52	1.00						
DQv/+	内向型	0.21	0.00						
	外拡型	0.61	0.00	0.000	**	0.289		0.000	**
	両向型	0.27	0.00						
FQx+	内向型	0.00	0.00						
	外拡型	0.00	0.00						
	両向型	0.00	0.00						
FQxo	内向型	18.36	18.00						
	外拡型	17.75	17.00	0.544		0.003	**	0.127	
	両向型	16.74	16.00						
FQxu	内向型	4.14	4.00						
	外拡型	5.16	5.00	0.009	**	0.092		0.000	**
	両向型	3.76	3.00						
FQx-	内向型	1.92	2.00						
	外拡型	2.58	2.00	0.075		0.281		0.008	**
	両向型	1.82	1.00						
FQxnone	内向型	0.02	0.00						
	外拡型	0.12	0.00	0.001	**	0.159		0.025	*
	両向型	0.05	0.00						
MQ+	内向型	0.00	0.00						
	外拡型	0.00	0.00						
	両向型	0.00	0.00						
MQo	内向型	5.03	5.00						
	外拡型	1.86	2.00	0.000	**	0.000	**	0.000	**
	両向型	2.74	3.00						

表5－4－1　内向型，外拡型，両向型のＵ検定（つづき）

| | | 平均値 | 中央値 | 漸近有意確率（両側） | | | | | |
				内向－外拡		内向－両向		外拡－両向	
MQu	内向型	0.80	1.00						
	外拡型	0.05	0.00	0.000	**	0.000	**	0.001	**
	両向型	0.29	0.00						
MQ-	内向型	0.33	0.00						
	外拡型	0.09	0.00	0.002	**	0.000	**	0.906	
	両向型	0.08	0.00						
MQnone	内向型	0.00	0.00						
	外拡型	0.02	0.00	0.128		0.169		0.854	
	両向型	0.01	0.00						
WD+	内向型	0.00	0.00						
	外拡型	0.00	0.00						
	両向型	0.00	0.00						
WDo	内向型	17.19	17.00						
	外拡型	16.35	16.00	0.354		0.006	**	0.313	
	両向型	15.72	15.00						
WDu	内向型	3.35	3.00						
	外拡型	4.39	4.00	0.002	**	0.083		0.000	**
	両向型	2.96	3.00						
WD-	内向型	1.35	1.00						
	外拡型	1.77	1.00	0.302		0.811		0.360	
	両向型	1.43	1.00						
WDnone	内向型	0.02	0.00						
	外拡型	0.12	0.00	0.001	**	0.426		0.004	**
	両向型	0.03	0.00						
S-	内向型	0.48	0.00						
	外拡型	0.42	0.00	0.364		0.001	**	0.179	
	両向型	0.28	0.00						
M	内向型	6.17	6.00						
	外拡型	2.02	2.00	0.000	**	0.000	**	0.000	**
	両向型	3.13	3.00						
FM	内向型	3.55	3.00						
	外拡型	3.95	4.00	0.362		0.877		0.454	
	両向型	3.67	3.00						
m	内向型	0.96	1.00						
	外拡型	1.86	2.00	0.000	**	0.295		0.000	**
	両向型	1.04	1.00						
FM+m	内向型	4.52	4.00						
	外拡型	5.81	5.00	0.007	**	0.671		0.013	*
	両向型	4.71	4.00						
FC	内向型	1.66	2.00						
	外拡型	2.61	3.00	0.001	**	0.078		0.019	*
	両向型	1.99	2.00						
CF	内向型	1.31	1.00						
	外拡型	3.75	4.00	0.000	**	0.000	**	0.000	**
	両向型	1.91	2.00						
C	内向型	0.11	0.00						
	外拡型	0.19	0.00	0.178		0.874		0.193	
	両向型	0.14	0.00						
Cn	内向型	0.00	0.00						
	外拡型	0.00	0.00						
	両向型	0.00	0.00						

第5章　記述統計値　127

表5－4－1　内向型，外拡型，両向型のＵ検定（つづき）

		平均値	中央値	漸近有意確率（両側）					
				内向－外拡		内向－両向		外拡－両向	
SumColor	内向型	3.08	3.00						
	外拡型	6.56	6.00	0.000	**	0.000	**	0.000	**
	両向型	4.04	4.00						
WSumC	内向型	2.30	2.00						
	外拡型	5.35	5.00	0.000	**	0.000	**	0.000	**
	両向型	3.11	3.00						
SumC'	内向型	1.22	1.00						
	外拡型	1.28	1.00	0.669		0.071		0.362	
	両向型	1.52	1.00						
SumT	内向型	0.58	0.00						
	外拡型	0.74	0.00	0.532		0.669		0.346	
	両向型	0.58	0.00						
SumV	内向型	0.39	0.00						
	外拡型	0.39	0.00	0.960		0.168		0.327	
	両向型	0.29	0.00						
SumY	内向型	0.67	0.00						
	外拡型	0.63	0.00	0.919		0.030	*	0.124	
	両向型	0.45	0.00						
SumShd	内向型	2.86	3.00						
	外拡型	3.04	3.00	0.485		0.894		0.427	
	両向型	2.85	2.00						
Fr+rF	内向型	0.30	0.00						
	外拡型	0.14	0.00	0.031	*	0.007	**	0.560	
	両向型	0.16	0.00						
FD	内向型	0.77	1.00						
	外拡型	0.47	0.00	0.007	**	0.048	*	0.091	
	両向型	0.55	0.00						
F	内向型	10.65	10.00						
	外拡型	11.23	12.00	0.321		0.404		0.038	*
	両向型	10.14	10.00						
-2	内向型	8.00	8.00						
	外拡型	5.04	5.00	0.000	**	0.000	**	0.023	*
	両向型	5.99	5.00						
3r+(2)/R	内向型	0.38	0.36						
	外拡型	0.21	0.20	0.000	**	0.000	**	0.000	**
	両向型	0.29	0.29						
Lambda	内向型	0.88	0.77						
	外拡型	0.83	0.80	0.884		0.259		0.446	
	両向型	1.04	0.79						
EA	内向型	8.47	7.75						
	外拡型	7.37	7.00	0.068		0.000	**	0.005	**
	両向型	6.24	5.50						
es	内向型	7.37	7.00						
	外拡型	8.84	9.00	0.013	*	0.801		0.013	*
	両向型	7.56	7.00						
Adjes	内向型	6.73	6.50						
	外拡型	7.61	8.00	0.075		0.540		0.171	
	両向型	7.03	7.00						
D	内向型	0.34	0.00						
	外拡型	-0.44	0.00	0.000	**	0.000	**	0.762	
	両向型	-0.38	0.00						

128 ロールシャッハ・テスト統計集

表5−4−1 内向型，外拡型，両向型のU検定（つづき）

		平均値	中央値	漸近有意確率（両側）					
				内向−外拡		内向−両向		外拡−両向	
AdjD	内向型	0.51	0.00						
	外拡型	-0.12	0.00	0.002	**	0.000	**	0.537	
	両向型	-0.24	0.00						
active	内向型	6.21	5.50						
	外拡型	4.82	4.00	0.011	*	0.000	**	0.395	
	両向型	4.45	4.00						
passive	内向型	4.48	4.00						
	外拡型	3.00	3.00	0.000	**	0.000	**	0.122	
	両向型	3.39	3.00						
Ma	内向型	3.39	3.00						
	外拡型	1.25	1.00	0.000	**	0.000	**	0.030	*
	両向型	1.76	2.00						
Mp	内向型	2.76	3.00						
	外拡型	0.77	1.00	0.000	**	0.000	**	0.001	**
	両向型	1.37	1.00						
Intellect	内向型	1.59	1.00						
	外拡型	2.16	2.00	0.143		0.081		0.006	*
	両向型	1.39	1.00						
Zf	内向型	15.48	15.00						
	外拡型	14.95	14.00	0.255		0.000	**	0.042	*
	両向型	13.25	13.00						
ZSum	内向型	49.03	48.75						
	外拡型	45.42	40.50	0.112		0.000	**	0.128	
	両向型	40.20	40.50						
ZEst	内向型	50.55	49.00						
	外拡型	48.61	45.50	0.255		0.000	**	0.042	*
	両向型	42.60	41.50						
Zd	内向型	-1.52	-1.00						
	外拡型	-3.19	-3.00	0.034	*	0.094		0.251	
	両向型	-2.39	-2.50						
Blends	内向型	3.22	3.00						
	外拡型	3.28	3.00	0.391		0.108		0.023	*
	両向型	2.75	2.00						
Blends/R	内向型	0.14	0.11						
	外拡型	0.13	0.12	0.647		0.523		0.382	
	両向型	0.13	0.11						
m-Blends	内向型	0.83	1.00						
	外拡型	1.49	1.00	0.000	**	0.483		0.000	**
	両向型	0.86	1.00						
Y-Blends	内向型	0.37	0.00						
	外拡型	0.37	0.00	0.906		0.019	*	0.102	
	両向型	0.22	0.00						
T-Blends	内向型	0.14	0.00						
	外拡型	0.09	0.00	0.255		0.873		0.278	
	両向型	0.13	0.00						
Col-ShdBlends	内向型	0.26	0.00						
	外拡型	0.54	0.00	0.010	*	0.188		0.073	
	両向型	0.33	0.00						
Afr	内向型	0.47	0.45						
	外拡型	0.50	0.47	0.205		0.810		0.202	
	両向型	0.48	0.45						

表5－4－1　内向型，外拡型，両向型のU検定（つづき）

		平均値	中央値	漸近有意確率（両側）					
				内向－外拡		内向－両向		外拡－両向	
P	内向型	6.02	6.00						
	外拡型	4.86	5.00	0.000	**	0.000	**	0.076	
	両向型	5.31	5.00						
C	内向型	1.08	1.00						
	外拡型	1.37	1.00	0.016	*	0.138		0.115	
	両向型	1.19	1.00	*					
XA%	内向型	0.92	0.93						
	外拡型	0.90	0.91	0.035	*	0.763		0.042	*
	両向型	0.92	0.93						
WDA%	内向型	0.94	0.95						
	外拡型	0.92	0.94	0.201		0.106		0.750	
	両向型	0.93	0.94						
X+%	内向型	0.76	0.76						
	外拡型	0.70	0.70	0.001	**	0.758		0.001	**
	両向型	0.76	0.75						
X-%	内向型	0.08	0.07						
	外拡型	0.10	0.08	0.104		0.987		0.080	
	両向型	0.08	0.07						
Xu%	内向型	0.17	0.16						
	外拡型	0.20	0.19	0.022	*	0.464		0.007	**
	両向型	0.16	0.16						
Isolate/R	内向型	0.12	0.12						
	外拡型	0.19	0.16	0.000	**	0.001	**	0.059	
	両向型	0.16	0.14						
H	内向型	4.43	4.00						
	外拡型	1.77	2.00	0.000	**	0.000	**	0.000	**
	両向型	2.60	2.00						
(H)	内向型	1.08	1.00						
	外拡型	0.56	0.00	0.001	**	0.000	**	0.509	
	両向型	0.59	0.00						
Hd	内向型	1.77	1.00						
	外拡型	1.18	1.00	0.023	*	0.000	**	0.271	
	両向型	1.11	1.00						
(Hd)	内向型	0.66	0.00						
	外拡型	0.37	0.00	0.019	*	0.016	*	0.406	
	両向型	0.45	0.00						
Hx	内向型	0.01	0.00						
	外拡型	0.05	0.00	0.049	*	0.184		0.374	
	両向型	0.03	0.00						
AllH	内向型	7.93	8.00						
	外拡型	3.88	4.00	0.000	**	0.000	**	0.022	*
	両向型	4.74	4.00						
A	内向型	7.96	8.00						
	外拡型	8.49	8.00	0.205		0.346		0.417	
	両向型	8.24	8.00						
(A)	内向型	0.68	0.00						
	外拡型	0.46	0.00	0.059		0.162		0.316	
	両向型	0.55	0.00						
Ad	内向型	2.95	3.00						
	外拡型	3.11	3.00	0.608		0.305		0.185	
	両向型	2.76	2.00						

130　ロールシャッハ・テスト統計集

表5−4−1　内向型，外拡型，両向型のU検定（つづき）

		平均値	中央値	漸近有意確率（両側）					
				内向−外拡		内向−両向		外拡−両向	
(Ad)	内向型	0.28	0.00						
	外拡型	0.30	0.00	0.816		0.009	**	0.019	*
	両向型	0.15	0.00						
An	内向型	0.46	0.00						
	外拡型	0.65	0.00	0.199		0.594		0.072	
	両向型	0.40	0.00						
Art	内向型	0.96	1.00						
	外拡型	1.32	1.00	0.156		0.129		0.010	*
	両向型	0.82	1.00						
Ay	内向型	0.27	0.00						
	外拡型	0.35	0.00	0.441		0.826		0.322	
	両向型	0.25	0.00						
Bl	内向型	0.08	0.00						
	外拡型	0.25	0.00	0.004	**	0.575		0.007	**
	両向型	0.09	0.00						
Bt	内向型	1.40	1.00						
	外拡型	2.49	2.00	0.000	**	0.001	**	0.014	*
	両向型	1.95	2.00						
Cg	内向型	2.28	2.00						
	外拡型	1.04	1.00	0.000	**	0.000	**	0.048	*
	両向型	1.32	1.00						
Cl	内向型	0.08	0.00						
	外拡型	0.16	0.00	0.075		0.733		0.022	*
	両向型	0.06	0.00						
Ex	内向型	0.08	0.00						
	外拡型	0.54	0.00	0.000	**	0.012	*	0.000	**
	両向型	0.19	0.00						
Fd	内向型	0.42	0.00						
	外拡型	0.81	0.00	0.009	**	0.474		0.019	*
	両向型	0.44	0.00						
Fi	内向型	0.64	0.00						
	外拡型	1.26	1.00	0.000	**	0.266		0.000	**
	両向型	0.70	0.00						
Ge	内向型	0.12	0.00						
	外拡型	0.14	0.00	0.917		0.852		0.807	
	両向型	0.15	0.00						
Hh	内向型	0.94	1.00						
	外拡型	1.26	1.00	0.119		0.389		0.027	*
	両向型	0.88	1.00						
Ls	内向型	0.89	1.00						
	外拡型	1.25	1.00	0.095		0.444		0.023	*
	両向型	0.85	1.00						
Ma	内向型	0.42	0.00						
	外拡型	0.32	0.00	0.402		0.982		0.382	
	両向型	0.40	0.00						
Mu	内向型	0.64	0.00						
	外拡型	0.44	0.00	0.117		0.425		0.265	
	両向型	0.55	0.00						
Na	内向型	0.23	0.00						
	外拡型	0.33	0.00	0.399		0.834		0.471	
	両向型	0.27	0.00						

表5－4－1　内向型，外拡型，両向型のＵ検定（つづき）

		平均値	中央値	漸近有意確率（両側）					
				内向－外拡		内向－両向		外拡－両向	
Sc	内向型	0.88	1.00						
	外拡型	0.86	1.00	0.957		0.403		0.563	
	両向型	0.73	0.00						
Sx	内向型	0.04	0.00						
	外拡型	0.11	0.00	0.330		0.538		0.586	
	両向型	0.06	0.00						
Xy	内向型	0.09	0.00						
	外拡型	0.09	0.00	0.409		0.184		0.841	
	両向型	0.11	0.00						
Id	内向型	1.34	1.00						
	外拡型	1.40	1.00	0.620		0.005	**	0.013	*
	両向型	1.02	1.00						
DV	内向型	0.14	0.00						
	外拡型	0.21	0.00	0.552		0.659		0.328	
	両向型	0.11	0.00						
INC	内向型	0.27	0.00						
	外拡型	0.23	0.00	0.821		0.152		0.386	
	両向型	0.21	0.00						
DR	内向型	0.05	0.00						
	外拡型	0.09	0.00	0.371		0.971		0.315	
	両向型	0.05	0.00						
FAB	内向型	0.67	0.00						
	外拡型	0.12	0.00	0.000	**	0.000	**	0.048	*
	両向型	0.31	0.00						
DV2	内向型	0.00	0.00						
	外拡型	0.00	0.00						
	両向型	0.00	0.00						
INC2	内向型	0.00	0.00						
	外拡型	0.00	0.00						
	両向型	0.00	0.00						
DR2	内向型	0.00	0.00						
	外拡型	0.00	0.00						
	両向型	0.00	0.00						
FAB2	内向型	0.00	0.00						
	外拡型	0.00	0.00						
	両向型	0.00	0.00						
ALOG	内向型	0.01	0.00						
	外拡型	0.02	0.00	0.540		0.578		0.854	
	両向型	0.01	0.00						
CONTAM	内向型	0.00	0.00						
	外拡型	0.00	0.00						
	両向型	0.00	0.00						
Sum6SpSc	内向型	1.14	1.00						
	外拡型	0.67	0.00	0.009	**	0.000	**	0.883	
	両向型	0.70	0.00						
Lvl2SpSc	内向型	0.00	0.00						
	外拡型	0.00	0.00						
	両向型	0.00	0.00						
WSum6	内向型	3.56	3.00						
	外拡型	1.51	0.00	0.001	**	0.000	**	0.603	
	両向型	1.99	0.00						

132 ロールシャッハ・テスト統計集

表5－4－1　内向型，外拡型，両向型のU検定（つづき）

		平均値	中央値	漸近有意確率（両側）					
				内向－外拡		内向－両向		外拡－両向	
AB	内向型	0.18	0.00						
	外拡型	0.25	0.00	0.460		0.526		0.196	
	両向型	0.16	0.00						
AG	内向型	0.45	0.00						
	外拡型	0.32	0.00	0.070		0.005	**	0.903	
	両向型	0.27	0.00						
COP	内向型	1.63	1.00						
	外拡型	0.88	1.00	0.000	**	0.001	**	0.147	
	両向型	1.15	1.00						
CP	内向型	0.00	0.00						
	外拡型	0.00	0.00						
	両向型	0.00	0.00						
SD	内向型	0.10	0.00						
	外拡型	0.14	0.00	0.188		0.070		0.931	
	両向型	0.16	0.00						
PSVS	内向型	0.00	0.00						
	外拡型	0.00	0.00						
	両向型	0.00	0.00						
GHR	内向型	6.01	6.00						
	外拡型	2.68	3.00	0.000	**	0.000	**	0.000	**
	両向型	3.66	3.00						
PHR	内向型	2.75	2.00						
	外拡型	1.65	2.00	0.000	**	0.000	**	0.377	
	両向型	1.56	1.00						
MOR	内向型	0.40	0.00						
	外拡型	0.63	0.00	0.066		0.902		0.053	
	両向型	0.37	0.00						
PER	内向型	0.23	0.00						
	外拡型	0.44	0.00	0.055		0.941		0.045	*
	両向型	0.26	0.00						
PSV	内向型	0.25	0.00						
	外拡型	0.40	0.00	0.068		0.467		0.172	
	両向型	0.31	0.00						
S-CON	内向型	3.07	3.00						
	外拡型	4.68	5.00	0.000	**	0.006	**	0.000	**
	両向型	3.56	3.00						
PTI	内向型	0.06	0.00						
	外拡型	0.02	0.00	0.203		0.007	**	0.612	
	両向型	0.01	0.00						
DEPI	内向型	3.33	3.00						
	外拡型	3.96	4.00	0.001	**	0.110		0.011	*
	両向型	3.55	3.00						
CDI	内向型	2.36	2.00						
	外拡型	2.91	3.00	0.002	**	0.001	**	0.829	
	両向型	2.82	3.00						

* p $<$ .05　** p $<$ .01

内向型 (N=132)　外拡型 (N=57)　両向型 (N=211)

表５−４−２　反応数低群，中群，高群のＵ検定

		平均値	中央値	漸近有意確率（両側）					
				低群−中群		低群−高群		中群−高群	
Age	低群	35.52	37.00						
	中群	35.63	37.00	0.907		0.964		0.978	
	高群	35.58	39.50						
R	低群	16.12	16.00						
	中群	22.48	22.00	0.000	**	0.000	**	0.000	**
	高群	32.79	31.50						
W	低群	9.43	9.00						
	中群	11.32	12.00	0.000	**	0.000	**	0.001	**
	高群	14.03	13.50						
D	低群	5.47	5.00						
	中群	8.82	8.00	0.000		0.000		0.000	
	高群	14.94	15.50						
Dd	低群	1.22	1.00						
	中群	2.34	2.00	0.000	**	0.000	**	0.000	**
	高群	3.82	3.00						
S	低群	1.77	1.00						
	中群	2.90	3.00	0.000	**	0.000	**	0.000	**
	高群	4.09	4.00						
DQ+	低群	4.68	4.00						
	中群	5.96	5.00	0.000	**	0.000	**	0.006	**
	高群	6.93	7.00						
DQo	低群	10.30	10.00						
	中群	14.90	15.00	0.000	**	0.000	**	0.000	**
	高群	22.87	23.00						
DQv	低群	0.96	1.00						
	中群	1.32	1.00	0.011	*	0.000	**	0.000	**
	高群	2.57	2.00						
DQv/+	低群	0.18	0.00						
	中群	0.30	0.00	0.170		0.004	**	0.061	
	高群	0.43	0.00						
FQx+	低群	0.00	0.00						
	中群	0.00	0.00						
	高群	0.00	0.00						
FQxo	低群	12.57	12.00						
	中群	16.98	17.00	0.000	**	0.000	**	0.000	**
	高群	23.09	23.00						
FQxu	低群	2.21	2.00						
	中群	3.74	4.00	0.000	**	0.000	**	0.000	**
	高群	6.58	6.00						
FQx-	低群	1.30	1.00						
	中群	1.72	2.00	0.006	**	0.000	**	0.000	**
	高群	3.05	3.00						
FQxnone	低群	0.05	0.00						
	中群	0.03	0.00	0.799		0.238		0.095	
	高群	0.08	0.00						
MQ+	低群	0.00	0.00						
	中群	0.00	0.00						
	高群	0.00	0.00						
MQo	低群	2.65	3.00						
	中群	3.44	3.00	0.001	**	0.000	**	0.032	*
	高群	3.98	4.00						

134 ロールシャッハ・テスト統計集

表5－4－2　反応数低群，中群，高群のＵ検定（つづき）

		平均値	中央値	漸近有意確率（両側）					
				低群－中群		低群－高群		中群－高群	
MQu	低群	0.22	0.00						
	中群	0.39	0.00	0.058		0.000	**	0.001	**
	高群	0.70	0.00						
MQ-	低群	0.14	0.00						
	中群	0.13	0.00	0.827		0.066		0.051	
	高群	0.24	0.00						
MQnone	低群	0.01	0.00						
	中群	0.01	0.00	0.912		0.995		0.918	
	高群	0.01	0.00						
WD+	低群	0.00	0.00						
	中群	0.00	0.00						
	高群	0.00	0.00						
WDo	低群	12.02	12.00						
	中群	15.82	16.00	0.000	**	0.000	**	0.000	**
	高群	21.44	21.50						
WDu	低群	1.80	2.00						
	中群	3.01	3.00	0.000	**	0.000	**	0.000	**
	高群	5.29	5.00						
WD-	低群	1.05	1.00						
	中群	1.28	1.00	0.071		0.000	**	0.000	**
	高群	2.17	2.00						
WDnone	低群	0.03	0.00						
	中群	0.03	0.00	0.507		0.091		0.176	
	高群	0.07	0.00						
S-	低群	0.22	0.00						
	中群	0.36	0.00	0.030	*	0.000	**	0.069	
	高群	0.53	0.00						
M	低群	3.02	3.00						
	中群	3.98	4.00	0.000	**	0.000	**	0.003	**
	高群	4.93	4.00						
FM	低群	2.86	3.00						
	中群	3.84	4.00	0.000	**	0.001	**	0.691	
	高群	4.19	4.00						
m	低群	0.84	1.00						
	中群	1.04	1.00	0.314		0.000	**	0.000	**
	高群	1.59	1.00						
FM+m	低群	3.70	4.00						
	中群	4.88	5.00	0.000	**	0.000	**	0.025	*
	高群	5.78	5.50						
FC	低群	1.33	1.00						
	中群	1.86	2.00	0.003	**	0.000	**	0.000	**
	高群	2.81	2.00						
CF	低群	1.56	1.00						
	中群	1.78	2.00	0.353		0.000	**	0.000	**
	高群	2.75	3.00						
C	低群	0.19	0.00						
	中群	0.11	0.00	0.211		0.411		0.762	
	高群	0.12	0.00						
Cn	低群	0.00	0.00						
	中群	0.00	0.00						
	高群	0.00	0.00						

第5章 記述統計値 135

表5-4-2 反応数低群，中群，高群のＵ検定（つづき）

		平均値	中央値	漸近有意確率（両側）					
				低群－中群		低群－高群		中群－高群	
SumColor	低群	3.08	3.00						
	中群	3.75	4.00	0.007	**	0.000	**	0.000	**
	高群	5.68	6.00						
WSumC	低群	2.51	2.50						
	中群	2.87	3.00	0.055		0.000	**	0.000	**
	高群	4.34	4.00						
SumC'	低群	1.22	1.00						
	中群	1.36	1.00	0.685		0.064		0.118	
	高群	1.61	1.00						
SumT	低群	0.46	0.00						
	中群	0.56	0.00	0.201		0.001	**	0.006	**
	高群	0.83	1.00						
SumV	低群	0.14	0.00						
	中群	0.37	0.00	0.001	**	0.000	**	0.381	
	高群	0.47	0.00						
SumY	低群	0.31	0.00						
	中群	0.56	0.00	0.010	*	0.000	**	0.072	
	高群	0.78	0.00						
SumShd	低群	2.12	2.00						
	中群	2.85	2.00	0.012	*	0.000	**	0.001	**
	高群	3.70	3.50						
Fr+rF	低群	0.16	0.00						
	中群	0.19	0.00	0.754		0.094		0.107	
	高群	0.27	0.00						
FD	低群	0.46	0.00						
	中群	0.68	0.00	0.088		0.064		0.840	
	高群	0.64	1.00						
F	低群	6.61	6.00						
	中群	9.73	10.00	0.000	**	0.000	**	0.000	**
	高群	15.66	15.00						
(2)	低群	4.79	5.00						
	中群	6.34	6.00	0.000	**	0.000	**	0.000	**
	高群	8.58	8.00						
3r+(2)/R	低群	0.33	0.31						
	中群	0.31	0.31	0.363		0.057		0.322	
	高群	0.29	0.29						
Lambda	低群	0.88	0.67						
	中群	0.90	0.79	0.195		0.004	**	0.033	*
	高群	1.15	0.87						
EA	低群	5.52	5.00						
	中群	6.86	6.50	0.000	**	0.000	**	0.000	**
	高群	9.26	9.00						
es	低群	5.82	5.00						
	中群	7.72	7.00	0.000	**	0.000	**	0.000	**
	高群	9.48	9.00						
Adjes	低群	5.51	5.00						
	中群	7.11	7.00	0.000	**	0.000	**	0.004	**
	高群	8.37	8.00						
D	低群	-0.09	0.00						
	中群	-0.21	0.00	0.224		0.967		0.314	
	高群	-0.10	0.00						

136 ロールシャッハ・テスト統計集

表5−4−2　反応数低群，中群，高群のU検定（つづき）

		平均値	中央値	漸近有意確率（両側）					
				低群−中群		低群−高群		中群−高群	
AdjD	低群	-0.03	0.00						
	中群	-0.06	0.00	0.449		0.332		0.079	
	高群	0.23	0.00						
active	低群	3.94	4.00						
	中群	4.94	4.00	0.007	**	0.000	**	0.000	**
	高群	6.50	6.00						
passive	低群	2.78	3.00						
	中群	3.92	4.00	0.000	**	0.000	**	0.560	
	高群	4.23	4.00						
Ma	低群	1.59	1.00						
	中群	2.16	2.00	0.003	**	0.000	**	0.000	**
	高群	2.99	3.00						
Mp	低群	1.42	1.00						
	中群	1.82	2.00	0.032	*	0.020	*	0.669	
	高群	1.93	2.00						
Intellect	低群	1.35	1.00						
	中群	1.40	1.00	0.499		0.001	**	0.002	**
	高群	2.08	2.00						
Zf	低群	11.08	11.00						
	中群	14.24	15.00	0.000	**	0.000	**	0.000	**
	高群	17.39	17.00						
ZSum	低群	33.87	33.50						
	中群	43.99	45.00	0.000	**	0.000	**	0.000	**
	高群	53.72	54.25						
ZEst	低群	34.86	34.50						
	中群	46.15	49.00	0.000	**	0.000	**	0.000	**
	高群	57.27	56.00						
Zd	低群	-0.99	-1.00						
	中群	-2.17	-2.50	0.031	*	0.000	**	0.026	*
	高群	-3.55	-3.00						
Blends	低群	2.58	2.00						
	中群	2.96	3.00	0.313		0.007	**	0.050	
	高群	3.43	3.00						
Blends/R	低群	0.16	0.13						
	中群	0.13	0.11	0.021	*	0.000	**	0.052	
	高群	0.11	0.10						
m-Blends	低群	0.71	1.00						
	中群	0.86	1.00	0.363		0.000	**	0.000	**
	高群	1.32	1.00						
Y-Blends	低群	0.16	0.00						
	中群	0.34	0.00	0.024	*	0.029	*	0.903	
	高群	0.34	0.00						
T-Blends	低群	0.08	0.00						
	中群	0.13	0.00	0.356		0.126		0.423	
	高群	0.16	0.00						
Col-ShdBlends	低群	0.20	0.00						
	中群	0.35	0.00	0.043	*	0.002	**	0.144	
	高群	0.46	0.00						
Afr	低群	0.44	0.40						
	中群	0.47	0.44	0.048	*	0.000	**	0.000	**
	高群	0.53	0.50						

第5章 記述統計値　137

表5－4－2　反応数低群，中群，高群のU検定（つづき）

		平均値	中央値	漸近有意確率（両側）					
				低群－中群		低群－高群		中群－高群	
P	低群	4.79	5.00						
	中群	5.49	6.00	0.001	**	0.000	**	0.007	**
	高群	6.16	6.00						
C	低群	1.12	1.00						
	中群	1.20	1.00	0.434		0.449		0.957	
	高群	1.22	1.00						
XA%	低群	0.92	0.93						
	中群	0.92	0.92	0.633		0.064		0.055	
	高群	0.91	0.91						
WDA%	低群	0.93	0.93						
	中群	0.93	0.94	0.356		0.290		0.355	
	高群	0.92	0.93						
X+%	低群	0.78	0.78						
	中群	0.76	0.76	0.073		0.000	**	0.000	**
	高群	0.71	0.71						
X-%	低群	0.08	0.07						
	中群	0.08	0.07	0.657		0.062		0.075	
	高群	0.09	0.09						
Xu%	低群	0.14	0.13						
	中群	0.17	0.16	0.004	**	0.000	**	0.004	**
	高群	0.20	0.19						
Isolate/R	低群	0.16	0.14						
	中群	0.16	0.14	0.964		0.602		0.505	
	高群	0.15	0.14						
H	低群	2.51	2.00						
	中群	2.94	3.00	0.088		0.000	**	0.000	**
	高群	3.94	4.00						
(H)	低群	0.50	0.00						
	中群	0.71	0.00	0.049	*	0.001	**	0.041	*
	高群	1.06	1.00						
Hd	低群	0.71	0.00						
	中群	1.27	1.00	0.000	**	0.000	**	0.000	**
	高群	2.08	2.00						
(Hd)	低群	0.40	0.00						
	中群	0.44	0.00	0.641		0.002	**	0.002	**
	高群	0.73	0.50						
Hx	低群	0.04	0.00						
	中群	0.03	0.00	0.937		0.653		0.672	
	高群	0.02	0.00						
AllH	低群	4.11	4.00						
	中群	5.36	5.00	0.000	**	0.000	**	0.000	**
	高群	7.80	7.00						
A	低群	6.01	6.00						
	中群	8.09	8.00	0.000	**	0.000	**	0.000	**
	高群	10.54	10.00						
(A)	低群	0.53	0.00						
	中群	0.55	0.00	0.575		0.781		0.819	
	高群	0.67	0.00						
Ad	低群	1.92	2.00						
	中群	2.91	3.00	0.000	**	0.000	**	0.002	**
	高群	3.76	3.00						

表５－４－２ 反応数低群，中群，高群のＵ検定（つづき）

		平均値	中央値	漸近有意確率 (両側)					
				低群 − 中群		低群 − 高群		中群 − 高群	
(Ad)	低群	0.09	0.00						
	中群	0.21	0.00	0.035	*	0.000	**	0.056	
	高群	0.34	0.00						
An	低群	0.24	0.00						
	中群	0.41	0.00	0.134		0.000	**	0.000	**
	高群	0.76	1.00						
Art	低群	0.70	1.00						
	中群	0.89	1.00	0.244		0.000	**	0.000	**
	高群	1.27	1.00						
Ay	低群	0.16	0.00						
	中群	0.25	0.00	0.059		0.002	**	0.070	
	高群	0.43	0.00						
Bl	低群	0.09	0.00						
	中群	0.08	0.00	0.771		0.130		0.038	*
	高群	0.17	0.00						
Bt	低群	1.46	1.00						
	中群	1.75	1.00	0.114		0.000	**	0.003	**
	高群	2.42	2.00						
Cg	低群	1.08	1.00						
	中群	1.55	1.00	0.004	**	0.000	**	0.001	**
	高群	2.21	2.00						
Cl	低群	0.05	0.00						
	中群	0.07	0.00	0.648		0.107		0.156	
	高群	0.13	0.00						
Ex	低群	0.16	0.00						
	中群	0.16	0.00	0.825		0.020	*	0.003	**
	高群	0.35	0.00						
Fd	低群	0.34	0.00						
	中群	0.37	0.00	0.728		0.000	**	0.000	**
	高群	0.82	1.00						
Fi	低群	0.57	0.00						
	中群	0.72	0.00	0.405		0.001	**	0.007	**
	高群	1.04	1.00						
Ge	低群	0.08	0.00						
	中群	0.10	0.00	0.290		0.001	**	0.002	**
	高群	0.26	0.00						
Hh	低群	0.72	1.00						
	中群	0.91	1.00	0.194		0.000	**	0.007	**
	高群	1.26	1.00						
Ls	低群	0.64	0.00						
	中群	0.97	1.00	0.019	*	0.000	**	0.114	
	高群	1.12	1.00						
Ma	低群	0.27	0.00						
	中群	0.32	0.00	0.229		0.001	**	0.004	**
	高群	0.64	0.00						
Mu	低群	0.37	0.00						
	中群	0.61	0.00	0.017	*	0.003	**	0.378	
	高群	0.68	1.00						
Na	低群	0.16	0.00						
	中群	0.28	0.00	0.083		0.007	**	0.207	
	高群	0.34	0.00						

第5章 記述統計値 139

表5-4-2 反応数低群，中群，高群のＵ検定（つづき）

		平均値	中央値	漸近有意確率（両側）		
				低群－中群	低群－高群	中群－高群
Sc	低群	0.45	0.00			
	中群	0.67	0.00	0.065	0.000 **	0.000 **
	高群	1.37	1.00			
Sx	低群	0.04	0.00			
	中群	0.04	0.00	0.991	0.145	0.087
	高群	0.10	0.00			
Xy	低群	0.09	0.00			
	中群	0.10	0.00	0.921	0.870	0.933
	高群	0.12	0.00			
Id	低群	1.04	1.00			
	中群	1.12	1.00	0.726	0.014 *	0.017 *
	高群	1.44	1.00			
DV	低群	0.18	0.00			
	中群	0.11	0.00	0.126	0.270	0.828
	高群	0.14	0.00			
INC	低群	0.22	0.00			
	中群	0.19	0.00	0.751	0.134	0.039 *
	高群	0.31	0.00			
DR	低群	0.08	0.00			
	中群	0.06	0.00	0.593	0.242	0.432
	高群	0.04	0.00			
FAB	低群	0.37	0.00			
	中群	0.40	0.00	0.869	0.381	0.387
	高群	0.43	0.00			
DV2	低群	0.00	0.00			
	中群	0.00	0.00			
	高群	0.00	0.00			
INC2	低群	0.00	0.00			
	中群	0.00	0.00			
	高群	0.00	0.00			
DR2	低群	0.00	0.00			
	中群	0.00	0.00			
	高群	0.00	0.00			
FAB2	低群	0.00	0.00			
	中群	0.00	0.00			
	高群	0.00	0.00			
ALOG	低群	0.01	0.00			
	中群	0.02	0.00	0.634	0.995	0.640
	高群	0.01	0.00			
CONTAM	低群	0.00	0.00			
	中群	0.00	0.00			
	高群	0.00	0.00			
Sum6SpSc	低群	0.86	0.00			
	中群	0.77	0.00	0.671	0.425	0.165
	高群	0.93	1.00			
Lvl2SpSc	低群	0.00	0.00			
	中群	0.00	0.00			
	高群	0.00	0.00			
WSum6	低群	2.39	0.00			
	中群	2.34	0.00	0.882	0.370	0.217
	高群	2.66	2.00			

140　ロールシャッハ・テスト統計集

表5−4−2　反応数低群，中群，高群のU検定（つづき）

		平均値	中央値	漸近有意確率（両側）					
				低群−中群		低群−高群		中群−高群	
AB	低群	0.24	0.00						
	中群	0.13	0.00	0.143		0.301		0.824	
	高群	0.19	0.00						
AG	低群	0.27	0.00						
	中群	0.32	0.00	0.265		0.033	*	0.169	
	高群	0.43	0.00						
COP	低群	0.98	1.00						
	中群	1.20	1.00	0.057		0.000	**	0.010	*
	高群	1.68	2.00						
CP	低群	0.00	0.00						
	中群	0.00	0.00						
	高群	0.00	0.00						
SD	低群	0.14	0.00						
	中群	0.14	0.00	0.804		0.873		0.941	
	高群	0.12	0.00						
PSVS	低群	0.00	0.00						
	中群	0.00	0.00						
	高群	0.00	0.00						
GHR	低群	3.35	3.00						
	中群	4.15	4.00	0.002	**	0.000	**	0.000	**
	高群	5.52	5.00						
PHR	低群	1.22	1.00						
	中群	1.86	2.00	0.000	**	0.000	**	0.000	**
	高群	2.91	3.00						
MOR	低群	0.35	0.00						
	中群	0.40	0.00	0.751		0.149		0.194	
	高群	0.53	0.00						
PER	低群	0.28	0.00						
	中群	0.30	0.00	0.696		0.382		0.573	
	高群	0.23	0.00						
PSV	低群	0.26	0.00						
	中群	0.29	0.00	0.629		0.317		0.502	
	高群	0.37	0.00						
S-CON	低群	3.63	4.00						
	中群	3.38	3.00	0.278		0.396		0.051	
	高群	3.81	4.00						
PTI	低群	0.05	0.00						
	中群	0.01	0.00	0.119		0.735		0.050	
	高群	0.05	0.00						
DEPI	低群	3.21	3.00						
	中群	3.60	4.00	0.006	**	0.003	**	0.529	
	高群	3.75	4.00						
CDI	低群	3.09	3.00						
	中群	2.70	3.00	0.005	**	0.000	**	0.002	**
	高群	2.24	2.00						

* $p < .05$　** $p < .01$

低群 (N=107)　中群 (N=187)　高群 (N=106)

第6章　健常成人のロールシャッハ統計値

　本章では 400 人の被検者全員の属性と主要変数の値を示す。

　400 人の被検者には，男性に 101 から 300，女性に 501 から 700 の ID をつけて，表 6 に性別，年齢，学歴，結婚に関するそれぞれの属性を数値化して示してある。また表 7 には被検者ごとに，ID，性別，年齢と 135 の包括システム主要変数（記述統計値を示した変数 133 と HVI と OBS）の値を，健常成人のロールシャッハ統計値（TTNRD：Takahashi, Takahashi, Nishio Rorschach Data）として示してある。

　ロールシャッハ・テスト変数の正規性の検定結果を表 5 － 1 － 1 に示したが，ロールシャッハ・テストのほとんどの変数は正規分布に従わないので，変数の群間比較で，先行研究で示された変数の平均値と標準偏差を用いて t 検定をおこなうといった研究方法は適切ではない。臨床群の被検者のロールシャッハ・テストを，健常者群を対照群として比較検討したいが健常者のデータを得ることができない時には，本章に示す表 6 の被検者の属性と表 7 の健常者の統計値を用いることで，ノンパラメトリックな統計分析による比較研究をおこなうことができるであろう。ただし，比較研究の対照群のデータとして表 7 の統計値を用いる時には，次のことに特に注意してほしい。

　本書に示した各種統計値は，ロールシャッハ・テスト実施法（高橋・高橋・西尾，2006）およびロールシャッハ・テスト形態水準表（高橋・高橋・西尾，2009）によって日本人の健常者にロールシャッハ・テストを実施して得られたものであり，平凡反応や形態水準のコード化の基準はエクスナーと同じではない。第 4 章ですでに述べたように，例えば日本人のロールシャッハ反応にエクスナーの形態水準表を適用すると，XA％，WDA％，X＋％の値は低く，Xu％と X－％の値は高くなることが示されている。したがって表 7 のデータを用いる時には同じ基準によって得られたデータ間での比較をおこなってほしい。

　また，臨床群のロールシャッハ・テストを実施して健常者群との比較研究をおこなう際には，表 6 より臨床群の被検者と年齢や性別などの属性が近い健常者を選び，その健常者の統計値を表 7 から抽出すればよい。ロールシャッハ・テストを用いる臨床家や研究者がこれらの表を活用することで，さまざまな実証研究が行われることを，われわれは期待している。

表6 被検者の属性

ID	性別	年齢	学歴	結婚	ID	性別	年齢	学歴	結婚
101	1	60	8	2	151	1	21	6	1
102	1	57	8	2	152	1	38	8	2
103	1	56	2	2	153	1	37	8	2
104	1	52	8	2	154	1	30	8	2
105	1	47	8	2	155	1	21	6	1
106	1	42	1	2	156	1	25	2	1
107	1	37	8	2	157	1	21	6	1
108	1	23	8	1	158	1	21	6	1
109	1	22	6	1	159	1	21	6	1
110	1	22	6	1	160	1	33	8	2
111	1	22	6	1	161	1	21	6	1
112	1	22	9	1	162	1	32	8	2
113	1	27	8	1	163	1	21	6	1
114	1	21	6	1	164	1	21	6	1
115	1	21	6	1	165	1	22	6	1
116	1	20	6	1	166	1	58	8	2
117	1	20	6	1	167	1	20	6	1
118	1	20	6	1	168	1	20	6	1
119	1	25	8	1	169	1	23	6	1
120	1	25	6	1	170	1	23	6	1
121	1	20	6	1	171	1	23	6	1
122	1	20	6	1	172	1	22	6	1
123	1	20	2	1	173	1	21	6	1
124	1	22	6	1	174	1	23	6	1
125	1	20	6	1	175	1	22	6	1
126	1	20	6	1	176	1	21	6	1
127	1	22	6	1	177	1	29	10	2
128	1	23	6	1	178	1	49	8	2
129	1	21	6	1	179	1	46	2	2
130	1	21	6	1	180	1	39	8	2
131	1	20	6	1	181	1	50	8	2
132	1	21	6	1	182	1	55	8	2
133	1	21	6	1	183	1	58	8	2
134	1	21	6	1	184	1	64	8	2
135	1	24	9	1	185	1	63	8	2
136	1	21	6	1	186	1	24	8	1
137	1	23	6	1	187	1	56	8	2
138	1	21	6	1	188	1	21	6	1
139	1	20	6	1	189	1	27	9	1
140	1	22	6	1	190	1	21	6	1
141	1	25	9	1	191	1	21	6	1
142	1	21	6	1	192	1	22	6	1
143	1	21	6	1	193	1	22	6	1
144	1	54	8	2	194	1	47	8	2
145	1	26	8	1	195	1	38	8	2
146	1	56	8	2	196	1	37	8	2
147	1	20	6	1	197	1	30	8	2
148	1	43	9	2	198	1	23	6	2
149	1	24	8	1	199	1	31	8	2
150	1	23	8	1	200	1	27	10	2

第6章 健常成人のロールシャッハ統計値 143

表6 被検者の属性（つづき）

ID	性別	年齢	学歴	結婚	ID	性別	年齢	学歴	結婚
201	1	21	6	1	251	1	53	8	2
202	1	41	8	2	252	1	37	2	2
203	1	41	8	2	253	1	67	2	2
204	1	23	6	1	254	1	66	2	2
205	1	26	9	1	255	1	69	2	2
206	1	44	8	2	256	1	50	8	2
207	1	51	8	2	257	1	62	8	2
208	1	61	8	2	258	1	20	6	1
209	1	49	8	2	259	1	26	8	1
210	1	40	8	2	260	1	20	6	1
211	1	44	2	2	261	1	44	8	2
212	1	44	2	2	262	1	38	8	2
213	1	38	8	2	263	1	45	8	2
214	1	32	8	2	264	1	48	8	2
215	1	32	2	2	265	1	44	8	2
216	1	34	8	1	266	1	50	8	2
217	1	49	8	2	267	1	20	6	1
218	1	37	8	2	268	1	23	8	1
219	1	40	2	2	269	1	53	8	2
220	1	54	8	2	270	1	43	8	2
221	1	42	8	2	271	1	21	6	1
222	1	44	10	2	272	1	43	8	2
223	1	52	8	2	273	1	21	6	1
224	1	43	8	2	274	1	44	8	2
225	1	38	8	2	275	1	31	8	1
226	1	49	10	2	276	1	27	2	1
227	1	41	8	2	277	1	43	8	2
228	1	39	8	2	278	1	20	6	1
229	1	45	8	2	279	1	21	7	1
230	1	47	8	2	280	1	44	8	2
231	1	55	8	2	281	1	45	8	2
232	1	54	8	2	282	1	23	6	1
233	1	55	8	2	283	1	50	8	2
234	1	37	8	2	284	1	43	8	2
235	1	38	8	2	285	1	31	8	1
236	1	42	8	2	286	1	44	8	2
237	1	45	8	2	287	1	46	8	2
238	1	48	8	2	288	1	26	8	1
239	1	48	8	2	289	1	43	8	2
240	1	32	8	2	290	1	22	8	1
241	1	36	10	1	291	1	20	6	1
242	1	60	8	2	292	1	34	8	2
243	1	52	2	2	293	1	46	8	2
244	1	42	2	2	294	1	49	8	2
245	1	39	10	2	295	1	44	8	2
246	1	53	8	2	296	1	43	8	2
247	1	50	2	2	297	1	46	8	2
248	1	52	8	2	298	1	43	8	2
249	1	66	8	2	299	1	21	6	1
250	1	30	10	1	300	1	26	8	1

144　ロールシャッハ・テスト統計集

表6　被検者の属性（つづき）

ID	性別	年齢	学歴	結婚	ID	性別	年齢	学歴	結婚
501	2	52	2	2	551	2	21	6	1
502	2	51	8	2	552	2	21	6	1
503	2	51	2	2	553	2	20	6	1
504	2	50	8	2	554	2	20	6	1
505	2	49	2	2	555	2	20	6	1
506	2	46	2	2	556	2	20	6	1
507	2	47	8	2	557	2	52	2	2
508	2	20	6	1	558	2	37	2	2
509	2	20	6	1	559	2	40	2	2
510	2	46	2	2	560	2	45	2	2
511	2	46	8	2	561	2	26	6	1
512	2	46	2	2	562	2	46	2	2
513	2	43	2	2	563	2	52	2	2
514	2	38	2	2	564	2	30	5	2
515	2	29	8	1	565	2	21	6	1
516	2	26	8	1	566	2	29	9	1
517	2	26	8	2	567	2	30	10	2
518	2	26	8	1	568	2	44	2	1
519	2	21	6	1	569	2	20	6	1
520	2	20	6	1	570	2	25	8	2
521	2	21	8	1	571	2	21	6	1
522	2	20	6	1	572	2	21	6	1
523	2	21	6	1	573	2	21	6	1
524	2	21	6	1	574	2	24	8	1
525	2	21	6	1	575	2	21	6	1
526	2	21	6	1	576	2	20	6	1
527	2	21	6	1	577	2	29	8	2
528	2	20	6	1	578	2	25	5	1
529	2	20	6	1	579	2	24	5	1
530	2	21	6	1	580	2	20	6	1
531	2	20	6	1	581	2	31	5	2
532	2	20	6	1	582	2	45	2	2
533	2	20	6	1	583	2	23	6	1
534	2	42	9	2	584	2	21	6	1
535	2	20	8	1	585	2	48	8	2
536	2	20	6	1	586	2	22	8	1
537	2	22	6	1	587	2	21	6	1
538	2	20	6	1	588	2	35	8	2
539	2	20	6	1	589	2	21	6	1
540	2	20	6	1	590	2	20	6	1
541	2	21	6	1	591	2	25	5	2
542	2	21	6	1	592	2	45	2	2
543	2	20	6	1	593	2	20	3	1
544	2	21	6	1	594	2	39	5	2
545	2	20	6	1	595	2	24	3	1
546	2	21	6	1	596	2	32	8	2
547	2	20	6	1	597	2	46	2	2
548	2	20	6	1	598	2	45	5	2
549	2	21	6	1	599	2	20	6	1
550	2	24	6	1	600	2	20	6	1

表6　被検者の属性（つづき）

ID	性別	年齢	学歴	結婚	ID	性別	年齢	学歴	結婚
601	2	31	2	2	651	2	41	2	2
602	2	47	2	2	652	2	29	5	1
603	2	28	8	2	653	2	40	5	2
604	2	34	2	2	654	2	45	5	2
605	2	30	5	2	655	2	34	6	1
606	2	40	2	2	656	2	46	5	2
607	2	69	8	1	657	2	50	2	2
608	2	44	2	2	658	2	49	8	2
609	2	22	6	1	659	2	43	8	2
610	2	21	6	1	660	2	45	8	2
611	2	47	2	2	661	2	45	8	2
612	2	33	4	2	662	2	43	8	2
613	2	34	4	2	663	2	49	5	2
614	2	35	4	2	664	2	45	8	2
615	2	46	8	2	665	2	45	6	1
616	2	46	8	2	666	2	46	5	2
617	2	38	5	2	667	2	43	8	2
618	2	44	5	2	668	2	47	8	2
619	2	48	2	2	669	2	44	8	2
620	2	49	2	2	670	2	45	8	2
621	2	53	2	2	671	2	55	2	2
622	2	35	2	2	672	2	43	8	2
623	2	48	5	2	673	2	47	8	2
624	2	46	10	3	674	2	43	8	2
625	2	47	8	2	675	2	44	8	2
626	2	47	8	2	676	2	56	5	2
627	2	48	8	2	677	2	44	8	2
628	2	46	10	2	678	2	42	8	2
629	2	47	8	2	679	2	24	6	1
630	2	47	8	2	680	2	44	8	2
631	2	47	8	2	681	2	34	8	2
632	2	47	8	2	682	2	32	4	1
633	2	47	5	2	683	2	45	6	2
634	2	44	5	2	684	2	47	2	2
635	2	46	8	2	685	2	44	8	2
636	2	50	2	2	686	2	42	8	2
637	2	37	8	2	687	2	41	8	2
638	2	42	8	2	688	2	45	8	2
639	2	35	8	2	689	2	45	8	2
640	2	36	8	2	690	2	56	8	2
641	2	39	8	2	691	2	24	4	1
642	2	52	2	2	692	2	49	8	1
643	2	49	5	2	693	2	50	2	2
644	2	50	2	2	694	2	49	2	2
645	2	46	5	2	695	2	51	5	2
646	2	47	5	2	696	2	43	8	2
647	2	47	5	2	697	2	45	8	2
648	2	46	5	2	698	2	49	8	2
649	2	45	8	2	699	2	44	8	2
650	2	46	2	2	700	2	43	8	2

表6 被検者の属性（つづき）

	性別
1	男
2	女

	学歴
1	中学卒
2	高校卒
3	看護学校生
4	専門学校卒
5	短大卒
6	大学生
7	大学中退
8	大学卒
9	大学院生
10	大学院修了

	結婚
1	未婚
2	既婚
3	離婚

表7－1　健常成人のロールシャッハ統計値（TTNRD）

ID	Sex	Age	R	W	D	Dd	S	DQ+	DQo	DQv	DQv/+	FQx+	FQxo	FQxu	FQx-
101	M	60	23	11	9	3	5	6	16	1	0	0	16	5	2
102	M	57	28	18	8	2	5	3	23	1	1	0	22	3	3
103	M	56	25	13	10	2	0	8	15	2	0	0	17	7	1
104	M	52	25	13	9	3	4	8	16	1	0	0	19	4	2
105	M	47	15	13	2	0	2	6	8	0	1	0	13	2	0
106	M	42	27	12	12	3	2	4	19	4	0	0	16	6	5
107	M	37	32	13	17	2	1	3	21	8	0	0	16	9	7
108	M	23	31	6	20	5	0	4	26	1	0	0	19	8	4
109	M	22	18	9	7	2	1	7	11	0	0	0	13	3	2
110	M	22	25	10	12	3	5	10	13	1	1	0	17	4	4
111	M	22	33	18	14	1	2	8	23	0	2	0	26	3	4
112	M	22	28	8	14	6	4	5	20	2	1	0	18	7	3
113	M	27	30	21	5	4	5	6	15	7	2	0	18	9	2
114	M	21	28	11	14	3	6	6	20	2	0	0	24	3	1
115	M	21	34	11	19	4	4	2	26	6	0	0	23	9	1
116	M	20	30	4	23	3	1	5	25	0	0	0	20	7	3
117	M	20	32	9	21	2	7	5	27	0	0	0	23	5	4
118	M	20	39	17	17	5	1	5	29	5	0	0	27	6	6
119	M	25	25	12	12	1	2	3	16	2	4	0	19	4	2
120	M	25	21	15	5	1	1	7	11	2	1	0	19	2	0
121	M	20	25	6	16	3	3	2	23	0	0	0	16	4	5
122	M	20	29	14	13	2	2	9	15	5	0	0	24	5	0
123	M	20	22	14	7	1	0	9	12	1	0	0	14	4	4
124	M	22	17	14	1	2	7	10	7	0	0	0	12	3	2
125	M	20	22	14	6	2	3	3	18	0	1	0	20	1	1
126	M	20	22	15	4	3	5	8	14	0	0	0	18	3	1
127	M	22	18	11	6	1	2	10	8	0	0	0	17	1	0
128	M	23	19	4	11	4	2	3	16	0	0	0	12	4	3
129	M	21	18	13	4	1	4	3	15	0	0	0	14	3	1
130	M	21	16	8	7	1	2	0	15	1	0	0	14	2	0
131	M	20	20	10	7	3	6	3	15	1	1	0	14	4	2
132	M	21	19	11	7	1	0	3	11	4	1	0	13	4	2
133	M	21	24	13	9	2	5	6	17	1	0	0	21	2	1
134	M	21	20	14	3	3	3	4	12	2	2	0	15	4	1
135	M	24	25	15	6	4	6	3	14	4	4	0	18	5	2
136	M	21	40	4	20	16	2	6	29	5	0	0	19	18	3
137	M	23	18	13	3	2	2	5	13	0	0	0	16	0	2
138	M	21	29	15	10	4	6	7	20	2	0	0	19	8	2
139	M	20	14	6	7	1	1	1	13	0	0	0	9	3	2
140	M	22	22	15	7	0	2	6	14	2	0	0	21	1	0
141	M	25	21	15	5	1	1	6	13	2	0	0	14	4	3
142	M	21	14	8	6	0	0	1	9	4	0	0	10	3	1
143	M	21	20	16	2	2	2	1	18	1	0	0	10	8	2
144	M	54	25	7	15	3	5	7	16	2	0	0	15	7	3
145	M	26	35	22	13	0	3	10	24	1	0	0	26	6	3
146	M	56	26	15	8	3	5	8	13	3	2	0	15	8	3
147	M	20	27	15	10	2	3	6	21	0	0	0	20	6	1
148	M	43	39	15	19	5	4	12	22	5	0	0	24	11	4
149	M	24	20	8	10	2	2	4	16	0	0	0	13	6	1
150	M	23	22	13	6	3	5	12	9	1	0	0	13	6	3

148　ロールシャッハ・テスト統計集

表7－1　健常成人のロールシャッハ統計値（TTNRD）（つづき）

ID	Sex	Age	R	W	D	Dd	S	DQ+	DQo	DQv	DQv/+	FQx+	FQxo	FQxu	FQx-
151	M	21	34	11	21	2	3	6	25	3	0	0	23	10	1
152	M	38	27	8	19	0	1	5	22	0	0	0	23	4	0
153	M	37	17	10	5	2	1	6	10	1	0	0	13	3	1
154	M	30	15	12	3	0	1	3	11	1	0	0	12	2	1
155	M	21	14	6	8	0	2	4	10	0	0	0	14	0	0
156	M	25	31	17	10	4	2	8	19	4	0	0	24	5	2
157	M	21	24	15	7	2	5	4	18	2	0	0	15	6	3
158	M	21	19	15	3	1	2	6	11	1	1	0	14	3	1
159	M	21	22	14	7	1	3	13	8	1	0	0	14	7	1
160	M	33	22	12	7	3	3	5	15	1	1	0	16	2	4
161	M	21	14	11	1	2	2	3	11	0	0	0	12	2	0
162	M	32	15	9	6	0	1	2	11	2	0	0	13	1	1
163	M	21	15	10	5	0	1	6	9	0	0	0	9	5	1
164	M	21	19	15	4	0	2	5	14	0	0	0	14	3	2
165	M	22	14	9	5	0	1	5	8	0	1	0	10	3	1
166	M	58	29	17	12	0	0	8	19	1	1	0	21	6	2
167	M	20	25	4	17	4	2	5	18	2	0	0	20	5	0
168	M	20	19	10	6	3	6	7	11	1	0	0	13	3	3
169	M	23	37	24	10	3	8	16	21	0	0	0	31	4	2
170	M	23	14	3	11	0	1	2	11	1	0	0	10	3	1
171	M	23	16	9	6	1	0	4	11	0	1	0	9	5	2
172	M	22	14	7	6	1	1	3	11	0	0	0	12	0	2
173	M	21	34	19	10	5	5	7	26	1	0	0	30	3	1
174	M	23	18	10	5	3	5	3	14	0	1	0	14	1	3
175	M	22	18	8	6	4	4	1	17	0	0	0	12	4	2
176	M	21	26	9	15	2	3	7	18	1	0	0	20	6	0
177	M	29	18	4	14	0	0	6	9	3	0	0	12	4	2
178	M	49	17	7	8	2	2	5	11	1	0	0	11	5	1
179	M	46	16	8	7	1	2	4	10	2	0	0	14	1	1
180	M	39	22	11	9	2	1	10	12	0	0	0	17	3	2
181	M	50	14	9	4	1	0	0	12	2	0	0	10	1	3
182	M	55	31	24	4	3	3	7	20	4	0	0	21	6	4
183	M	58	15	8	6	1	1	2	13	0	0	0	14	1	0
184	M	64	21	10	10	1	1	7	14	0	0	0	18	2	1
185	M	63	26	7	17	2	4	5	20	1	0	0	19	3	4
186	M	24	22	15	6	1	1	5	16	1	0	0	20	0	2
187	M	56	33	9	21	3	3	11	20	1	1	0	28	3	2
188	M	21	22	14	6	2	2	12	10	0	0	0	19	3	0
189	M	27	24	16	6	2	6	7	16	1	0	0	16	6	2
190	M	21	33	22	4	7	5	3	29	1	0	0	20	4	9
191	M	21	20	11	6	3	7	5	14	1	0	0	15	3	2
192	M	22	20	13	4	3	6	5	15	0	0	0	16	4	0
193	M	22	19	16	0	3	6	2	16	1	0	0	12	3	4
194	M	47	17	4	10	3	1	3	13	1	0	0	12	4	1
195	M	38	17	11	6	0	1	3	14	0	0	0	13	0	4
196	M	37	18	13	5	0	1	8	8	2	0	0	17	1	0
197	M	30	27	10	14	3	2	3	22	0	2	0	21	4	2
198	M	23	18	6	8	4	3	1	16	1	0	0	12	3	2
199	M	31	22	10	7	5	5	2	19	1	0	0	16	4	2
200	M	27	22	14	5	3	3	10	9	1	2	0	15	6	1

表7－1　健常成人のロールシャッハ統計値（TTNRD）（つづき）

ID	Sex	Age	R	W	D	Dd	S	DQ+	DQo	DQv	DQv/+	FQx+	FQxo	FQxu	FQx-
201	M	21	20	14	4	2	5	4	15	1	0	0	15	4	1
202	M	41	17	9	6	2	1	3	12	2	0	0	16	1	0
203	M	41	19	12	5	2	4	1	16	1	1	0	14	2	2
204	M	23	26	10	14	2	4	3	23	0	0	0	21	2	3
205	M	26	28	19	8	1	6	9	17	1	1	0	22	5	1
206	M	44	15	12	3	0	1	6	8	1	0	0	14	0	1
207	M	51	44	6	27	11	4	6	31	7	0	0	23	15	6
208	M	61	22	8	12	2	3	12	10	0	0	0	16	3	3
209	M	49	16	6	10	0	0	5	10	1	0	0	13	2	1
210	M	40	16	11	5	0	1	6	9	0	1	0	12	3	1
211	M	44	14	4	9	1	1	2	12	0	0	0	12	1	1
212	M	44	21	12	7	2	3	9	10	2	0	0	19	2	0
213	M	38	15	9	5	1	1	4	10	1	0	0	11	2	2
214	M	32	26	16	7	3	5	11	12	3	0	0	21	3	2
215	M	32	16	10	6	0	3	3	12	0	1	0	12	4	0
216	M	34	20	15	3	2	4	5	14	0	1	0	11	5	4
217	M	49	27	10	12	5	4	9	16	1	1	0	21	4	2
218	M	37	23	14	6	3	2	4	15	3	1	0	16	1	6
219	M	40	19	9	4	6	4	5	14	0	0	0	13	3	3
220	M	54	17	11	4	2	1	8	8	1	0	0	10	7	0
221	M	42	24	16	6	2	2	6	17	1	0	0	17	7	0
222	M	44	19	13	5	1	4	7	11	1	0	0	13	4	2
223	M	52	43	18	22	3	5	10	30	3	0	0	26	12	5
224	M	43	33	18	13	2	3	5	21	6	1	0	21	11	1
225	M	38	23	15	6	2	5	8	13	2	0	0	20	3	0
226	M	49	34	7	20	7	0	4	29	1	0	0	20	13	1
227	M	41	34	27	4	3	3	9	18	6	1	0	20	10	4
228	M	39	16	12	3	1	2	12	4	0	0	0	11	2	3
229	M	45	23	14	5	4	2	10	9	2	2	0	16	5	2
230	M	47	22	8	10	4	2	7	14	1	0	0	18	1	3
231	M	55	32	9	16	7	1	2	25	3	2	0	22	6	4
232	M	54	16	8	7	1	0	2	10	4	0	0	11	1	4
233	M	55	30	10	15	5	2	11	16	2	1	0	17	4	9
234	M	37	18	3	11	4	3	5	13	0	0	0	12	4	2
235	M	38	19	7	10	2	0	5	14	0	0	0	17	1	1
236	M	42	17	9	7	1	1	3	12	2	0	0	15	1	1
237	M	45	14	8	5	1	1	6	6	1	1	0	11	2	1
238	M	48	34	18	13	3	0	7	22	5	0	0	23	9	2
239	M	48	34	15	16	3	3	8	21	2	3	0	24	6	4
240	M	32	25	6	18	1	1	6	16	3	0	0	18	6	1
241	M	36	19	12	4	3	6	8	9	2	0	0	14	3	2
242	M	60	23	13	9	1	2	5	15	1	2	0	17	4	2
243	M	52	17	14	3	0	0	1	13	3	0	0	12	2	3
244	M	42	21	12	7	2	0	4	16	1	0	0	19	1	1
245	M	39	23	8	11	4	3	5	18	1	0	0	17	5	1
246	M	53	15	9	4	2	1	2	12	1	0	0	8	6	1
247	M	50	16	11	5	0	1	5	9	2	0	0	11	2	3
248	M	52	20	6	14	0	0	0	20	0	0	0	17	1	2
249	M	66	15	7	7	1	2	1	13	1	0	0	13	1	1
250	M	30	25	20	4	1	3	10	14	1	0	0	22	2	1

150　ロールシャッハ・テスト統計集

表7－1　健常成人のロールシャッハ統計値（TTNRD）（つづき）

ID	Sex	Age	R	W	D	Dd	S	DQ+	DQo	DQv	DQv/+	FQx+	FQxo	FQxu	FQx-
251	M	53	25	15	6	4	2	2	17	5	1	0	21	4	0
252	M	37	34	20	8	6	5	4	27	1	2	0	25	5	3
253	M	67	18	13	3	2	1	5	10	2	1	0	13	3	2
254	M	66	17	6	11	0	0	1	15	1	0	0	14	0	3
255	M	69	23	18	3	2	3	7	15	1	0	0	15	6	2
256	M	50	34	11	21	2	1	6	26	2	0	0	28	5	1
257	M	62	16	12	2	2	2	5	9	1	1	0	12	3	1
258	M	20	22	12	10	0	2	3	16	3	0	0	18	1	3
259	M	26	33	21	8	4	5	8	20	4	1	0	16	8	9
260	M	20	24	8	12	4	4	6	18	0	0	0	21	3	0
261	M	44	39	12	22	5	7	8	30	0	1	0	30	9	0
262	M	38	51	26	23	2	6	8	41	2	0	0	33	8	10
263	M	45	23	12	8	3	2	6	12	5	0	0	10	8	5
264	M	48	31	14	17	0	1	7	20	3	1	0	23	7	1
265	M	44	26	8	17	1	3	4	21	1	0	0	22	3	1
266	M	50	27	16	8	3	2	4	20	3	0	0	17	7	3
267	M	20	21	12	5	4	3	3	15	2	1	0	13	5	3
268	M	23	24	13	7	4	3	8	15	1	0	0	18	5	1
269	M	53	28	4	18	6	1	1	24	3	0	0	13	11	4
270	M	43	32	18	8	6	6	8	21	3	0	0	24	3	5
271	M	21	18	12	4	2	2	8	8	2	0	0	15	1	2
272	M	43	43	23	14	6	11	13	25	3	2	0	26	9	8
273	M	21	31	18	8	5	3	12	16	2	1	0	22	6	3
274	M	44	31	17	11	3	7	10	17	4	0	0	25	5	1
275	M	31	19	13	5	1	4	3	15	1	0	0	17	1	1
276	M	27	16	10	1	5	2	3	11	2	0	0	11	4	1
277	M	43	29	12	13	4	5	1	22	5	1	0	20	7	2
278	M	20	22	12	6	4	6	14	8	0	0	0	15	4	3
279	M	21	25	17	2	6	6	10	13	1	1	0	16	6	3
280	M	44	22	11	9	2	4	3	16	3	0	0	16	5	1
281	M	45	42	15	22	5	7	9	30	3	0	0	31	10	1
282	M	23	34	15	14	5	10	10	24	0	0	0	19	9	6
283	M	50	26	6	17	3	2	5	17	4	0	0	17	5	4
284	M	43	31	14	14	3	7	5	25	1	0	0	26	2	3
285	M	31	28	9	13	6	3	9	17	2	0	0	20	6	2
286	M	44	32	8	22	2	8	9	23	0	0	0	22	6	4
287	M	46	28	10	18	0	6	7	20	1	0	0	20	8	0
288	M	26	28	20	7	1	4	7	16	5	0	0	16	11	0
289	M	43	28	11	16	1	3	3	23	2	0	0	22	4	2
290	M	22	27	26	1	0	1	6	17	4	0	0	19	5	3
291	M	20	24	14	8	2	1	4	20	0	0	0	19	3	2
292	M	34	20	13	6	1	5	2	18	0	0	0	15	2	3
293	M	46	23	12	8	3	4	6	16	1	0	0	18	2	3
294	M	49	42	25	14	3	8	13	25	3	1	0	34	7	1
295	M	44	29	23	5	1	2	9	19	1	0	0	22	4	3
296	M	43	37	30	4	3	7	10	26	1	0	0	26	4	7
297	M	46	39	10	23	6	5	5	34	0	0	0	31	6	2
298	M	43	27	12	13	2	4	10	15	2	0	0	27	0	0
299	M	21	21	15	4	2	3	5	12	3	1	0	15	4	2
300	M	26	31	18	11	2	6	3	23	4	1	0	24	7	0

第6章　健常成人のロールシャッハ統計値　151

表7－1　健常成人のロールシャッハ統計値（TTNRD）（つづき）

ID	Sex	Age	R	W	D	Dd	S	DQ+	DQo	DQv	DQv/+	FQx+	FQxo	FQxu	FQx-
501	F	52	15	8	6	1	2	2	10	3	0	0	10	4	1
502	F	51	25	8	14	3	0	6	19	0	0	0	19	4	2
503	F	51	23	10	13	0	2	5	17	1	0	0	18	4	1
504	F	50	32	21	9	2	3	6	17	6	3	0	23	4	5
505	F	49	25	4	18	3	4	1	24	0	0	0	18	4	3
506	F	46	30	5	18	7	6	3	25	2	0	0	18	8	4
507	F	47	33	5	24	4	3	7	24	2	0	0	27	2	4
508	F	20	29	9	19	1	1	6	23	0	0	0	23	5	1
509	F	20	27	13	10	4	7	3	22	2	0	0	23	2	2
510	F	46	31	10	12	9	8	7	17	5	2	0	23	4	3
511	F	46	20	4	14	2	0	4	16	0	0	0	17	1	2
512	F	46	28	10	14	4	2	13	12	3	0	0	24	2	1
513	F	43	15	11	4	0	0	3	8	4	0	0	14	0	0
514	F	38	23	1	16	6	1	1	18	3	1	0	14	7	2
515	F	29	25	8	16	1	3	3	20	2	0	0	21	3	1
516	F	26	20	15	5	0	0	4	14	2	0	0	16	4	0
517	F	26	21	12	7	2	3	6	14	1	0	0	17	2	2
518	F	26	34	12	16	6	3	9	23	2	0	0	24	8	2
519	F	21	31	11	18	2	4	6	23	1	1	0	23	6	2
520	F	20	29	10	16	3	3	9	18	2	0	0	18	10	1
521	F	21	24	8	13	3	1	5	17	2	0	0	17	4	3
522	F	20	45	7	28	10	6	5	36	4	0	0	26	15	4
523	F	21	29	14	12	3	4	5	24	0	0	0	21	4	4
524	F	21	43	13	22	8	6	8	28	7	0	0	32	8	3
525	F	21	29	15	9	5	7	5	21	3	0	0	23	4	2
526	F	21	26	8	17	1	2	5	20	1	0	0	20	4	2
527	F	21	34	10	20	4	5	3	30	1	0	0	22	8	4
528	F	20	17	10	7	0	1	6	11	0	0	0	14	1	2
529	F	20	29	19	8	2	4	4	21	3	1	0	16	10	3
530	F	21	28	19	6	3	3	5	18	5	0	0	23	3	2
531	F	20	30	14	14	2	4	10	19	0	1	0	19	8	3
532	F	20	29	11	16	2	3	9	17	2	1	0	23	5	1
533	F	20	31	13	17	1	2	10	18	3	0	0	25	4	1
534	F	42	19	10	5	4	4	8	10	0	1	0	12	6	1
535	F	20	20	15	4	1	1	7	13	0	0	0	17	3	0
536	F	20	24	2	19	3	0	2	22	0	0	0	17	7	0
537	F	22	19	10	6	3	5	9	9	1	0	0	17	1	1
538	F	20	21	12	8	1	2	12	8	1	0	0	15	4	2
539	F	20	21	14	6	1	2	5	15	0	1	0	18	1	2
540	F	20	18	9	7	2	5	9	9	0	0	0	16	1	1
541	F	21	18	8	9	1	0	5	12	0	1	0	15	2	1
542	F	21	17	11	4	2	2	1	14	2	0	0	13	2	2
543	F	20	15	9	5	1	3	8	6	0	1	0	12	3	0
544	F	21	17	8	5	4	3	3	11	3	0	0	11	4	2
545	F	20	14	11	2	1	2	7	7	0	0	0	14	0	0
546	F	21	15	6	9	0	0	9	6	0	0	0	10	4	0
547	F	20	16	9	4	3	4	6	9	1	0	0	14	2	0
548	F	20	21	9	10	2	3	5	15	1	0	0	17	3	1
549	F	21	19	7	10	2	1	5	12	2	0	0	17	1	1
550	F	24	24	14	8	2	0	4	18	1	1	0	14	6	4

表7－1　健常成人のロールシャッハ統計値（TTNRD）（つづき）

ID	Sex	Age	R	W	D	Dd	S	DQ+	DQo	DQv	DQv/+	FQx+	FQxo	FQxu	FQx-
551	F	21	19	12	4	3	3	7	11	1	0	0	13	4	2
552	F	21	15	8	5	2	5	4	11	0	0	0	12	2	1
553	F	20	27	10	14	3	2	10	15	2	0	0	21	5	1
554	F	20	20	14	3	3	4	8	12	0	0	0	15	1	4
555	F	20	24	14	10	0	4	6	16	2	0	0	21	2	1
556	F	20	33	14	17	2	4	13	18	2	0	0	28	2	3
557	F	52	20	9	8	3	1	7	12	0	1	0	12	6	2
558	F	37	15	5	9	1	1	2	13	0	0	0	14	1	0
559	F	40	15	10	3	2	1	4	10	1	0	0	14	1	0
560	F	45	20	5	12	3	3	2	16	2	0	0	14	5	1
561	F	26	21	16	3	2	5	4	14	2	1	0	15	4	1
562	F	46	23	11	9	3	1	8	13	2	0	0	17	5	1
563	F	52	18	7	7	4	3	6	11	1	0	0	12	4	2
564	F	30	31	8	17	6	3	4	25	2	0	0	20	7	4
565	F	21	25	14	10	1	5	5	19	1	0	0	21	4	0
566	F	29	30	13	12	5	5	8	19	3	0	0	20	3	7
567	F	30	21	15	4	2	5	13	7	1	0	0	17	1	3
568	F	44	17	12	5	0	1	1	13	2	1	0	11	4	2
569	F	20	19	13	5	1	1	5	13	0	1	0	16	1	2
570	F	25	15	7	6	2	2	6	9	0	0	0	7	3	5
571	F	21	18	12	5	1	7	5	12	1	0	0	17	1	0
572	F	21	21	10	9	2	1	5	14	1	1	0	16	4	1
573	F	21	18	5	9	4	4	4	13	1	0	0	10	5	2
574	F	24	33	19	10	4	5	7	22	4	0	0	19	10	4
575	F	21	28	5	14	9	1	3	25	0	0	0	17	8	3
576	F	20	14	9	3	2	3	5	8	1	0	0	9	2	3
577	F	29	15	13	0	2	5	4	11	0	0	0	10	2	3
578	F	25	18	8	7	3	2	1	14	3	0	0	10	6	2
579	F	24	32	8	18	6	2	4	23	5	0	0	24	5	3
580	F	20	17	7	5	5	1	8	7	2	0	0	12	1	4
581	F	31	19	12	5	2	1	6	11	2	0	0	16	2	1
582	F	45	29	9	19	1	7	5	18	5	1	0	19	5	5
583	F	23	15	6	8	1	3	6	9	0	0	0	11	3	1
584	F	21	15	8	7	0	1	4	10	1	0	0	11	3	1
585	F	48	15	11	4	0	1	4	10	1	0	0	14	1	0
586	F	22	16	10	5	1	2	6	9	1	0	0	14	1	1
587	F	21	22	12	8	2	2	6	15	1	0	0	19	3	0
588	F	35	29	12	14	3	2	4	20	4	1	0	24	4	0
589	F	21	24	14	9	1	3	7	15	1	1	0	15	5	4
590	F	20	23	13	8	2	6	4	17	2	0	0	18	4	1
591	F	25	27	9	12	6	6	10	17	0	0	0	18	6	3
592	F	45	21	7	12	2	0	1	17	3	0	0	16	4	1
593	F	20	17	10	7	0	0	4	12	1	0	0	13	2	2
594	F	39	14	7	6	1	2	7	7	0	0	0	13	0	1
595	F	24	14	10	4	0	0	2	10	2	0	0	13	1	0
596	F	32	28	16	9	3	3	7	21	0	0	0	21	6	1
597	F	46	19	12	4	3	5	4	13	2	0	0	12	5	2
598	F	45	19	10	9	0	2	5	14	0	0	0	17	2	0
599	F	20	18	14	4	0	2	5	13	0	0	0	13	1	4
600	F	20	18	16	2	0	3	6	11	1	0	0	15	2	1

第6章　健常成人のロールシャッハ統計値　153

表7-1　健常成人のロールシャッハ統計値（TTNRD）（つづき）

ID	Sex	Age	R	W	D	Dd	S	DQ+	DQo	DQv	DQv/+	FQx+	FQxo	FQxu	FQx-
601	F	31	19	6	10	3	2	7	11	1	0	0	15	4	0
602	F	47	25	9	13	3	5	7	18	0	0	0	20	3	2
603	F	28	21	10	8	3	4	8	12	1	0	0	18	2	1
604	F	34	23	7	10	6	4	6	17	0	0	0	18	3	2
605	F	30	25	18	5	2	2	3	19	3	0	0	17	6	2
606	F	40	22	11	8	3	3	3	16	3	0	0	19	3	0
607	F	69	20	12	5	3	1	5	12	3	0	0	14	4	1
608	F	44	24	2	19	3	0	4	18	2	0	0	16	5	3
609	F	22	27	21	3	3	3	4	16	6	1	0	19	5	2
610	F	21	20	9	10	1	2	4	15	1	0	0	16	2	2
611	F	47	16	11	5	0	1	4	12	0	0	0	14	2	0
612	F	33	18	14	4	0	1	11	7	0	0	0	14	3	1
613	F	34	31	8	21	2	3	4	27	0	0	0	24	4	3
614	F	35	15	12	3	0	1	3	10	1	1	0	14	1	0
615	F	46	19	15	3	1	2	6	12	1	0	0	16	1	1
616	F	46	19	7	10	2	0	5	14	0	0	0	13	5	1
617	F	38	20	9	8	3	3	2	15	3	0	0	15	5	0
618	F	44	28	10	16	2	3	8	19	1	0	0	20	6	2
619	F	48	24	6	16	2	2	5	18	1	0	0	14	6	4
620	F	49	22	8	12	2	3	10	12	0	0	0	20	2	0
621	F	53	27	17	6	4	5	12	14	1	0	0	23	3	1
622	F	35	20	8	7	5	1	2	14	4	0	0	10	9	1
623	F	48	27	13	11	3	5	9	16	2	0	0	18	9	0
624	F	46	16	10	3	3	1	12	3	1	0	0	10	5	1
625	F	47	21	13	5	3	2	16	5	0	0	0	14	6	1
626	F	47	22	18	2	2	3	11	11	0	0	0	17	4	1
627	F	48	18	11	4	3	2	4	10	4	0	0	12	3	1
628	F	46	18	9	9	0	4	3	15	0	0	0	12	4	2
629	F	47	20	12	6	2	3	9	10	0	1	0	14	3	3
630	F	47	20	7	9	4	2	8	12	0	0	0	17	3	0
631	F	47	14	11	1	2	3	5	8	1	0	0	10	0	4
632	F	47	14	13	1	0	1	8	5	0	1	0	12	1	1
633	F	47	19	5	10	4	1	7	11	1	0	0	14	3	2
634	F	44	26	8	13	5	5	7	17	2	0	0	24	0	2
635	F	46	20	13	4	3	5	9	11	0	0	0	18	2	0
636	F	50	24	13	10	1	0	3	18	3	0	0	14	7	3
637	F	37	23	9	12	2	6	5	16	2	0	0	14	5	4
638	F	42	19	4	13	2	0	4	13	2	0	0	14	4	1
639	F	35	18	9	7	2	0	6	11	1	0	0	15	2	1
640	F	36	17	6	10	1	1	7	9	0	1	0	15	2	0
641	F	39	14	8	5	1	1	4	9	1	0	0	13	1	0
642	F	52	14	7	7	0	2	3	8	3	0	0	10	2	2
643	F	49	14	10	3	1	2	7	6	1	0	0	10	4	0
644	F	50	14	4	9	1	2	0	14	0	0	0	12	0	2
645	F	46	20	12	6	2	6	6	13	1	0	0	16	3	1
646	F	47	25	8	14	3	3	4	18	3	0	0	19	6	0
647	F	47	22	12	6	4	2	13	7	1	1	0	18	3	1
648	F	46	20	13	6	1	3	5	14	1	0	0	19	0	1
649	F	45	23	9	12	2	3	3	16	3	1	0	18	4	1
650	F	46	27	8	16	3	1	5	22	0	0	0	20	5	2

154 ロールシャッハ・テスト統計集

表7-1 健常成人のロールシャッハ統計値（TTNRD）（つづき）

ID	Sex	Age	R	W	D	Dd	S	DQ+	DQo	DQv	DQv/+	FQx+	FQxo	FQxu	FQx-
651	F	41	21	16	4	1	3	6	14	1	0	0	19	2	0
652	F	29	28	24	2	2	5	6	18	3	1	0	19	5	4
653	F	40	27	15	9	3	5	8	16	3	0	0	21	2	4
654	F	45	18	15	3	0	2	10	6	1	1	0	16	2	0
655	F	34	24	13	11	0	0	8	16	0	0	0	17	7	0
656	F	46	18	11	7	0	2	6	11	1	0	0	18	0	0
657	F	50	16	6	9	1	2	3	13	0	0	0	13	2	1
658	F	49	20	13	7	0	0	6	13	1	0	0	17	1	2
659	F	43	30	6	16	8	1	4	22	4	0	0	22	7	1
660	F	45	22	9	11	2	2	4	17	1	0	0	18	3	1
661	F	45	25	11	11	3	4	2	22	0	1	0	21	2	2
662	F	43	31	6	22	3	4	9	20	2	0	0	23	6	2
663	F	49	20	9	8	3	1	6	13	1	0	0	11	4	5
664	F	45	44	23	18	3	4	3	34	6	1	0	31	8	5
665	F	45	25	15	9	1	5	14	11	0	0	0	20	5	0
666	F	46	20	13	6	1	3	8	11	0	1	0	15	4	1
667	F	43	26	7	16	3	7	5	18	3	0	0	23	3	0
668	F	47	38	8	23	7	4	9	27	2	0	0	21	13	4
669	F	44	17	15	2	0	1	9	7	0	1	0	15	1	1
670	F	45	38	11	20	7	4	7	28	2	1	0	24	7	7
671	F	55	17	11	5	1	3	5	10	0	2	0	11	5	1
672	F	43	32	19	10	3	5	4	28	0	0	0	28	2	2
673	F	47	22	8	10	4	7	9	12	1	0	0	17	4	1
674	F	43	26	7	16	3	5	12	13	1	0	0	20	5	1
675	F	44	17	12	5	0	2	4	10	3	0	0	14	2	1
676	F	56	34	14	16	4	3	9	24	1	0	0	27	3	4
677	F	44	22	10	11	1	4	8	14	0	0	0	18	4	0
678	F	42	24	6	18	0	2	7	15	2	0	0	19	1	4
679	F	24	18	13	3	2	2	6	10	2	0	0	17	0	1
680	F	44	28	14	12	2	6	9	19	0	0	0	20	7	1
681	F	34	22	8	12	2	2	7	15	0	0	0	20	0	2
682	F	32	34	32	1	1	4	15	16	2	1	0	27	6	1
683	F	45	23	9	12	2	3	4	14	3	2	0	18	4	1
684	F	47	18	10	4	4	3	7	10	1	0	0	14	3	1
685	F	44	26	10	14	2	3	4	20	2	0	0	24	2	0
686	F	42	21	11	8	2	4	4	16	0	1	0	17	1	3
687	F	41	32	12	18	2	8	4	25	3	0	0	24	5	3
688	F	45	43	9	32	2	5	10	31	2	0	0	35	5	3
689	F	45	37	7	25	5	4	2	31	4	0	0	27	8	2
690	F	56	23	8	14	1	2	5	16	1	1	0	20	3	0
691	F	24	20	10	9	1	1	5	14	1	0	0	16	3	1
692	F	49	20	17	1	2	3	6	13	0	1	0	15	5	0
693	F	50	23	8	9	6	0	6	13	3	1	0	15	4	4
694	F	49	15	11	4	0	0	8	7	0	0	0	14	1	0
695	F	51	19	10	9	0	0	2	12	5	0	0	15	2	2
696	F	43	34	10	20	4	8	8	25	1	0	0	23	8	3
697	F	45	30	9	18	3	4	3	24	2	1	0	23	5	2
698	F	49	29	16	12	1	2	6	21	1	1	0	24	3	2
699	F	44	25	16	8	1	4	4	19	2	0	0	17	6	2
700	F	43	28	17	7	4	5	12	12	4	0	0	19	5	4

第6章 健常成人のロールシャッハ統計値　155

表7－2　健常成人のロールシャッハ統計値（TTNRD）

ID	FQxnone	MQ+	MQo	MQu	MQ-	MQnone	WD+	WDo	WDu	WD-	WDnone	S-	M	FM
101	0	0	4	0	0	0	0	15	4	1	0	0	4	4
102	0	0	4	1	0	0	0	20	3	3	0	1	5	3
103	0	0	2	1	0	0	0	17	6	0	0	0	3	13
104	0	0	5	1	0	0	0	18	3	1	0	0	6	5
105	0	0	5	0	0	0	0	13	2	0	0	0	5	2
106	0	0	1	0	0	0	0	16	6	2	0	1	1	5
107	0	0	2	0	0	0	0	16	7	7	0	0	2	7
108	0	0	3	0	0	0	0	17	5	4	0	0	3	4
109	0	0	3	0	0	0	0	12	3	1	0	0	3	6
110	0	0	2	0	0	0	0	16	3	3	0	0	2	7
111	0	0	4	0	0	0	0	25	3	4	0	0	4	6
112	0	0	1	2	0	0	0	14	5	3	0	1	3	11
113	1	0	4	0	0	0	0	17	6	2	1	0	4	3
114	0	0	5	0	0	0	0	22	3	0	0	0	5	3
115	1	0	3	0	0	0	0	20	8	1	1	0	3	2
116	0	0	3	1	2	0	0	18	7	2	0	0	6	4
117	0	0	2	1	0	0	0	23	4	3	0	0	3	2
118	0	0	3	1	0	0	0	26	4	4	0	0	4	5
119	0	0	3	0	0	0	0	18	4	2	0	0	3	1
120	0	0	7	0	0	0	0	18	2	0	0	0	7	5
121	0	0	1	0	0	0	0	14	4	4	0	0	1	6
122	0	0	5	1	0	0	0	23	4	0	0	0	6	8
123	0	0	3	2	1	0	0	14	3	4	0	0	6	4
124	0	0	4	1	1	0	0	11	2	2	0	2	6	2
125	0	0	2	0	0	0	0	19	1	0	0	1	2	2
126	0	0	5	0	1	0	0	15	3	1	0	0	6	1
127	0	0	5	0	0	0	0	17	0	0	0	0	5	3
128	0	0	2	0	0	0	0	10	3	2	0	0	2	4
129	0	0	1	0	0	0	0	13	3	1	0	1	1	1
130	0	0	0	0	0	0	0	13	2	0	0	0	0	6
131	0	0	0	0	0	0	0	12	3	2	0	1	0	1
132	0	0	2	0	0	0	0	13	3	2	0	0	2	5
133	0	0	5	0	0	0	0	20	1	1	0	0	5	3
134	0	0	2	0	0	0	0	14	3	0	0	1	2	4
135	0	0	2	0	0	0	0	15	5	1	0	0	2	0
136	0	0	4	0	0	0	0	16	7	1	0	0	4	2
137	0	0	3	0	0	0	0	15	0	1	0	1	3	3
138	0	0	5	1	0	0	0	17	6	2	0	0	6	0
139	0	0	0	0	0	0	0	8	3	2	0	0	0	2
140	0	0	5	0	0	0	0	21	1	0	0	0	5	2
141	0	0	4	0	0	0	0	14	4	2	0	0	4	4
142	0	0	0	0	0	0	0	10	3	1	0	0	0	3
143	0	0	0	0	0	0	0	8	8	2	0	0	0	5
144	0	0	1	0	0	0	0	15	5	2	0	0	1	5
145	0	0	4	1	0	0	0	26	6	3	0	0	5	5
146	0	0	1	0	0	0	0	14	8	1	0	1	1	5
147	0	0	4	0	0	0	0	19	5	1	0	0	4	4
148	0	0	6	0	0	0	0	23	7	4	0	0	6	8
149	0	0	5	0	0	0	0	13	4	1	0	0	5	2
150	0	0	6	1	0	0	0	13	4	2	0	0	7	10

156 ロールシャッハ・テスト統計集

表7−2 健常成人のロールシャッハ統計値（TTNRD）（つづき）

ID	FQxnone	MQ+	MQo	MQu	MQ-	MQnone	WD+	WDo	WDu	WD-	WDnone	S-	M	FM
151	0	0	4	0	0	0	0	21	10	1	0	0	4	4
152	0	0	4	0	0	0	0	23	4	0	0	0	4	3
153	0	0	3	0	0	0	0	12	2	1	0	0	3	2
154	0	0	1	0	0	0	0	12	2	1	0	0	1	3
155	0	0	5	0	0	0	0	14	0	0	0	0	5	0
156	0	0	3	0	0	0	0	22	4	1	0	0	3	2
157	0	0	3	0	2	0	0	14	6	2	0	1	5	6
158	1	0	5	0	0	0	0	13	3	1	1	0	5	3
159	0	0	6	2	1	0	0	13	7	1	0	0	9	8
160	0	0	3	0	0	0	0	15	1	3	0	0	3	1
161	0	0	3	0	0	0	0	11	1	0	0	0	3	0
162	0	0	1	0	0	0	0	13	1	1	0	0	1	1
163	0	0	3	0	0	0	0	9	5	1	0	0	3	5
164	0	0	4	0	0	0	0	14	3	2	0	0	4	1
165	0	0	2	1	0	0	0	10	3	1	0	0	3	1
166	0	0	5	0	0	0	0	21	6	2	0	0	5	5
167	0	0	3	0	0	0	0	19	2	0	0	0	3	7
168	0	0	4	1	1	0	0	12	2	2	0	2	6	2
169	0	0	9	3	1	0	0	29	4	1	0	0	13	8
170	0	0	3	0	0	0	0	10	3	1	0	0	3	2
171	0	0	2	1	0	0	0	9	4	2	0	0	3	4
172	0	0	2	0	0	0	0	12	0	1	0	1	2	1
173	0	0	2	0	0	0	0	27	2	0	0	0	2	2
174	0	0	2	0	0	0	0	11	1	3	0	3	2	1
175	0	0	1	0	0	0	0	12	0	2	0	1	1	1
176	0	0	3	1	0	0	0	19	5	0	0	0	4	5
177	0	0	3	1	0	0	0	12	4	2	0	0	4	5
178	0	0	0	0	0	0	0	11	4	0	0	0	0	5
179	0	0	4	0	0	0	0	13	1	1	0	0	4	1
180	0	0	5	0	1	0	0	16	3	1	0	1	6	11
181	0	0	0	0	0	0	0	10	1	2	0	0	0	2
182	0	0	5	0	0	0	0	20	5	3	0	0	5	8
183	0	0	2	0	0	0	0	13	1	0	0	0	2	1
184	0	0	4	1	0	0	0	17	2	1	0	1	5	6
185	0	0	2	0	0	0	0	18	2	4	0	0	2	4
186	0	0	4	0	0	0	0	19	0	2	0	0	4	0
187	0	0	6	0	0	0	0	26	3	1	0	1	6	9
188	0	0	9	1	0	0	0	18	2	0	0	0	10	2
189	0	0	3	1	1	0	0	15	6	1	0	2	5	5
190	0	0	3	0	0	0	0	18	4	4	0	1	3	1
191	0	0	5	0	0	0	0	13	2	2	0	1	5	2
192	0	0	4	2	0	0	0	14	3	0	0	0	6	1
193	0	0	1	1	0	0	0	10	3	3	0	0	2	2
194	0	0	0	1	0	0	0	12	1	1	0	0	1	3
195	0	0	1	0	0	0	0	13	0	4	0	0	1	3
196	0	0	3	0	0	0	0	17	1	0	0	0	3	4
197	0	0	3	0	1	0	0	21	2	1	0	1	4	5
198	1	0	2	0	0	0	0	10	3	1	0	0	2	0
199	0	0	1	0	0	0	0	12	3	2	0	2	1	0
200	0	0	7	0	0	0	0	14	4	1	0	1	7	4

表7－2　健常成人のロールシャッハ統計値（TTNRD）（つづき）

ID	FQxnone	MQ+	MQo	MQu	MQ-	MQnone	WD+	WDo	WDu	WD-	WDnone	S-	M	FM
201	0	0	1	0	0	0	0	13	4	1	0	0	1	4
202	0	0	0	0	0	0	0	14	1	0	0	0	0	5
203	1	0	1	0	0	0	0	12	2	2	1	1	1	4
204	0	0	4	0	0	0	0	20	1	3	0	0	4	3
205	0	0	5	1	0	0	0	21	5	1	0	1	6	3
206	0	0	2	0	1	0	0	14	0	1	0	0	3	4
207	0	0	2	0	0	0	0	19	11	3	0	1	2	14
208	0	0	5	0	0	0	0	16	2	2	0	1	5	7
209	0	0	3	1	0	0	0	13	2	1	0	0	4	3
210	0	0	1	1	0	0	0	12	3	1	0	0	2	3
211	0	0	1	0	0	0	0	12	1	0	0	0	1	4
212	0	0	5	1	0	0	0	17	2	0	0	0	6	4
213	0	0	1	0	0	0	0	10	2	2	0	0	1	4
214	0	0	4	1	0	0	0	19	2	2	0	0	5	5
215	0	0	3	0	0	0	0	12	4	0	0	0	3	3
216	0	0	1	0	0	0	0	10	4	4	0	1	1	8
217	0	0	1	1	1	0	0	19	2	1	0	1	3	6
218	0	0	3	0	0	0	0	14	1	5	0	2	3	5
219	0	0	3	1	1	0	0	9	3	1	0	1	5	1
220	0	0	2	0	0	0	0	10	5	0	0	0	2	5
221	0	0	4	1	0	0	0	16	6	0	0	0	5	5
222	0	0	4	0	1	0	0	12	4	2	0	1	5	3
223	0	0	8	2	1	0	0	26	10	4	0	2	11	4
224	0	0	4	0	0	0	0	21	9	1	0	0	4	8
225	0	0	4	2	0	0	0	19	2	0	0	0	6	3
226	0	0	2	1	0	0	0	19	7	1	0	0	3	2
227	0	0	3	0	0	0	0	20	8	3	0	0	3	8
228	0	0	6	0	2	0	0	11	2	2	0	0	8	2
229	0	0	3	1	1	0	0	14	4	1	0	0	5	7
230	0	0	3	0	0	0	0	17	0	1	0	1	3	5
231	0	0	2	0	0	0	0	19	4	2	0	0	2	7
232	0	0	0	0	0	0	0	11	0	4	0	0	0	7
233	0	0	2	2	1	0	0	14	4	7	0	1	5	8
234	0	0	5	1	0	0	0	11	1	2	0	1	6	2
235	0	0	5	0	0	0	0	15	1	1	0	0	5	2
236	0	0	1	0	0	0	0	14	1	1	0	0	1	5
237	0	0	4	1	0	0	0	11	1	1	0	0	5	2
238	0	0	2	0	0	0	0	20	9	2	0	0	2	5
239	0	0	2	2	0	0	0	22	6	3	0	2	4	10
240	0	0	4	1	0	0	0	18	5	1	0	0	5	4
241	0	0	5	0	1	0	0	12	2	2	0	0	6	1
242	0	0	2	0	0	0	0	17	4	1	0	0	2	1
243	0	0	1	0	0	0	0	12	2	3	0	0	1	2
244	0	0	2	0	0	0	0	18	1	0	0	0	2	5
245	0	0	3	0	0	0	0	14	4	1	0	0	3	5
246	0	0	0	1	0	0	0	8	5	0	0	1	1	3
247	0	0	2	0	0	0	0	11	2	3	0	1	2	4
248	0	0	1	0	0	0	0	17	1	2	0	0	1	3
249	0	0	2	0	0	0	0	13	1	0	0	1	2	0
250	0	0	4	0	0	0	0	21	2	1	0	0	4	4

158　ロールシャッハ・テスト統計集

表7－2　健常成人のロールシャッハ統計値（TTNRD）（つづき）

ID	FQxnone	MQ+	MQo	MQu	MQ-	MQnone	WD+	WDo	WDu	WD-	WDnone	S-	M	FM
251	0	0	2	0	0	0	0	19	2	0	0	0	2	4
252	1	0	0	0	0	1	0	22	4	1	1	3	1	2
253	0	0	3	0	0	0	0	12	2	2	0	0	3	3
254	0	0	1	0	0	0	0	14	0	3	0	0	1	2
255	0	0	4	0	0	0	0	14	5	2	0	1	4	4
256	0	0	3	1	0	0	0	28	3	1	0	0	4	7
257	0	0	3	0	0	0	0	12	2	0	0	0	3	6
258	0	0	0	0	0	0	0	18	1	3	0	0	0	1
259	0	0	2	0	2	0	0	13	7	9	0	1	4	1
260	0	0	6	0	0	0	0	18	2	0	0	0	6	3
261	0	0	5	4	0	0	0	27	7	0	0	0	9	3
262	0	0	5	1	0	0	0	31	8	10	0	1	6	8
263	0	0	1	0	0	0	0	10	7	3	0	2	1	7
264	0	0	3	1	0	0	0	23	7	1	0	0	4	8
265	0	0	6	0	0	0	0	21	3	1	0	0	6	3
266	0	0	4	0	0	0	0	15	6	3	0	0	4	4
267	0	0	1	0	0	0	0	11	5	1	0	0	1	0
268	0	0	4	1	0	0	0	15	4	1	0	0	5	4
269	0	0	0	0	0	0	0	11	8	3	0	0	0	1
270	0	0	7	0	0	0	0	20	3	3	0	1	7	2
271	0	0	3	0	0	0	0	14	1	1	0	0	3	2
272	0	0	7	1	0	0	0	24	6	7	0	2	8	4
273	0	0	8	2	1	0	0	18	5	3	0	0	11	3
274	0	0	5	2	1	0	0	23	4	1	0	0	8	1
275	0	0	4	0	0	0	0	16	1	1	0	0	4	0
276	0	0	1	0	0	0	0	9	2	0	0	0	1	1
277	0	0	1	0	0	0	0	19	6	0	0	1	1	5
278	0	0	4	1	0	0	0	14	3	1	0	2	5	5
279	0	0	2	0	1	0	0	12	5	2	0	0	3	2
280	0	0	1	0	0	0	0	16	3	1	0	0	1	1
281	0	0	5	1	0	0	0	28	9	0	0	1	6	2
282	0	0	4	2	2	0	0	17	9	3	0	2	8	3
283	0	0	3	0	0	0	0	16	4	3	0	0	3	2
284	0	0	3	0	0	0	0	23	2	3	0	0	3	6
285	0	0	5	3	0	0	0	19	2	1	0	1	8	2
286	0	0	5	2	1	0	0	21	5	4	0	1	8	3
287	0	0	4	1	0	0	0	20	8	0	0	0	5	4
288	1	0	3	0	0	0	0	16	10	0	1	0	3	3
289	0	0	3	0	0	0	0	22	4	1	0	0	3	0
290	0	0	5	0	0	0	0	19	5	3	0	0	5	1
291	0	0	3	0	1	0	0	18	3	1	0	1	4	1
292	0	0	1	0	0	0	0	15	2	2	0	1	1	0
293	0	0	5	0	0	0	0	18	1	1	0	2	5	6
294	0	0	8	2	0	0	0	32	6	1	0	1	10	9
295	0	0	3	1	1	0	0	22	4	2	0	0	5	2
296	0	0	3	0	1	0	0	24	4	6	0	2	4	2
297	0	0	3	1	0	0	0	29	4	0	0	1	4	8
298	0	0	9	0	0	0	0	25	0	0	0	0	9	3
299	0	0	3	1	0	0	0	14	3	2	0	0	4	0
300	0	0	2	0	0	0	0	23	6	0	0	0	2	4

表7－2 健常成人のロールシャッハ統計値（TTNRD）（つづき）

ID	FQxnone	MQ+	MQo	MQu	MQ-	MQnone	WD+	WDo	WDu	WD-	WDnone	S-	M	FM
501	0	0	2	0	0	0	0	9	4	1	0	0	2	5
502	0	0	2	0	0	0	0	16	4	2	0	0	2	10
503	0	0	3	0	0	0	0	18	4	1	0	0	3	9
504	0	0	4	0	0	0	0	23	2	5	0	1	4	5
505	0	0	3	0	0	0	0	18	3	1	0	3	3	9
506	0	0	2	0	0	0	0	17	6	0	0	3	2	2
507	0	0	8	0	1	0	0	23	2	4	0	0	9	6
508	0	0	3	0	0	0	0	23	5	0	0	0	3	6
509	0	0	3	0	1	0	0	21	2	0	0	1	4	3
510	1	0	5	1	0	0	0	20	0	1	1	0	6	5
511	0	0	2	0	0	0	0	16	1	1	0	0	2	3
512	1	0	5	0	1	0	0	22	2	0	0	0	6	7
513	1	0	1	0	0	0	0	14	0	0	1	0	1	2
514	0	0	2	0	0	0	0	11	4	2	0	0	2	4
515	0	0	1	0	0	0	0	20	3	1	0	0	1	5
516	0	0	2	0	0	0	0	16	4	0	0	0	2	2
517	0	0	4	0	0	0	0	15	2	2	0	0	4	2
518	0	0	8	3	1	0	0	23	4	1	0	1	12	2
519	0	0	3	0	0	0	0	22	5	2	0	0	3	1
520	0	0	3	2	0	0	0	17	8	1	0	1	5	7
521	0	0	2	0	0	0	0	15	4	2	0	0	2	4
522	0	0	3	0	0	0	0	23	9	3	0	1	3	9
523	0	0	3	0	0	0	0	20	3	3	0	0	3	1
524	0	0	6	1	0	0	0	28	5	2	0	0	7	6
525	0	0	5	1	0	0	0	20	3	1	0	0	6	4
526	0	0	2	0	0	0	0	20	4	1	0	0	2	4
527	0	0	4	0	0	0	0	20	7	3	0	1	4	0
528	0	0	6	0	2	0	0	14	1	2	0	0	8	4
529	0	0	2	0	0	0	0	15	10	2	0	0	2	3
530	0	0	4	0	0	0	0	21	3	1	0	0	4	4
531	0	0	6	1	0	0	0	19	7	2	0	1	7	4
532	0	0	5	1	1	0	0	22	4	1	0	0	7	3
533	1	0	6	2	0	0	0	24	4	1	1	0	8	3
534	0	0	3	1	0	0	0	10	4	1	0	0	4	7
535	0	0	7	0	0	0	0	17	2	0	0	0	7	2
536	0	0	2	0	0	0	0	15	6	0	0	0	2	3
537	0	0	7	0	1	0	0	15	1	0	0	1	8	4
538	0	0	5	2	1	0	0	15	3	2	0	1	8	5
539	0	0	4	0	0	0	0	17	1	2	0	0	4	1
540	0	0	7	1	1	0	0	15	1	0	0	1	9	3
541	0	0	4	0	1	0	0	14	2	1	0	0	5	1
542	0	0	1	0	0	0	0	11	2	2	0	0	1	2
543	0	0	8	1	0	0	0	11	3	0	0	0	9	0
544	0	0	2	0	0	0	0	8	3	2	0	0	2	1
545	0	0	4	0	0	0	0	13	0	0	0	0	4	3
546	0	0	4	0	0	0	0	10	4	1	0	0	4	5
547	0	0	4	1	0	0	0	13	0	0	0	0	5	3
548	0	0	6	0	0	0	0	16	3	0	0	1	6	3
549	0	0	4	0	0	0	0	16	0	1	0	0	4	1
550	0	0	3	1	0	0	0	12	6	4	0	0	4	1

表7－2　健常成人のロールシャッハ統計値（TTNRD）（つづき）

ID	FQxnone	MQ+	MQo	MQu	MQ-	MQnone	WD+	WDo	WDu	WD-	WDnone	S-	M	FM
551	0	0	6	0	0	0	0	12	3	1	0	1	6	4
552	0	0	4	0	0	0	0	11	2	0	0	1	4	3
553	0	0	6	2	0	0	0	18	5	1	0	0	8	2
554	0	0	6	0	2	0	0	14	1	2	0	2	8	5
555	0	0	4	0	0	0	0	21	2	1	0	0	4	3
556	0	0	9	0	1	0	0	28	2	1	0	0	10	1
557	0	0	6	1	0	0	0	12	3	2	0	0	7	3
558	0	0	1	0	0	0	0	13	1	0	0	0	1	5
559	0	0	3	0	0	0	0	13	0	0	0	0	3	4
560	0	0	2	0	0	0	0	14	3	0	0	1	2	5
561	1	0	4	0	0	0	0	15	3	0	1	0	4	2
562	0	0	8	0	0	0	0	17	3	0	0	0	8	5
563	0	0	4	0	1	0	0	11	2	1	0	0	5	5
564	0	0	2	0	0	0	0	17	4	4	0	1	2	7
565	0	0	4	0	0	0	0	20	4	0	0	0	4	2
566	0	0	3	0	1	0	0	18	3	4	0	2	4	4
567	0	0	6	0	0	0	0	16	1	2	0	2	6	6
568	0	0	0	0	0	0	0	11	4	2	0	0	0	8
569	0	0	2	0	0	0	0	16	1	1	0	0	2	2
570	0	0	1	0	2	0	0	7	3	3	0	0	3	4
571	0	0	5	0	0	0	0	16	1	0	0	0	5	1
572	0	0	6	2	0	0	0	14	4	1	0	0	8	4
573	1	0	0	0	0	0	0	9	4	1	0	1	0	3
574	0	0	7	0	0	0	0	17	9	3	0	0	7	2
575	0	0	3	0	0	0	0	12	5	2	0	0	3	4
576	0	0	3	0	1	0	0	8	2	2	0	2	4	0
577	0	0	3	1	0	0	0	9	2	2	0	1	4	1
578	0	0	1	0	0	0	0	9	5	1	0	0	1	0
579	0	0	3	0	0	0	0	21	4	1	0	0	3	1
580	0	0	4	1	0	0	0	9	0	3	0	0	6	2
581	0	0	2	0	0	0	0	16	0	1	0	0	2	5
582	0	0	3	1	0	0	0	19	5	4	0	3	4	2
583	0	0	4	0	0	0	0	10	3	1	0	0	4	2
584	0	0	3	1	0	0	0	11	3	1	0	0	4	1
585	0	0	1	0	0	0	0	14	1	0	0	0	1	5
586	0	0	4	0	0	0	0	14	1	0	0	1	4	3
587	0	0	4	1	0	0	0	18	2	0	0	0	5	0
588	1	0	3	1	0	0	0	22	3	0	1	0	4	6
589	0	0	3	1	0	0	0	15	4	4	0	1	4	4
590	0	0	5	0	0	0	0	16	4	1	0	0	5	6
591	0	0	6	0	0	0	0	16	3	2	0	1	6	5
592	0	0	0	0	0	0	0	16	3	0	0	0	0	3
593	0	0	1	0	0	0	0	13	2	2	0	0	1	3
594	0	0	3	0	0	0	0	12	0	1	0	0	3	4
595	0	0	2	0	0	0	0	13	1	0	0	0	2	0
596	0	0	4	1	0	0	0	19	6	0	0	1	5	4
597	0	0	2	0	1	0	0	12	4	0	0	2	3	3
598	0	0	2	0	0	0	0	17	2	0	0	0	2	4
599	0	0	5	0	0	0	0	13	1	4	0	0	5	0
600	0	0	3	0	0	0	0	15	2	1	0	0	3	4

表7－2　健常成人のロールシャッハ統計値（TTNRD）（つづき）

ID	FQxnone	MQ+	MQo	MQu	MQ-	MQnone	WD+	WDo	WDu	WD-	WDnone	S-	M	FM
601	0	0	4	0	0	0	0	14	2	0	0	0	4	6
602	0	0	3	0	0	0	0	18	2	2	0	0	3	5
603	0	0	1	1	0	0	0	17	0	1	0	0	2	6
604	0	0	5	0	0	0	0	14	2	1	0	1	5	5
605	0	0	1	0	0	0	0	15	6	2	0	0	1	4
606	0	0	1	0	0	0	0	17	2	0	0	0	1	0
607	1	0	3	1	0	1	0	12	3	1	1	0	5	4
608	0	0	1	0	0	0	0	15	4	2	0	0	1	4
609	1	0	2	0	0	0	0	17	5	1	1	0	2	2
610	0	0	2	0	0	0	0	16	2	1	0	0	2	2
611	0	0	3	0	0	0	0	14	2	0	0	0	3	2
612	0	0	6	0	1	0	0	14	3	1	0	0	7	2
613	0	0	1	1	0	0	0	23	3	3	0	0	2	11
614	0	0	1	0	0	0	0	14	1	0	0	0	1	4
615	1	0	4	0	0	1	0	15	1	1	1	1	5	3
616	0	0	2	1	0	0	0	13	3	1	0	0	3	5
617	0	0	0	1	0	0	0	13	4	0	0	0	1	4
618	0	0	2	1	1	0	0	18	6	2	0	0	4	2
619	0	0	0	1	1	0	0	14	4	4	0	0	2	4
620	0	0	8	2	0	0	0	18	2	0	0	0	11	4
621	0	0	8	1	0	0	0	20	2	1	0	1	9	5
622	0	0	2	2	0	0	0	9	5	1	0	0	4	0
623	0	0	3	3	0	0	0	17	7	0	0	0	6	8
624	0	0	5	1	1	0	0	10	3	0	0	0	7	6
625	0	0	6	3	0	0	0	13	5	0	0	1	9	6
626	0	0	5	0	0	0	0	16	3	1	0	1	5	5
627	2	0	3	0	0	1	0	12	0	1	2	0	4	3
628	0	0	2	0	0	0	0	12	4	2	0	1	2	1
629	0	0	3	1	0	0	0	14	2	2	0	1	4	6
630	0	0	5	0	0	0	0	14	2	0	0	0	5	6
631	0	0	1	0	0	0	0	9	0	3	0	1	1	3
632	0	0	5	0	1	0	0	12	1	1	0	0	6	5
633	0	0	5	0	0	0	0	13	1	1	0	0	5	4
634	0	0	4	0	0	0	0	20	0	1	0	1	4	5
635	0	0	3	0	0	0	0	15	2	0	0	0	3	4
636	0	0	1	0	0	0	0	14	6	3	0	0	1	6
637	0	0	2	2	1	0	0	14	4	3	0	2	5	3
638	0	0	2	1	0	0	0	13	3	1	0	0	3	6
639	0	0	2	0	0	0	0	14	1	1	0	0	2	11
640	0	0	3	1	0	0	0	14	2	0	0	0	4	6
641	0	0	2	0	0	0	0	13	0	0	0	0	2	3
642	0	0	2	0	0	0	0	10	2	2	0	0	2	4
643	0	0	5	3	0	0	0	10	3	0	0	0	8	1
644	0	0	0	0	0	0	0	11	0	2	0	1	0	2
645	0	0	3	0	1	0	0	14	3	1	0	0	4	1
646	0	0	2	0	0	0	0	18	4	0	0	0	2	4
647	0	0	10	2	0	0	0	16	1	1	0	0	12	4
648	0	0	3	0	0	0	0	18	0	1	0	0	3	2
649	0	0	2	0	0	0	0	17	3	1	0	0	2	4
650	0	0	3	0	0	0	0	20	2	2	0	0	3	8

162　ロールシャッハ・テスト統計集

表7－2　健常成人のロールシャッハ統計値（TTNRD）（つづき）

ID	FQxnone	MQ+	MQo	MQu	MQ-	MQnone	WD+	WDo	WDu	WD-	WDnone	S-	M	FM
651	0	0	3	0	0	0	0	19	1	0	0	0	3	6
652	0	0	3	0	0	0	0	18	5	3	0	0	3	2
653	0	0	5	1	0	0	0	19	2	3	0	2	6	5
654	0	0	7	0	0	0	0	16	2	0	0	0	7	2
655	0	0	4	0	0	0	0	17	7	0	0	0	4	6
656	0	0	3	0	0	0	0	18	0	0	0	0	3	2
657	0	0	4	0	0	0	0	12	2	1	0	0	4	1
658	0	0	3	0	0	0	0	17	1	2	0	0	3	4
659	0	0	3	0	0	0	0	18	3	1	0	0	3	1
660	0	0	4	1	0	0	0	16	3	1	0	0	5	2
661	0	0	3	0	0	0	0	19	2	1	0	1	3	2
662	0	0	5	1	1	0	0	23	4	1	0	0	7	0
663	0	0	3	1	0	0	0	10	3	4	0	1	4	4
664	0	0	2	0	0	0	0	30	7	4	0	1	2	4
665	0	0	9	3	0	0	0	19	5	0	0	0	12	3
666	0	0	3	2	0	0	0	15	3	1	0	1	5	3
667	0	0	4	0	0	0	0	21	2	0	0	0	4	2
668	0	0	4	2	0	0	0	19	11	1	0	2	6	2
669	0	0	3	0	0	0	0	15	1	1	0	0	3	6
670	0	0	5	0	0	0	0	22	5	4	0	0	5	4
671	0	0	3	0	0	0	0	11	5	0	0	0	3	3
672	0	0	2	0	0	0	0	27	2	0	0	2	2	0
673	0	0	3	1	0	0	0	15	2	1	0	0	4	3
674	0	0	6	1	0	0	0	19	3	1	0	0	7	5
675	0	0	3	1	0	0	0	14	2	1	0	0	4	2
676	0	0	6	0	0	0	0	26	1	3	0	1	6	6
677	0	0	7	3	0	0	0	18	3	0	0	0	10	3
678	0	0	4	0	0	0	0	19	1	4	0	1	4	3
679	0	0	3	0	0	0	0	15	0	1	0	0	3	1
680	0	0	5	2	0	0	0	19	6	1	0	0	7	2
681	0	0	6	0	0	0	0	19	0	1	0	0	6	1
682	0	0	9	1	0	0	0	26	6	1	0	0	10	6
683	0	0	2	0	0	0	0	16	4	1	0	0	2	4
684	0	0	5	0	0	0	0	11	2	1	0	0	5	2
685	0	0	3	0	0	0	0	22	2	0	0	0	3	2
686	0	0	2	0	0	0	0	15	1	3	0	1	2	4
687	0	0	2	0	0	0	0	22	5	3	0	0	2	1
688	0	0	10	0	1	0	0	34	5	2	0	1	11	6
689	0	0	2	1	1	0	0	25	6	1	0	0	4	3
690	0	0	4	0	0	0	0	19	3	0	0	0	4	5
691	0	0	1	0	0	0	0	16	2	1	0	0	1	2
692	0	0	3	0	0	0	0	14	4	0	0	0	3	4
693	0	0	1	0	0	0	0	13	3	1	0	0	1	9
694	0	0	5	1	0	0	0	14	1	0	0	0	6	2
695	0	0	2	0	0	0	0	15	2	2	0	0	2	0
696	0	0	3	0	0	0	0	22	8	0	0	2	3	2
697	0	0	4	2	1	0	0	22	4	1	0	1	7	3
698	0	0	4	0	0	0	0	23	3	2	0	0	4	4
699	0	0	2	0	0	0	0	17	5	2	0	0	2	5
700	0	0	4	3	0	0	0	18	4	2	0	1	7	2

表7－3 健常成人のロールシャッハ統計値（TTNRD）

ID	m	FM+m	FC	CF	C	Cn	SumColor	WSumC	SumC'	SumT	SumV	SumY	SumShd
101	0	4	2	0	0	0	2	1.0	4	1	1	1	7
102	3	6	5	2	0	0	7	4.5	1	1	0	1	3
103	1	14	1	2	0	0	3	2.5	1	0	1	1	3
104	3	8	2	1	0	0	3	2.0	0	1	1	3	5
105	1	3	2	1	2	0	5	5.0	1	1	0	0	2
106	1	6	3	3	0	0	6	4.5	0	2	0	1	3
107	4	11	1	4	0	0	5	4.5	2	1	1	0	4
108	0	4	2	0	0	0	2	1.0	0	0	2	5	7
109	0	6	1	1	0	0	2	1.5	1	2	0	0	3
110	1	8	6	1	0	0	7	4.0	3	0	3	0	6
111	0	6	3	0	0	0	3	1.5	2	0	0	1	3
112	2	13	3	2	0	0	5	3.5	4	1	1	3	9
113	4	7	1	4	1	0	6	6.0	1	2	2	1	6
114	3	6	4	2	0	0	6	4.0	1	0	0	0	1
115	0	2	0	3	1	0	4	4.5	0	0	0	0	0
116	1	5	5	1	0	0	6	3.5	1	1	0	0	2
117	0	2	2	0	0	0	2	1.0	1	1	0	2	4
118	2	7	3	4	0	0	7	5.5	3	3	0	2	8
119	1	2	2	3	0	0	5	4.0	1	1	2	0	4
120	3	8	1	2	0	0	3	2.5	1	1	1	1	4
121	0	6	1	1	0	0	2	1.5	2	0	0	0	2
122	4	12	3	4	0	0	7	5.5	0	1	0	0	1
123	1	5	3	1	1	0	5	4.0	1	1	1	0	3
124	1	3	0	4	0	0	4	4.0	0	0	0	0	0
125	1	3	3	1	0	0	4	2.5	4	0	0	1	5
126	0	1	0	1	0	0	1	1.0	0	0	0	0	0
127	1	4	2	1	1	0	4	3.5	1	0	0	0	1
128	0	4	0	0	0	0	0	0.0	1	0	0	0	1
129	0	1	4	0	0	0	4	2.0	1	0	0	1	2
130	0	6	0	0	0	0	0	0.0	0	0	0	0	0
131	3	4	1	2	0	0	3	2.5	0	0	0	1	1
132	1	6	2	2	0	0	4	3.0	1	0	0	0	1
133	1	4	1	4	0	0	5	4.5	0	0	0	0	0
134	3	7	2	3	0	0	5	4.0	0	0	0	0	0
135	2	2	0	4	0	0	4	4.0	2	0	1	1	4
136	2	4	4	3	0	0	7	5.0	4	0	1	0	5
137	2	5	0	2	0	0	2	2.0	1	0	0	0	1
138	1	1	1	1	0	0	2	1.5	2	0	0	1	3
139	0	2	5	0	0	0	5	2.5	2	0	0	0	2
140	1	3	0	6	0	0	6	6.0	0	2	0	0	2
141	1	5	2	3	0	0	5	4.0	0	0	1	0	1
142	1	4	0	2	0	0	2	2.0	0	0	0	0	0
143	0	5	1	0	0	0	1	0.5	1	0	0	0	1
144	2	7	1	1	0	0	2	1.5	0	1	0	0	1
145	1	6	2	2	0	0	4	3.0	2	0	0	2	4
146	1	6	5	1	0	0	6	3.5	3	0	1	1	5
147	0	4	1	0	0	0	1	0.5	1	0	0	0	1
148	2	10	1	6	0	0	7	6.5	1	0	1	0	2
149	0	2	2	0	0	0	2	1.0	1	0	0	0	1
150	0	10	2	5	0	0	7	6.0	2	1	1	0	4

164　ロールシャッハ・テスト統計集

表7－3　健常成人のロールシャッハ統計値（TTNRD）（つづき）

ID	m	FM+m	FC	CF	C	Cn	SumColor	WSumC	SumC'	SumT	SumV	SumY	SumShd
151	2	6	2	2	1	0	5	4.5	2	1	0	0	3
152	1	4	0	1	0	0	1	1.0	3	0	0	0	3
153	0	2	1	2	0	0	3	2.5	1	0	1	0	2
154	1	4	0	2	0	0	2	2.0	0	0	0	1	1
155	0	0	1	0	0	0	1	0.5	0	0	0	0	0
156	5	7	4	6	0	0	10	8.0	2	0	0	0	2
157	0	6	1	1	0	0	2	1.5	1	0	0	0	1
158	1	4	0	1	2	0	3	4.0	3	0	0	0	3
159	4	12	1	4	0	0	5	4.5	3	0	0	1	4
160	1	2	1	3	0	0	4	3.5	0	0	0	0	0
161	0	0	1	1	0	0	2	1.5	0	0	0	0	0
162	2	3	1	1	0	0	2	1.5	1	1	0	0	2
163	1	6	2	1	0	0	3	2.0	1	0	0	0	1
164	0	1	2	0	0	0	2	1.0	0	0	1	0	1
165	1	2	1	2	1	0	4	4.0	1	1	0	0	2
166	1	6	2	4	0	0	6	5.0	1	0	0	1	2
167	0	7	3	0	0	0	3	1.5	0	0	1	0	1
168	0	2	0	0	0	0	0	0.0	0	0	0	0	0
169	0	8	11	3	1	0	15	10.0	2	0	0	0	2
170	0	2	0	1	0	0	1	1.0	0	0	0	1	1
171	0	4	1	1	0	0	2	1.5	1	0	0	0	1
172	0	1	2	0	0	0	2	1.0	1	0	0	0	1
173	3	5	4	1	1	0	6	4.5	5	0	0	1	6
174	0	1	2	1	0	0	3	2.0	1	0	0	0	1
175	0	1	0	0	0	0	0	0.0	4	0	0	0	4
176	3	8	2	2	0	0	4	3.0	0	1	0	0	1
177	0	5	2	4	0	0	6	5.0	0	0	0	0	0
178	1	6	2	2	0	0	4	3.0	2	1	0	0	3
179	0	1	2	1	1	0	4	3.5	1	0	0	0	1
180	0	11	0	1	1	0	2	2.5	0	1	0	0	1
181	0	2	3	1	0	0	4	2.5	0	0	0	1	1
182	1	9	2	3	0	0	5	4.0	3	1	1	1	6
183	0	1	2	0	0	0	2	1.0	0	0	0	0	0
184	1	7	0	1	0	0	1	1.0	4	1	0	0	5
185	1	5	1	1	0	0	2	1.5	0	0	1	0	1
186	1	1	2	2	0	0	4	3.0	2	1	0	0	3
187	1	10	1	3	0	0	4	3.5	6	1	1	0	8
188	2	4	1	2	0	Cn	3	2.5	2	0	1	0	3
189	2	7	4	1	0	0	5	3.0	2	0	3	1	6
190	0	1	5	1	0	0	6	3.5	3	1	0	0	4
191	0	2	2	0	0	0	2	1.0	3	0	0	0	3
192	0	1	0	0	0	0	0	0.0	0	0	0	1	1
193	0	2	5	1	0	0	6	3.5	3	0	0	0	3
194	0	3	1	0	0	0	1	0.5	0	0	1	0	1
195	0	3	2	0	0	0	2	1.0	2	0	0	0	2
196	2	6	1	1	0	0	2	1.5	0	0	1	2	3
197	1	6	2	1	0	0	3	2.0	1	0	0	2	3
198	0	0	2	0	1	0	3	2.5	2	0	0	0	2
199	2	2	6	0	0	0	6	3.0	2	3	0	3	8
200	1	5	1	4	1	0	6	6.0	3	0	1	0	4

第6章　健常成人のロールシャッハ統計値　165

表7－3　健常成人のロールシャッハ統計値（TTNRD）（つづき）

ID	m	FM+m	FC	CF	C	Cn	SumColor	WSumC	SumC'	SumT	SumV	SumY	SumShd
201	0	4	2	0	1	0	3	2.5	0	0	1	1	2
202	0	5	2	1	0	0	3	2.0	3	2	0	0	5
203	3	7	0	2	1	0	3	3.5	2	0	0	0	2
204	0	3	2	1	0	0	3	2.0	4	0	0	0	4
205	3	6	1	3	0	0	4	3.5	3	1	1	3	8
206	2	6	4	1	0	0	5	3.0	0	0	0	1	1
207	3	17	4	4	0	0	8	6.0	1	1	1	2	5
208	1	8	2	1	0	0	3	2.0	2	1	0	1	4
209	0	3	0	2	0	0	2	2.0	0	0	0	0	0
210	2	5	1	3	0	0	4	3.5	1	0	0	1	2
211	2	6	0	0	0	0	0	0.0	3	2	0	1	6
212	1	5	1	3	0	0	4	3.5	0	0	0	1	1
213	0	4	2	3	0	0	5	4.0	2	1	0	0	3
214	4	9	1	4	0	0	5	4.5	1	2	1	1	5
215	1	4	0	0	0	0	0	0.0	0	0	0	0	0
216	1	9	1	4	0	0	5	4.5	1	1	0	0	2
217	2	8	1	2	0	0	3	2.5	4	1	0	1	6
218	1	6	3	5	0	0	8	6.5	2	1	0	0	3
219	0	1	3	0	0	0	3	1.5	2	0	0	0	2
220	1	6	1	3	0	0	4	3.5	1	1	0	0	2
221	1	6	4	2	0	0	6	4.0	1	0	0	1	2
222	0	3	0	5	0	0	5	5.0	0	0	0	0	0
223	4	8	2	3	1	0	6	5.5	1	1	0	2	4
224	2	10	1	8	0	0	9	8.5	0	0	0	1	1
225	0	3	2	3	0	0	5	4.0	1	1	0	0	2
226	2	4	2	0	0	0	2	1.0	0	2	0	2	4
227	1	9	3	5	0	0	8	6.5	2	0	2	0	4
228	2	4	3	1	0	0	4	2.5	1	1	1	0	3
229	3	10	3	5	0	0	8	6.5	4	1	0	0	5
230	1	6	2	1	0	0	3	2.0	3	0	0	0	3
231	3	10	5	4	0	0	9	6.5	2	0	0	0	2
232	1	8	2	4	0	0	6	5.0	3	2	0	0	5
233	4	12	3	3	0	0	6	4.5	4	0	0	2	6
234	1	3	3	4	0	0	7	5.5	1	0	0	1	2
235	0	2	3	2	0	0	5	3.5	3	0	0	0	3
236	0	5	1	2	0	0	3	2.5	2	1	0	1	4
237	1	3	3	4	0	0	7	5.5	4	0	0	0	4
238	3	8	3	5	0	Cn	8	6.5	5	0	0	3	8
239	1	11	2	1	0	0	3	2.0	5	0	2	2	9
240	1	5	2	1	0	0	3	2.0	0	1	0	1	2
241	1	2	1	1	2	0	4	4.5	0	1	1	2	4
242	3	4	2	1	0	0	3	2.0	0	0	1	0	1
243	3	5	0	2	0	0	2	2.0	0	0	1	1	2
244	0	5	3	1	0	0	4	2.5	0	0	0	1	1
245	1	6	2	0	1	0	3	2.5	0	1	0	0	1
246	0	3	0	2	1	0	3	3.5	1	0	1	0	2
247	1	5	1	2	0	0	3	2.5	2	0	0	0	2
248	0	3	1	0	0	0	1	0.5	0	0	0	0	0
249	0	0	0	1	0	0	1	1.0	2	0	0	0	2
250	1	5	3	3	0	0	6	4.5	0	0	1	0	1

166 ロールシャッハ・テスト統計集

表7－3 健常成人のロールシャッハ統計値（TTNRD）（つづき）

ID	m	FM+m	FC	CF	C	Cn	SumColor	WSumC	SumC'	SumT	SumV	SumY	SumShd
251	5	9	1	2	0	0	3	2.5	1	0	0	2	3
252	3	5	4	5	1	0	10	8.5	3	0	0	2	5
253	2	5	1	2	0	0	3	2.5	1	0	0	0	1
254	1	3	1	1	0	0	2	1.5	1	0	0	0	1
255	3	7	1	2	0	0	3	2.5	1	0	0	0	1
256	1	8	5	1	0	0	6	3.5	0	0	0	0	0
257	1	7	1	3	0	0	4	3.5	3	3	0	0	6
258	0	1	0	3	0	0	3	3.0	0	0	0	1	1
259	1	2	0	9	0	0	9	9.0	0	1	1	0	2
260	1	4	2	1	0	0	3	2.0	1	1	0	0	2
261	2	5	2	4	0	0	6	5.0	0	2	0	1	3
262	2	10	6	3	0	0	9	6.0	0	1	0	1	2
263	5	12	3	2	0	0	5	3.5	3	0	1	3	7
264	2	10	0	2	0	0	2	2.0	1	0	0	1	2
265	0	3	0	1	0	0	1	1.0	0	1	0	0	1
266	2	6	3	3	0	0	6	4.5	0	2	0	0	2
267	2	2	3	2	0	0	5	3.5	1	0	1	1	3
268	1	5	2	3	0	0	5	4.0	2	0	1	1	4
269	1	2	0	1	0	0	1	1.0	0	0	0	0	0
270	0	2	3	2	0	0	5	3.5	0	2	0	0	2
271	2	4	2	3	0	0	5	4.0	1	1	0	0	2
272	3	7	6	7	0	0	13	10.0	5	1	0	1	7
273	3	6	3	1	0	0	4	2.5	2	1	0	0	3
274	1	2	7	3	0	0	10	6.5	1	1	0	0	2
275	1	1	3	1	0	0	4	2.5	0	0	0	1	1
276	1	2	3	2	0	0	5	3.5	2	0	0	1	3
277	3	8	0	4	0	0	4	4.0	0	0	0	1	1
278	1	6	1	1	0	0	2	1.5	0	1	1	0	2
279	3	5	1	6	0	0	7	6.5	0	0	0	0	0
280	2	3	3	5	0	0	8	6.5	0	1	0	0	1
281	2	4	2	4	0	0	6	5.0	0	1	1	0	2
282	1	4	2	1	0	0	3	2.0	3	1	0	1	5
283	2	4	1	2	0	0	3	2.5	0	2	0	0	2
284	0	6	2	2	0	0	4	3.0	0	1	2	0	3
285	1	3	1	3	0	0	4	3.5	0	2	0	0	2
286	1	4	1	1	0	0	2	1.5	0	0	0	0	0
287	1	5	3	1	0	0	4	2.5	2	1	0	0	3
288	1	4	2	6	1	Cn	9	8.5	0	0	0	1	1
289	0	0	2	5	0	0	7	6.0	0	0	0	0	0
290	0	1	0	1	1	0	2	2.5	1	0	0	0	1
291	0	1	1	0	0	0	1	0.5	1	0	0	0	1
292	0	0	1	1	0	0	2	1.5	1	0	0	0	1
293	0	6	3	1	0	0	4	2.5	0	0	2	0	2
294	2	11	4	2	0	0	6	4.0	2	1	2	0	5
295	1	3	2	2	0	0	4	3.0	2	2	1	1	6
296	2	4	5	7	0	0	12	9.5	5	2	0	0	7
297	0	8	3	0	0	0	3	1.5	0	0	1	0	1
298	3	6	2	4	1	0	7	6.5	2	2	0	0	4
299	2	2	1	2	0	0	3	2.5	0	1	0	2	3
300	3	7	2	6	0	0	8	7.0	1	2	0	0	3

表7－3 健常成人のロールシャッハ統計値（TTNRD）（つづき）

ID	m	FM+m	FC	CF	C	Cn	SumColor	WSumC	SumC'	SumT	SumV	SumY	SumShd
501	1	6	0	2	1	0	3	3.5	4	1	0	1	6
502	0	10	2	0	0	0	2	1.0	3	1	0	0	4
503	1	10	1	1	0	0	2	1.5	0	0	0	0	0
504	6	11	3	3	0	0	6	4.5	2	2	1	3	8
505	0	9	1	0	0	0	1	0.5	0	0	0	0	0
506	1	3	2	1	0	0	3	2.0	1	1	0	0	2
507	0	6	1	1	0	0	2	1.5	0	1	1	0	2
508	0	6	6	0	0	0	6	3.0	1	2	0	0	3
509	0	3	0	1	0	0	1	1.0	1	0	1	2	4
510	3	8	0	2	0	0	2	2.0	2	0	1	2	5
511	0	3	2	0	0	0	2	1.0	1	2	0	0	3
512	1	8	7	2	0	0	9	5.5	0	0	0	4	4
513	3	5	0	3	2	0	5	6.0	1	1	0	1	3
514	2	6	1	2	0	0	3	2.5	0	0	1	2	3
515	2	7	1	2	1	0	4	4.0	0	1	0	1	2
516	2	4	4	2	0	0	6	4.0	0	3	2	0	5
517	0	2	2	0	0	0	2	1.0	0	0	0	0	0
518	2	4	4	3	0	0	7	5.0	1	1	0	1	3
519	1	2	3	1	0	0	4	2.5	0	0	0	0	0
520	1	8	4	2	0	0	6	4.0	1	0	0	1	2
521	3	7	1	4	0	0	5	4.5	1	0	0	0	1
522	3	12	1	1	0	0	2	1.5	4	0	1	0	5
523	0	1	3	1	0	0	4	2.5	2	0	0	0	2
524	2	8	6	4	0	0	10	7.0	1	1	3	1	6
525	1	5	2	1	0	0	3	2.0	2	1	0	0	3
526	1	5	5	2	0	0	7	4.5	2	0	1	1	4
527	0	0	2	0	0	0	2	1.0	0	0	0	0	0
528	2	6	0	1	1	0	2	2.5	3	0	1	1	5
529	2	5	1	3	0	0	4	3.5	3	1	2	1	7
530	2	6	1	6	0	0	7	6.5	2	0	0	1	3
531	1	5	2	0	0	0	2	1.0	2	1	1	1	5
532	1	4	6	2	0	0	8	5.0	2	1	2	0	5
533	2	5	2	4	0	0	6	5.0	1	2	0	1	4
534	0	7	4	1	0	0	5	3.0	1	1	1	0	3
535	0	2	3	0	0	0	3	1.5	0	0	0	0	0
536	0	3	1	0	0	0	1	0.5	2	0	0	0	2
537	0	4	1	2	1	0	4	4.0	1	0	0	1	2
538	3	8	0	3	0	Cn	3	3.0	0	0	0	0	0
539	2	3	3	4	0	0	7	5.5	2	0	0	0	2
540	0	3	3	0	0	0	3	1.5	2	2	0	1	5
541	0	1	2	1	0	0	3	2.0	2	0	0	0	2
542	1	3	0	1	0	0	1	1.0	0	0	0	0	0
543	2	2	1	0	0	0	1	0.5	1	0	1	0	2
544	1	2	3	1	0	0	4	2.5	0	0	0	0	0
545	2	5	1	3	0	0	4	3.5	1	1	0	0	2
546	0	5	2	0	0	0	2	1.0	0	3	0	0	3
547	1	4	0	1	0	0	1	1.0	3	0	0	0	3
548	1	4	0	0	0	0	0	0.0	0	1	0	1	2
549	0	1	4	2	0	0	6	4.0	0	0	1	0	1
550	0	1	0	1	0	0	1	1.0	2	0	0	1	3

168 ロールシャッハ・テスト統計集

表7－3 健常成人のロールシャッハ統計値（TTNRD）（つづき）

ID	m	FM+m	FC	CF	C	Cn	SumColor	WSumC	SumC'	SumT	SumV	SumY	SumShd
551	1	5	1	2	0	0	3	2.5	0	0	0	1	1
552	0	3	1	0	0	0	1	0.5	0	1	0	1	2
553	1	3	1	0	0	0	1	0.5	0	0	0	2	2
554	0	5	3	1	0	0	4	2.5	0	0	0	3	3
555	2	5	2	2	0	0	4	3.0	1	0	0	1	2
556	3	4	4	5	0	0	9	7.0	2	1	1	3	7
557	2	5	3	0	0	0	3	1.5	1	2	2	1	6
558	0	5	3	0	0	0	3	1.5	1	0	0	0	1
559	1	5	1	5	0	0	6	5.5	0	2	0	0	2
560	0	5	0	0	0	0	0	0.0	1	0	0	1	2
561	1	3	1	2	0	0	3	2.5	3	1	2	2	8
562	1	6	1	2	0	0	3	2.5	1	1	0	0	2
563	0	5	0	1	0	0	1	1.0	1	0	1	2	4
564	0	7	3	1	0	0	4	2.5	1	1	0	3	5
565	0	2	2	1	0	0	3	2.0	1	0	0	0	1
566	1	5	5	4	0	0	9	6.5	1	2	0	0	3
567	2	8	4	2	0	0	6	4.0	1	1	1	1	4
568	1	9	1	1	0	0	2	1.5	4	0	1	1	6
569	1	3	2	2	0	0	4	3.0	1	1	0	0	2
570	0	4	4	2	0	0	6	4.0	3	0	0	2	5
571	1	2	3	1	0	0	4	2.5	2	0	0	1	3
572	3	7	1	1	1	0	3	3.0	1	0	1	1	3
573	0	3	0	0	1	0	1	1.5	1	0	0	0	1
574	4	6	2	3	0	0	5	4.0	0	1	1	1	3
575	0	4	2	0	0	0	2	1.0	1	0	0	0	1
576	1	1	0	1	0	0	1	1.0	0	0	0	0	0
577	2	3	0	2	0	0	2	2.0	0	1	0	0	1
578	3	3	1	3	0	0	4	3.5	1	0	0	0	1
579	3	4	3	5	0	0	8	6.5	1	0	0	0	1
580	2	4	1	3	0	0	4	3.5	0	1	0	0	1
581	3	8	0	3	0	0	3	3.0	3	1	0	0	4
582	1	3	1	3	0	0	4	3.5	5	0	0	1	6
583	1	3	1	1	1	0	3	3.0	3	0	0	0	3
584	0	1	0	0	0	0	0	0.0	0	1	0	0	1
585	0	5	2	2	0	0	4	3.0	0	0	0	0	0
586	1	4	1	3	0	0	4	3.5	5	0	0	0	5
587	1	1	4	2	0	0	6	4.0	4	0	0	0	4
588	2	8	4	3	1	0	8	6.5	0	4	0	0	4
589	3	7	4	1	0	0	5	3.0	4	2	0	1	7
590	1	7	1	1	0	0	2	1.5	1	1	0	1	3
591	2	7	0	1	0	0	1	1.0	2	0	1	3	6
592	0	3	0	3	0	0	3	3.0	2	1	0	0	3
593	0	3	2	2	0	0	4	3.0	1	0	0	0	1
594	0	4	0	2	0	0	2	2.0	0	0	0	0	0
595	1	1	1	1	0	0	2	1.5	1	0	0	1	2
596	2	6	5	2	0	0	7	4.5	3	1	1	0	5
597	1	4	0	1	0	0	1	1.0	1	0	0	1	2
598	1	5	1	1	0	0	2	1.5	2	1	0	0	3
599	1	1	0	1	0	0	1	1.0	1	0	0	0	1
600	0	4	3	2	0	0	5	3.5	0	0	0	0	0

第6章 健常成人のロールシャッハ統計値 169

表7−3 健常成人のロールシャッハ統計値（TTNRD）（つづき）

ID	m	FM+m	FC	CF	C	Cn	SumColor	WSumC	SumC'	SumT	SumV	SumY	SumShd
601	0	6	0	0	0	0	0	0.0	1	0	0	1	2
602	1	6	6	1	0	0	7	4.0	3	1	1	0	5
603	2	8	3	2	0	0	5	3.5	3	0	0	1	4
604	0	5	2	1	0	0	3	2.0	1	0	0	0	1
605	2	6	4	1	0	0	5	3.0	1	1	0	1	3
606	1	1	2	1	0	0	3	2.0	5	2	0	2	9
607	2	6	1	2	1	0	4	4.0	4	1	0	2	7
608	0	4	1	2	0	0	3	2.5	1	1	0	0	2
609	0	2	2	3	1	0	6	5.5	1	0	1	0	2
610	1	3	1	2	0	0	3	2.5	1	0	0	1	2
611	1	3	1	1	0	0	2	1.5	1	2	1	0	4
612	3	5	2	3	0	0	5	4.0	3	0	0	0	3
613	0	11	3	0	0	0	3	1.5	3	1	0	1	5
614	3	7	0	2	0	0	2	2.0	1	0	0	0	1
615	0	3	4	2	1	0	7	5.5	4	0	0	0	4
616	0	5	0	0	0	0	0	0.0	3	0	0	0	3
617	0	4	0	4	0	0	4	4.0	0	1	0	1	2
618	2	4	2	4	0	0	6	5.0	5	0	1	1	7
619	0	4	3	1	0	0	4	2.5	1	2	0	1	4
620	0	4	3	3	0	0	6	4.5	1	0	0	0	1
621	2	7	5	2	1	0	8	6.0	5	2	1	0	8
622	1	1	2	3	0	0	5	4.0	5	0	0	2	7
623	2	10	8	2	0	0	10	6.0	8	1	0	0	9
624	0	6	2	2	0	0	4	3.0	1	0	0	0	1
625	3	9	1	3	0	0	4	3.5	2	1	1	0	4
626	2	7	2	5	0	0	7	6.0	2	4	1	2	9
627	2	5	0	1	3	0	4	5.5	1	2	0	0	3
628	0	1	0	0	0	0	0	0.0	0	1	0	1	2
629	1	7	2	1	0	0	3	2.0	0	0	0	2	2
630	0	6	0	0	0	0	0	0.0	3	0	1	0	4
631	1	4	0	2	0	0	2	2.0	2	1	0	0	3
632	2	7	3	3	0	0	6	4.5	0	1	2	0	3
633	0	4	3	0	0	0	3	1.5	0	0	1	0	1
634	1	6	3	2	0	0	5	3.5	4	1	1	4	10
635	1	5	2	2	0	0	4	3.0	0	0	1	1	2
636	2	8	1	4	0	0	5	4.5	0	0	0	0	0
637	0	3	0	0	0	0	0	0.0	8	1	1	1	11
638	0	6	2	2	0	0	4	3.0	1	0	0	1	2
639	0	11	0	3	0	0	3	3.0	3	0	0	0	3
640	1	7	2	2	0	0	4	3.0	2	2	0	0	4
641	0	3	1	2	0	0	3	2.5	2	2	0	1	5
642	1	5	1	2	0	0	3	2.5	4	0	0	1	5
643	0	1	2	2	0	0	4	3.0	2	0	0	1	3
644	0	2	4	0	0	0	4	2.0	4	1	0	0	5
645	0	1	3	1	0	0	4	2.5	2	1	1	0	4
646	2	6	1	3	0	0	4	3.5	2	2	2	0	6
647	3	7	3	3	0	0	6	4.5	3	3	3	2	11
648	1	3	2	2	0	0	4	3.0	3	2	1	0	6
649	0	4	4	4	0	0	8	6.0	1	1	1	2	5
650	0	8	0	0	0	0	0	0.0	0	0	0	0	0

表7-3 健常成人のロールシャッハ統計値（TTNRD）（つづき）

ID	m	FM+m	FC	CF	C	Cn	SumColor	WSumC	SumC'	SumT	SumV	SumY	SumShd
651	0	6	3	1	0	0	4	2.5	2	0	0	1	3
652	2	4	6	3	0	0	9	6.0	2	2	0	2	6
653	1	6	3	3	0	0	6	4.5	1	0	0	0	1
654	3	5	1	2	0	0	3	2.5	0	1	1	3	5
655	0	6	2	3	0	0	5	4.0	3	0	0	1	4
656	1	3	0	3	0	0	3	3.0	1	0	0	0	1
657	0	1	4	0	0	0	4	2.0	0	0	0	0	0
658	0	4	0	1	0	0	1	1.0	0	2	0	1	3
659	2	3	2	2	0	0	4	3.0	2	3	0	1	6
660	0	2	2	1	0	0	3	2.0	1	2	0	0	3
661	0	2	8	1	0	0	9	5.0	0	0	0	0	0
662	2	2	0	5	1	0	6	6.5	1	0	1	0	2
663	0	4	3	2	0	0	5	3.5	0	0	0	0	0
664	1	5	3	6	0	0	9	7.5	1	2	0	1	4
665	1	4	2	2	1	0	5	4.5	2	0	1	0	3
666	0	3	2	2	0	0	4	3.0	0	1	0	0	1
667	0	2	2	2	0	0	4	3.0	2	1	0	1	4
668	2	4	0	3	0	0	3	3.0	1	1	2	0	4
669	1	7	0	2	1	0	3	3.5	0	0	0	0	0
670	0	4	2	1	0	0	3	2.0	1	1	0	2	4
671	1	4	0	2	1	0	3	3.5	2	0	1	1	4
672	2	2	2	2	0	0	4	3.0	5	2	1	0	8
673	1	4	1	2	0	0	3	2.5	0	1	0	0	1
674	3	8	3	2	0	0	5	3.5	2	0	2	2	6
675	2	4	1	3	0	0	4	3.5	1	1	0	0	2
676	0	6	2	0	0	0	2	1.0	0	0	0	0	0
677	0	3	0	1	1	0	2	2.5	0	0	0	0	0
678	1	4	0	2	0	0	2	2.0	1	2	0	0	3
679	1	2	3	3	0	0	6	4.5	0	0	0	0	0
680	1	3	4	0	0	0	4	2.0	0	0	0	1	1
681	0	1	1	0	0	0	1	0.5	1	1	0	0	2
682	2	8	4	5	2	0	11	10.0	0	2	3	1	6
683	0	4	3	5	0	0	8	6.5	1	1	1	2	5
684	1	3	3	1	1	0	5	4.0	0	1	0	0	1
685	0	2	2	2	0	0	4	3.0	2	2	0	0	4
686	0	4	2	1	0	0	3	2.0	2	0	0	0	2
687	0	1	3	2	0	0	5	3.5	2	0	0	0	2
688	1	7	2	3	1	0	6	5.5	2	2	0	0	4
689	0	3	2	2	0	0	4	3.0	0	4	0	0	4
690	0	5	3	2	0	0	5	3.5	0	0	0	0	0
691	0	2	3	1	0	0	4	2.5	1	0	0	1	2
692	2	6	4	3	0	0	7	5.0	0	1	1	0	2
693	4	13	0	5	0	0	5	5.0	0	0	0	0	0
694	0	2	1	2	1	0	4	4.0	0	0	0	0	0
695	0	0	1	3	0	0	4	3.5	0	0	0	0	0
696	0	2	2	1	0	0	3	2.0	1	0	0	0	1
697	0	3	4	2	0	0	6	4.0	2	0	0	0	2
698	2	6	5	3	0	0	8	5.5	2	2	1	0	5
699	2	7	1	3	0	0	4	3.5	3	1	0	0	4
700	0	2	1	5	0	0	6	5.5	1	0	2	1	4

表7−4　健常成人のロールシャッハ統計値（TTNRD）

ID	Fr+rF	FD	F	(2)	3r+(2)/R	Lambda	EA	es	Adjes	D	AdjD	active	passive	Ma
101	0	0	10	5	0.22	0.77	5.0	11	11	-2	-2	3	5	2
102	0	0	12	3	0.11	0.75	9.5	9	7	0	0	10	1	4
103	0	1	6	8	0.32	0.32	5.5	17	17	-4	-4	12	5	1
104	0	0	7	4	0.16	0.39	8.0	13	9	-1	0	10	4	6
105	0	1	4	4	0.27	0.36	10.0	5	5	1	1	8	0	5
106	0	0	12	2	0.07	0.80	5.5	9	9	-1	-1	5	2	0
107	0	0	12	3	0.09	0.60	6.5	15	12	-3	-2	11	2	2
108	1	0	16	10	0.42	1.07	4.0	11	7	-2	-1	4	3	1
109	2	0	6	5	0.61	0.50	4.5	9	9	-1	-1	4	5	0
110	0	4	7	8	0.32	0.39	6.0	14	14	-3	-3	4	6	0
111	0	2	17	10	0.30	1.06	5.5	9	9	-1	-1	4	7	1
112	3	1	5	1	0.36	0.22	6.5	22	19	-6	-4	11	5	3
113	0	1	14	6	0.20	0.88	10.0	13	10	-1	0	10	1	4
114	0	1	11	9	0.32	0.65	9.0	7	5	0	1	10	1	5
115	0	0	25	3	0.09	2.78	7.5	2	2	2	2	3	2	2
116	0	0	14	9	0.30	0.88	9.5	7	7	0	0	6	6	2
117	0	1	21	2	0.06	1.91	4.0	6	5	0	0	4	1	2
118	0	0	16	5	0.13	0.70	9.5	15	13	-2	-1	8	3	2
119	1	0	12	2	0.20	0.92	7.0	6	6	0	0	5	0	3
120	1	1	3	6	0.43	0.17	9.5	12	10	0	0	12	3	5
121	0	0	17	1	0.04	2.13	2.5	8	8	-2	-2	4	3	1
122	1	0	6	8	0.38	0.26	11.5	13	10	0	0	9	9	3
123	0	1	8	9	0.41	0.57	10.0	8	8	0	0	9	2	5
124	0	0	8	8	0.47	0.89	10.0	3	3	2	2	4	5	2
125	0	0	10	3	0.14	0.83	4.5	8	8	-1	-1	3	2	0
126	0	3	14	8	0.36	1.75	7.0	1	1	2	2	4	3	3
127	0	2	6	8	0.44	0.50	8.5	5	5	1	1	5	4	4
128	0	0	12	8	0.42	1.71	2.0	5	5	-1	-1	0	6	0
129	0	1	10	1	0.06	1.25	3.0	3	3	0	0	0	2	0
130	0	0	10	3	0.19	1.67	0.0	6	6	-2	-2	3	3	0
131	0	2	13	2	0.10	1.86	2.5	5	3	0	0	3	1	0
132	0	0	8	3	0.16	0.73	5.0	7	7	0	0	2	6	0
133	0	1	13	7	0.29	1.18	9.5	4	4	2	2	5	4	2
134	0	2	6	4	0.20	0.43	6.0	7	5	0	0	4	5	0
135	0	3	14	2	0.08	1.27	6.0	6	5	0	0	4	0	2
136	0	1	22	9	0.23	1.22	9.0	9	8	0	0	3	5	3
137	0	0	10	6	0.33	1.25	5.0	6	5	0	0	5	3	1
138	0	1	19	6	0.21	1.90	7.5	4	4	1	1	4	3	4
139	0	0	6	2	0.14	0.75	2.5	4	4	0	0	1	1	0
140	0	0	9	8	0.36	0.69	11.0	5	5	2	2	4	4	2
141	1	1	8	5	0.38	0.62	8.0	6	6	0	0	3	6	1
142	0	0	9	0	0.00	1.80	2.0	4	4	0	0	3	1	0
143	0	0	13	2	0.10	1.86	0.5	6	6	-2	-2	4	1	0
144	0	0	15	8	0.32	1.50	2.5	8	7	-2	-1	3	5	1
145	2	1	19	4	0.29	1.19	8.0	10	9	0	0	9	2	4
146	2	0	10	5	0.42	0.63	4.5	11	11	-2	-2	5	2	1
147	0	2	16	9	0.33	1.45	4.5	5	5	0	0	6	2	2
148	0	1	16	12	0.31	0.70	12.5	12	11	0	0	8	8	4
149	0	2	10	7	0.35	1.00	6.0	3	3	1	1	2	5	1
150	0	1	3	8	0.36	0.16	13.0	14	14	0	0	8	9	5

172　ロールシャッハ・テスト統計集

表7－4　健常成人のロールシャッハ統計値（TTNRD）（つづき）

ID	Fr+rF	FD	F	(2)	3r+(2)/R	Lambda	EA	es	Adjes	D	AdjD	active	passive	Ma
151	0	0	18	6	0.18	1.13	8.5	9	8	0	0	4	6	2
152	0	0	17	4	0.15	1.70	5.0	7	7	0	0	4	4	0
153	0	1	10	5	0.29	1.43	5.5	4	4	0	0	1	4	1
154	0	1	8	4	0.27	1.14	3.0	5	5	0	0	2	3	0
155	0	1	8	8	0.57	1.33	5.5	0	0	2	2	1	4	1
156	0	0	14	5	0.16	0.82	11.0	9	5	0	2	6	4	0
157	0	0	12	6	0.25	1.00	6.5	7	7	0	0	3	8	2
158	0	2	5	5	0.26	0.36	9.0	7	7	0	0	3	6	1
159	0	1	3	13	0.59	0.16	13.5	16	13	0	0	15	6	7
160	0	1	14	4	0.18	1.75	6.5	2	2	1	1	2	3	0
161	0	0	10	2	0.14	2.50	4.5	0	0	1	1	2	1	2
162	0	0	9	5	0.33	1.50	2.5	5	4	0	0	4	0	1
163	0	0	6	6	0.40	0.67	5.0	7	7	0	0	4	5	1
164	0	0	12	4	0.21	1.71	5.0	2	2	1	1	3	2	2
165	0	1	5	5	0.36	0.56	7.0	4	4	1	1	1	4	0
166	0	0	13	9	0.31	0.81	10.0	8	8	0	0	5	6	4
167	0	1	11	7	0.28	0.79	4.5	8	8	-1	-1	5	5	1
168	0	0	11	6	0.32	1.38	6.0	2	2	1	1	3	5	3
169	0	1	10	14	0.38	0.37	23.0	10	10	5	5	10	11	4
170	2	0	8	1	0.50	1.33	4.0	3	3	0	0	2	3	0
171	0	1	6	5	0.31	0.60	4.5	5	5	0	0	3	4	0
172	0	0	9	5	0.36	1.80	3.0	2	2	0	0	0	3	0
173	0	0	18	5	0.15	1.13	6.5	11	9	-1	0	1	6	0
174	0	0	11	4	0.22	1.57	4.0	2	2	0	0	0	3	0
175	0	1	11	4	0.22	1.57	1.0	5	5	-1	-1	1	1	0
176	0	0	12	8	0.31	0.86	7.0	9	7	0	0	7	5	3
177	0	1	4	5	0.28	0.29	9.0	5	5	1	1	3	6	1
178	0	0	6	4	0.24	0.55	3.0	9	9	-2	-2	3	3	0
179	0	1	7	4	0.25	0.78	7.5	2	2	2	2	3	2	3
180	1	2	3	10	0.59	0.16	8.5	12	12	-1	-1	12	5	4
181	0	0	7	0	0.00	1.00	2.5	3	3	0	0	1	1	0
182	0	1	9	8	0.26	0.41	9.0	15	15	-2	-2	10	4	3
183	1	0	10	5	0.53	2.00	3.0	1	1	0	0	2	1	1
184	0	1	7	6	0.29	0.50	6.0	12	12	-2	-2	10	2	5
185	0	0	17	3	0.12	1.89	3.5	6	6	0	0	2	5	0
186	0	1	11	7	0.32	1.00	7.0	4	4	1	1	4	1	3
187	0	0	12	16	0.48	0.57	9.5	18	18	-3	-3	11	5	3
188	2	3	6	9	0.68	0.38	12.5	7	6	2	2	5	9	4
189	0	1	7	4	0.17	0.41	8.0	13	12	-1	-1	3	9	0
190	0	0	20	2	0.06	1.54	6.5	5	5	0	0	0	4	0
191	0	1	8	5	0.25	0.67	6.0	5	5	0	0	4	3	3
192	0	0	12	6	0.30	1.50	6.0	2	2	1	1	4	3	3
193	0	1	9	0	0.00	0.90	5.5	5	5	0	0	3	1	2
194	0	0	11	7	0.41	1.83	1.5	4	4	0	0	1	3	0
195	0	0	9	5	0.29	1.13	2.0	5	5	-1	-1	1	3	0
196	0	1	4	4	0.22	0.29	4.5	9	7	-1	0	7	2	2
197	3	0	15	13	0.81	1.25	6.0	9	8	-1	0	3	7	1
198	0	1	11	2	0.11	1.57	4.5	2	2	0	0	0	2	0
199	0	0	8	2	0.09	0.57	4.0	10	7	-2	-1	2	1	1
200	2	2	5	6	0.55	0.29	13.0	9	9	1	1	7	5	4

第6章　健常成人のロールシャッハ統計値　173

表7－4　健常成人のロールシャッハ統計値（TTNRD）（つづき）

ID	Fr+rF	FD	F	(2)	3r+(2)/R	Lambda	EA	es	Adjes	D	AdjD	active	passive	Ma
201	1	1	12	4	0.35	1.50	3.5	6	6	0	0	3	2	1
202	0	1	6	5	0.29	0.55	2.0	10	10	-3	-3	4	1	0
203	0	0	9	1	0.05	0.90	4.5	9	7	-1	0	7	1	1
204	0	0	14	10	0.38	1.17	6.0	7	7	0	0	4	3	1
205	0	1	12	6	0.21	0.75	9.5	14	10	-1	0	8	4	4
206	0	0	3	5	0.33	0.25	6.0	7	6	0	0	8	1	3
207	0	1	16	19	0.43	0.57	8.0	22	19	-5	-4	5	14	1
208	2	0	8	9	0.68	0.57	7.0	12	12	-1	-1	8	5	1
209	0	1	7	9	0.56	0.78	6.0	3	3	1	1	4	3	3
210	0	2	7	4	0.25	0.78	5.5	7	6	0	0	5	2	1
211	0	0	6	7	0.50	0.75	1.0	12	11	-4	-3	4	3	1
212	1	0	8	7	0.48	0.62	9.5	6	6	1	1	6	5	3
213	0	0	6	3	0.20	0.67	5.0	7	7	0	0	2	3	0
214	0	2	9	8	0.31	0.53	9.5	14	11	-1	0	10	4	3
215	0	1	9	3	0.19	1.29	3.0	4	4	0	0	4	3	1
216	0	2	6	3	0.15	0.43	5.5	11	11	-2	-2	7	3	1
217	0	1	13	10	0.37	0.93	5.5	14	13	-3	-2	6	5	2
218	0	0	6	3	0.13	0.35	9.5	9	9	0	0	5	4	2
219	0	2	8	6	0.32	0.73	6.5	3	3	1	1	5	1	5
220	0	1	6	7	0.41	0.55	5.5	8	8	0	0	7	1	2
221	0	1	7	7	0.29	0.41	9.0	8	8	0	0	8	3	4
222	0	2	8	3	0.16	0.73	10.0	3	3	2	2	5	3	4
223	0	0	21	6	0.14	0.95	16.5	12	8	1	3	17	2	9
224	0	1	12	6	0.18	0.57	12.5	11	10	0	0	10	4	3
225	0	1	7	7	0.30	0.44	10.0	5	5	1	1	4	5	3
226	0	0	23	14	0.41	2.09	4.0	8	6	-1	0	3	4	2
227	1	0	13	5	0.24	0.62	9.5	13	13	-1	-1	6	6	3
228	0	0	2	9	0.56	0.14	10.5	7	6	1	1	6	6	5
229	0	0	5	7	0.30	0.28	11.5	15	13	-1	0	10	5	4
230	0	0	8	9	0.41	0.57	5.0	9	9	-1	-1	5	4	3
231	0	0	12	5	0.16	0.60	8.5	12	10	-1	0	7	5	0
232	0	0	4	3	0.19	0.33	5.0	13	13	-3	-3	3	5	0
233	0	0	6	8	0.27	0.25	9.5	18	14	-3	-1	12	5	3
234	0	1	4	5	0.28	0.29	11.5	5	5	2	2	6	3	4
235	0	0	4	7	0.37	0.27	8.5	5	5	1	1	5	2	3
236	0	0	8	5	0.29	0.89	3.5	9	9	-2	-2	2	4	0
237	0	0	2	7	0.50	0.17	10.5	7	7	1	1	7	1	5
238	0	0	12	5	0.15	0.55	8.5	16	12	-2	-1	7	3	2
239	0	0	10	9	0.26	0.42	6.0	20	19	-5	-5	10	5	3
240	0	2	10	10	0.40	0.67	7.0	7	7	0	0	2	8	0
241	0	2	6	4	0.21	0.46	10.5	6	5	1	2	5	3	3
242	0	0	14	6	0.26	1.56	4.0	5	3	0	0	6	0	2
243	0	0	9	3	0.18	1.13	3.0	7	5	-1	0	5	1	1
244	0	0	11	3	0.14	1.10	4.5	6	6	0	0	5	2	2
245	0	0	12	7	0.30	1.09	5.5	7	7	0	0	5	4	1
246	0	1	7	1	0.07	0.88	4.5	5	5	0	0	3	1	0
247	1	0	5	3	0.38	0.45	4.5	7	7	0	0	1	6	1
248	0	0	15	0	0.00	3.00	1.5	3	3	0	0	1	3	0
249	0	0	10	6	0.40	2.00	3.0	2	2	0	0	0	2	0
250	3	1	9	4	0.52	0.56	8.5	6	6	0	0	3	6	1

174 ロールシャッハ・テスト統計集

表7－4 健常成人のロールシャッハ統計値（TTNRD）（つづき）

ID	Fr+rF	FD	F	(2)	3r+(2)/R	Lambda	EA	es	Adjes	D	AdjD	active	passive	Ma
251	0	1	12	5	0.20	0.92	4.5	12	7	-2	0	7	4	2
252	0	2	16	6	0.18	0.89	9.5	10	7	0	0	3	3	0
253	0	0	7	6	0.33	0.64	5.5	6	5	0	0	6	2	2
254	0	0	11	5	0.29	1.83	2.5	4	4	0	0	3	1	1
255	0	1	10	5	0.22	0.77	6.5	8	6	0	0	8	3	3
256	0	0	17	4	0.12	1.00	7.5	8	8	0	0	9	3	3
257	0	0	2	5	0.31	0.14	6.5	13	13	-2	-2	7	3	3
258	0	0	17	4	0.18	3.40	3.0	2	2	0	0	0	1	0
259	1	0	19	5	0.24	1.36	13.0	4	4	3	3	4	2	2
260	0	2	11	6	0.25	0.85	8.0	6	6	0	0	7	3	3
261	0	1	19	15	0.38	0.95	14.0	8	7	2	2	11	3	7
262	2	2	26	5	0.22	1.04	12.0	12	11	0	0	13	3	3
263	0	0	6	5	0.22	0.35	4.5	19	13	-5	-3	6	7	0
264	0	4	13	9	0.29	0.72	6.0	12	11	-2	-1	8	6	3
265	0	1	16	14	0.54	1.60	7.0	4	4	1	1	6	3	3
266	0	0	11	6	0.22	0.69	8.5	8	7	0	0	7	3	2
267	0	0	13	5	0.24	1.63	4.5	5	4	0	0	2	1	0
268	0	0	11	2	0.08	0.85	9.0	9	9	0	0	5	5	3
269	0	0	26	12	0.43	13.00	1.0	2	2	0	0	1	1	0
270	1	0	16	7	0.31	1.00	10.5	4	4	2	2	5	4	4
271	1	0	6	6	0.50	0.50	7.0	6	5	0	0	4	3	2
272	0	2	17	12	0.28	0.65	18.0	14	12	1	2	6	9	1
273	1	2	9	8	0.35	0.41	13.5	9	7	1	2	9	8	6
274	1	1	10	12	0.48	0.48	14.5	4	4	4	4	6	4	6
275	0	1	10	3	0.16	1.11	6.5	2	2	1	1	3	2	2
276	0	0	6	0	0.00	0.60	4.5	5	5	0	0	2	1	1
277	0	0	17	7	0.24	1.42	5.0	9	7	-1	0	3	6	0
278	0	0	9	7	0.32	0.69	6.5	8	8	0	0	4	7	1
279	0	1	12	5	0.20	0.92	9.5	5	3	1	2	6	2	3
280	0	1	10	6	0.27	0.83	7.5	4	3	1	1	4	0	1
281	0	1	25	16	0.38	1.47	11.0	6	5	1	2	9	1	5
282	0	2	17	9	0.26	1.00	10.0	9	9	0	0	8	4	4
283	0	0	17	13	0.50	1.89	5.5	6	5	0	0	4	3	1
284	0	1	15	8	0.26	0.94	6.0	9	9	-1	-1	7	2	3
285	0	0	12	5	0.18	0.75	11.5	5	5	2	2	9	2	7
286	0	2	18	13	0.41	1.29	9.5	4	4	2	2	8	4	5
287	0	1	12	13	0.46	0.75	7.5	8	8	0	0	6	4	3
288	0	2	13	7	0.25	0.87	11.5	5	5	2	2	4	3	2
289	0	1	19	12	0.43	2.11	9.0	0	0	3	3	3	0	3
290	1	0	19	4	0.26	2.38	7.5	2	2	2	2	3	3	3
291	0	0	18	9	0.38	3.00	4.5	2	2	0	0	3	2	2
292	0	2	15	1	0.05	3.00	2.5	1	1	0	0	1	0	1
293	0	0	8	10	0.43	0.53	7.5	8	8	0	0	5	6	2
294	0	1	17	16	0.38	0.68	14.0	16	15	0	0	14	7	5
295	0	0	14	6	0.21	0.93	8.0	9	9	0	0	4	4	1
296	0	1	17	5	0.14	0.85	13.5	11	10	0	1	7	1	4
297	0	1	23	14	0.36	1.44	5.5	9	9	-1	-1	4	8	1
298	0	0	9	13	0.48	0.50	15.5	10	8	2	2	4	11	1
299	0	0	12	3	0.14	1.33	6.5	5	3	0	1	4	2	3
300	0	0	14	7	0.23	0.82	9.0	10	8	0	0	9	0	2

第6章　健常成人のロールシャッハ統計値　175

表7－4　健常成人のロールシャッハ統計値（TTNRD）（つづき）

ID	Fr+rF	FD	F	(2)	3r+(2)/R	Lambda	EA	es	Adjes	D	AdjD	active	passive	Ma
501	0	0	3	3	0.20	0.25	5.5	12	12	-2	-2	6	2	2
502	0	0	11	10	0.40	0.79	3.0	14	14	-4	-4	6	6	2
503	0	0	10	8	0.35	0.77	4.5	10	10	-2	-2	7	6	2
504	1	0	10	5	0.25	0.45	8.5	19	12	-4	-1	7	8	3
505	0	0	12	1	0.04	0.92	3.5	9	9	-2	-2	6	6	1
506	0	1	21	1	0.03	2.33	4.0	5	5	0	0	3	2	1
507	0	0	16	4	0.12	0.94	10.5	8	8	0	0	10	5	7
508	0	1	15	13	0.45	1.07	6.0	9	9	-1	-1	3	6	0
509	0	2	14	7	0.26	1.08	5.0	7	6	0	0	3	4	1
510	0	1	13	5	0.16	0.72	8.0	13	10	-1	0	6	8	2
511	0	0	10	6	0.30	1.00	3.0	6	6	-1	-1	4	1	2
512	0	0	5	11	0.39	0.22	11.5	12	9	0	0	8	6	3
513	0	0	4	2	0.13	0.36	7.0	8	6	0	0	4	2	0
514	0	0	12	4	0.17	1.09	4.5	9	7	-1	0	6	2	1
515	0	0	14	2	0.08	1.27	5.0	9	8	-1	-1	5	3	1
516	0	0	6	3	0.15	0.43	6.0	9	8	-1	0	2	4	1
517	1	0	14	4	0.33	2.00	5.0	2	2	1	1	2	4	0
518	1	1	11	8	0.32	0.48	17.0	7	6	3	4	10	6	7
519	1	0	22	4	0.23	2.44	5.5	2	2	1	1	1	4	0
520	0	1	11	9	0.31	0.61	9.0	10	10	0	0	5	8	3
521	0	0	13	5	0.21	1.18	6.5	8	6	0	0	8	1	2
522	0	0	28	21	0.47	1.65	4.5	17	15	-4	-4	4	11	1
523	0	0	19	8	0.28	1.90	5.5	3	3	0	0	2	2	1
524	0	1	17	8	0.19	0.65	14.0	14	13	0	0	5	10	3
525	0	1	15	8	0.28	1.07	8.0	8	8	0	0	6	5	1
526	0	0	13	6	0.23	1.00	6.5	9	9	0	0	7	0	2
527	0	0	28	11	0.32	4.67	5.0	0	0	1	1	2	2	2
528	1	0	3	7	0.59	0.21	10.5	11	10	0	0	9	5	6
529	0	0	14	9	0.31	0.93	5.5	12	11	-2	-2	2	5	0
530	0	0	11	5	0.18	0.65	10.5	9	8	0	0	9	1	4
531	2	1	13	9	0.50	0.76	8.0	10	10	0	0	8	4	5
532	1	1	9	8	0.38	0.45	12.0	9	9	1	1	6	5	3
533	0	1	10	11	0.35	0.48	13.0	9	8	1	1	11	2	8
534	1	1	4	3	0.32	0.27	7.0	10	10	-1	-1	3	8	1
535	0	2	9	7	0.35	0.82	8.5	2	2	2	2	2	7	2
536	0	1	15	2	0.08	1.67	2.5	5	5	0	0	3	2	1
537	0	0	6	8	0.42	0.46	12.0	6	6	2	2	5	7	3
538	0	1	4	9	0.43	0.24	11.0	8	6	1	1	7	9	3
539	0	0	11	4	0.19	1.10	9.5	5	4	1	2	4	3	1
540	0	2	4	6	0.33	0.29	10.5	8	8	0	0	6	6	5
541	0	1	8	9	0.50	0.80	7.0	3	3	1	1	2	4	2
542	0	0	13	4	0.24	3.25	2.0	3	3	0	0	3	1	1
543	0	1	5	7	0.47	0.50	9.5	4	3	2	2	4	7	4
544	0	0	9	4	0.24	1.13	4.5	2	2	0	0	0	4	0
545	0	1	3	5	0.36	0.27	7.5	7	6	0	0	7	2	3
546	1	1	3	11	0.93	0.25	5.0	8	8	-1	-1	6	3	2
547	1	1	5	4	0.44	0.45	6.0	7	7	0	0	4	5	2
548	0	1	9	8	0.38	0.75	6.0	6	6	0	0	3	7	2
549	0	1	7	9	0.47	0.58	8.0	2	2	2	2	0	5	0
550	2	3	15	2	0.33	1.67	5.0	4	4	0	0	3	2	2

176 ロールシャッハ・テスト統計集

表7－4 健常成人のロールシャッハ統計値（TTNRD）（つづき）

ID	Fr+rF	FD	F	(2)	3r+(2)/R	Lambda	EA	es	Adjes	D	AdjD	active	passive	Ma
551	0	1	7	5	0.26	0.58	8.5	6	6	0	0	9	2	4
552	0	0	5	5	0.33	0.50	4.5	5	5	0	0	5	2	2
553	0	0	14	9	0.33	1.08	8.5	5	4	1	1	8	3	6
554	0	1	4	5	0.25	0.25	10.5	8	6	0	1	6	7	3
555	0	1	11	5	0.21	0.85	7.0	7	6	0	0	4	5	2
556	1	1	13	13	0.48	0.65	17.0	11	7	2	3	8	6	6
557	1	0	5	5	0.40	0.33	8.5	11	10	0	0	8	4	5
558	0	1	5	4	0.27	0.50	2.5	6	6	-1	-1	4	2	0
559	0	0	3	4	0.27	0.25	8.5	7	7	0	0	6	2	2
560	0	0	11	7	0.35	1.22	2.0	7	7	-1	-1	3	4	1
561	0	2	7	3	0.14	0.50	6.5	11	10	-1	-1	5	2	4
562	0	0	7	10	0.43	0.44	10.5	8	8	0	0	9	5	4
563	0	0	5	7	0.39	0.38	6.0	9	8	-1	0	9	1	4
564	0	1	13	11	0.35	0.72	4.5	12	10	-2	-2	4	5	1
565	0	1	14	9	0.36	1.27	6.0	3	3	1	1	1	5	1
566	0	1	10	6	0.20	0.50	10.5	8	8	0	0	3	6	1
567	0	3	3	9	0.43	0.17	10.0	12	11	0	0	9	5	4
568	0	0	4	1	0.06	0.31	1.5	15	15	-5	-5	8	1	0
569	0	1	12	5	0.26	1.71	5.0	5	5	0	0	1	4	0
570	0	0	3	3	0.20	0.25	7.0	9	8	0	0	3	4	2
571	0	1	8	6	0.33	0.80	7.5	5	5	0	0	4	3	2
572	0	1	5	4	0.19	0.31	11.0	10	8	0	1	6	9	4
573	0	1	13	3	0.17	2.60	1.5	4	4	0	0	2	1	0
574	1	0	18	5	0.24	1.20	11.0	9	6	0	1	5	8	3
575	0	1	17	9	0.32	1.55	4.0	5	5	0	0	5	2	2
576	0	0	9	3	0.21	1.80	5.0	1	1	1	1	3	2	2
577	0	0	8	4	0.27	1.14	6.0	4	3	0	1	4	3	3
578	0	0	11	4	0.22	1.57	4.5	4	2	0	0	2	2	1
579	0	0	19	10	0.31	1.46	9.5	5	3	1	2	2	5	0
580	0	2	6	7	0.41	0.55	9.5	5	4	1	2	6	4	3
581	0	2	6	8	0.42	0.46	5.0	12	10	-2	-1	8	2	2
582	0	2	14	8	0.28	0.93	7.5	9	9	0	0	5	2	4
583	0	1	7	7	0.47	0.88	7.0	6	6	0	0	3	4	2
584	0	1	8	6	0.40	1.14	4.0	2	2	0	0	0	5	0
585	0	0	6	4	0.27	0.67	4.0	5	5	0	0	3	3	0
586	0	0	3	8	0.50	0.23	7.5	9	7	0	0	3	5	0
587	0	1	6	5	0.23	0.38	9.0	5	5	1	1	3	3	3
588	0	0	12	5	0.17	0.71	10.5	12	11	0	0	11	1	4
589	0	1	4	8	0.33	0.20	7.0	14	12	-2	-1	6	5	3
590	0	0	11	4	0.17	0.92	6.5	10	10	-1	-1	5	7	1
591	1	0	12	14	0.63	0.80	7.0	13	10	-2	-1	7	6	3
592	0	0	14	12	0.57	2.00	3.0	6	6	-1	-1	2	1	0
593	0	0	9	3	0.18	1.13	4.0	4	4	0	0	3	1	0
594	0	2	6	4	0.29	0.75	5.0	4	4	0	0	2	5	0
595	0	0	9	2	0.14	1.80	3.5	3	3	0	0	1	2	0
596	0	1	10	8	0.29	0.56	9.5	11	10	0	0	6	5	2
597	0	0	11	4	0.21	1.38	4.0	6	6	0	0	3	4	1
598	0	1	8	8	0.42	0.73	3.5	8	8	-1	-1	3	4	1
599	0	0	12	6	0.33	2.00	6.0	2	2	1	1	4	2	3
600	0	0	8	5	0.28	0.80	6.5	4	4	0	0	4	3	2

第6章　健常成人のロールシャッハ統計値　177

表7－4　健常成人のロールシャッハ統計値（TTNRD）（つづき）

ID	Fr+rF	FD	F	(2)	3r+(2)/R	Lambda	EA	es	Adjes	D	AdjD	active	passive	Ma
601	1	0	7	7	0.53	0.58	4.0	8	8	-1	-1	5	5	2
602	0	0	11	11	0.44	0.79	7.0	11	11	-1	-1	6	3	3
603	1	1	8	5	0.38	0.62	5.5	12	11	-2	-2	3	7	1
604	0	2	10	7	0.30	0.77	7.0	6	6	0	0	3	7	2
605	0	0	12	5	0.20	0.92	4.0	9	8	-1	-1	4	3	0
606	0	0	10	3	0.14	0.83	3.0	10	9	-2	-2	1	1	0
607	0	1	5	7	0.35	0.33	9.0	13	11	-1	0	7	4	4
608	0	1	13	9	0.38	1.18	3.5	6	6	0	0	2	3	0
609	0	0	16	3	0.11	1.45	7.5	4	4	1	1	1	3	0
610	0	1	11	4	0.20	1.22	4.5	5	5	0	0	4	1	2
611	0	0	6	5	0.31	0.60	4.5	7	7	0	0	5	1	3
612	0	2	5	8	0.44	0.38	11.0	8	6	1	1	10	2	5
613	1	0	12	11	0.45	0.63	3.5	16	16	-4	-4	6	7	1
614	0	1	7	5	0.33	0.88	3.0	8	6	-1	-1	6	2	1
615	0	0	8	7	0.37	0.73	10.5	7	7	1	1	4	4	4
616	0	0	9	9	0.47	0.90	3.0	8	8	-1	-1	6	2	3
617	0	0	10	8	0.40	1.00	5.0	6	6	0	0	2	3	1
618	0	0	13	4	0.14	0.87	9.0	11	10	0	0	3	5	1
619	0	1	13	12	0.50	1.18	4.5	8	8	-1	-1	3	3	2
620	0	1	5	9	0.41	0.29	15.5	5	5	4	4	11	4	9
621	0	2	4	5	0.19	0.17	15.0	15	14	0	0	10	6	6
622	0	0	6	2	0.10	0.43	8.0	8	7	0	0	3	2	2
623	0	1	2	11	0.41	0.08	12.0	19	18	-2	-2	10	6	5
624	2	1	3	7	0.81	0.23	10.0	7	7	1	1	11	2	6
625	1	1	4	9	0.57	0.24	12.5	13	11	0	0	16	2	8
626	0	3	6	9	0.41	0.38	11.0	16	14	-1	-1	8	4	5
627	0	1	6	6	0.33	0.50	9.5	8	7	0	0	4	5	1
628	0	0	15	8	0.44	5.00	2.0	3	3	0	0	0	3	0
629	0	1	9	8	0.40	0.82	6.0	9	8	-1	0	11	0	4
630	0	0	6	10	0.50	0.43	5.0	10	10	-1	-1	7	4	3
631	0	0	6	5	0.36	0.75	3.0	7	7	-1	-1	5	0	1
632	0	1	0	5	0.36	0.00	10.5	10	9	0	0	9	4	4
633	0	0	7	6	0.32	0.58	6.5	5	5	0	0	4	5	3
634	0	0	6	8	0.31	0.30	7.5	16	13	-3	-2	3	7	1
635	0	0	9	6	0.30	0.82	6.0	7	7	0	0	5	3	2
636	0	0	13	3	0.13	1.18	5.5	8	7	0	0	7	2	1
637	0	1	6	7	0.30	0.35	5.0	14	14	-3	-3	3	5	1
638	0	0	6	10	0.53	0.46	6.0	8	8	0	0	4	5	0
639	0	1	4	5	0.28	0.29	5.0	14	14	-3	-3	7	6	0
640	0	0	2	6	0.35	0.13	7.0	11	11	-1	-1	5	6	0
641	0	0	3	4	0.29	0.27	4.5	8	8	-1	-1	2	3	0
642	0	0	3	1	0.07	0.27	4.5	10	10	-2	-2	7	0	2
643	0	0	1	7	0.50	0.08	11.0	4	4	2	2	7	2	6
644	0	0	4	2	0.14	0.40	2.0	7	7	-1	-1	1	1	0
645	0	0	9	5	0.25	0.82	6.5	5	5	0	0	3	2	3
646	0	1	11	8	0.32	0.79	5.5	12	11	-2	-2	3	5	0
647	1	3	4	9	0.55	0.22	16.5	18	15	0	0	14	5	8
648	0	0	8	5	0.25	0.67	6.0	9	9	-1	-1	5	1	2
649	0	0	8	4	0.17	0.53	8.0	9	8	0	0	1	5	0
650	0	0	16	6	0.22	1.45	3.0	8	8	-1	-1	3	8	1

178 ロールシャッハ・テスト統計集

表7－4 健常成人のロールシャッハ統計値（TTNRD）（つづき）

ID	Fr+rF	FD	F	(2)	3r+(2)/R	Lambda	EA	es	Adjes	D	AdjD	active	passive	Ma
651	0	3	5	5	0.24	0.31	5.5	9	9	-1	-1	6	3	2
652	2	0	12	3	0.32	0.75	9.0	10	8	0	0	5	2	3
653	0	0	11	7	0.26	0.69	10.5	7	7	1	1	6	6	3
654	2	0	4	5	0.61	0.29	9.5	10	6	0	1	8	4	5
655	0	0	10	4	0.17	0.71	8.0	10	10	0	0	6	4	4
656	0	0	11	7	0.39	1.57	6.0	4	4	0	0	6	0	3
657	0	1	7	5	0.31	0.78	6.0	1	1	1	1	2	3	2
658	0	0	10	7	0.35	1.00	4.0	7	7	-1	-1	5	2	3
659	0	0	17	9	0.30	1.31	6.0	9	8	-1	0	3	3	2
660	0	1	9	8	0.36	0.69	7.0	5	5	0	0	4	3	4
661	0	2	12	9	0.36	0.92	8.0	2	2	2	2	3	2	2
662	0	1	16	14	0.45	1.07	13.5	4	3	3	4	6	3	4
663	0	1	9	6	0.30	0.82	7.5	4	4	1	1	6	2	4
664	0	0	26	10	0.23	1.44	9.5	9	9	0	0	6	1	2
665	1	0	6	9	0.48	0.32	16.5	7	7	3	3	12	4	8
666	0	0	9	6	0.30	0.82	8.0	4	4	1	1	4	4	2
667	0	0	12	10	0.38	0.86	7.0	6	6	0	0	0	6	0
668	0	1	24	7	0.18	1.71	9.0	8	7	0	0	4	6	2
669	0	0	6	8	0.47	0.55	6.5	7	7	0	0	6	4	3
670	0	1	22	10	0.26	1.38	7.0	8	7	0	0	7	2	4
671	1	0	6	4	0.41	0.55	6.5	8	8	0	0	6	1	3
672	0	1	19	10	0.31	1.46	5.0	10	9	-1	-1	3	1	2
673	0	0	11	10	0.45	1.00	6.5	5	5	0	0	5	3	2
674	0	0	8	9	0.35	0.44	10.5	14	11	-1	0	6	9	2
675	1	1	6	3	0.35	0.55	7.5	6	5	0	0	5	3	3
676	0	0	20	13	0.38	1.43	7.0	6	6	0	0	9	3	5
677	0	0	10	9	0.41	0.83	12.5	3	3	3	3	9	4	7
678	0	1	13	9	0.38	1.18	6.0	7	7	0	0	2	6	1
679	0	1	8	4	0.22	0.80	7.5	2	2	2	2	2	3	0
680	0	0	14	11	0.39	1.00	9.0	4	4	1	1	7	3	6
681	0	0	12	13	0.59	1.20	6.5	3	3	1	1	2	5	2
682	2	2	9	7	0.38	0.36	20.0	14	13	2	2	15	3	8
683	0	0	8	4	0.17	0.53	8.5	9	8	0	0	1	5	0
684	1	1	7	3	0.33	0.64	9.0	4	4	1	1	3	5	1
685	0	0	13	12	0.46	1.00	6.0	6	6	0	0	1	4	1
686	0	1	9	6	0.29	0.75	4.0	6	6	0	0	4	2	2
687	0	0	24	10	0.31	3.00	5.5	3	3	0	0	1	2	1
688	0	0	18	20	0.47	0.72	16.5	11	11	2	2	13	5	9
689	0	0	23	12	0.32	1.64	7.0	7	7	0	0	6	1	4
690	1	0	9	6	0.39	0.64	7.5	5	5	0	0	6	3	2
691	0	1	11	8	0.40	1.22	3.5	4	4	0	0	2	1	0
692	2	0	6	5	0.55	0.43	8.0	8	7	0	0	4	5	2
693	0	1	6	8	0.35	0.35	6.0	13	10	-2	-1	9	5	1
694	0	0	7	7	0.47	0.88	10.0	2	2	3	3	7	1	5
695	0	0	13	2	0.11	2.17	5.5	0	0	2	2	0	2	0
696	0	1	25	12	0.35	2.78	5.0	3	3	0	0	2	3	1
697	1	0	12	13	0.53	0.67	11.0	5	5	2	2	5	5	4
698	1	1	12	13	0.55	0.71	9.5	11	10	0	0	8	2	4
699	0	0	12	7	0.28	0.92	5.5	11	10	-2	-1	5	4	1
700	0	1	11	6	0.21	0.65	12.5	6	6	2	2	7	2	5

表7－5　健常成人のロールシャッハ統計値（TTNRD）

ID	Mp	Intellect	Zf	ZSum	ZEst	Zd	Blends	Blends/R	m-Blends	Y-Blends	T-Blends
101	2	1	13	36.0	41.5	-5.5	4	0.17	0	1	0
102	1	1	20	64.0	66.5	-2.5	4	0.14	3	1	1
103	2	1	16	39.0	52.5	-13.5	4	0.16	1	0	0
104	0	1	17	47.0	56.0	-9.0	3	0.12	2	2	0
105	0	7	14	48.0	45.5	2.5	4	0.27	1	0	0
106	1	3	13	34.0	41.5	-7.5	1	0.04	1	0	0
107	0	0	11	19.0	34.5	-15.5	2	0.06	2	0	0
108	2	1	7	16.5	20.5	-4.0	1	0.03	0	0	0
109	3	0	13	38.5	41.5	-3.0	3	0.17	0	0	0
110	2	1	17	66.0	56.0	10.0	7	0.28	1	0	0
111	3	1	23	67.0	77.0	-10.0	1	0.03	0	0	0
112	0	0	12	42.0	38.0	4.0	8	0.29	2	2	0
113	0	1	18	51.5	59.5	-8.0	6	0.20	4	1	0
114	0	0	16	48.5	52.5	-4.0	2	0.07	2	0	0
115	1	3	10	26.0	31.0	-5.0	0	0.00	0	0	0
116	4	1	9	25.0	27.5	-2.5	3	0.10	1	0	0
117	1	1	15	51.5	49.0	2.5	1	0.03	0	0	0
118	2	2	17	45.5	56.0	-10.5	3	0.08	2	0	0
119	0	1	15	41.5	49.0	-7.5	2	0.08	1	0	0
120	2	2	16	45.5	52.5	-7.0	5	0.24	3	1	0
121	0	1	6	16.0	17.0	-1.0	3	0.12	0	0	0
122	3	0	16	43.0	52.5	-9.5	4	0.14	3	0	0
123	1	3	16	50.0	52.5	-2.5	5	0.23	1	0	0
124	4	2	15	56.5	49.0	7.5	4	0.24	1	0	0
125	2	0	16	53.0	52.5	0.5	1	0.05	1	1	0
126	3	2	18	58.5	59.5	-1.0	3	0.14	0	0	0
127	1	4	15	53.0	49.0	4.0	3	0.17	1	0	0
128	2	2	8	26.5	24.0	2.5	0	0.00	0	0	0
129	1	0	15	49.0	49.0	0.0	1	0.06	0	0	0
130	0	0	8	17.0	24.0	-7.0	0	0.00	0	0	0
131	0	2	11	37.0	34.5	2.5	3	0.15	2	1	0
132	2	0	10	28.5	31.0	-2.5	2	0.11	1	0	0
133	3	0	16	57.5	52.5	5.0	4	0.17	1	0	0
134	2	2	16	50.5	52.5	-2.0	2	0.10	2	0	0
135	0	2	17	53.5	56.0	-2.5	4	0.16	2	0	0
136	1	1	9	31.0	27.5	3.5	3	0.08	1	0	0
137	2	0	14	44.0	45.5	-1.5	2	0.11	2	0	0
138	2	2	22	66.5	73.5	-7.0	3	0.10	1	1	0
139	0	2	6	10.0	17.0	-7.0	1	0.07	0	0	0
140	3	1	16	49.5	52.5	-3.0	3	0.14	1	0	0
141	3	2	15	51.5	49.0	2.5	4	0.19	1	0	0
142	0	0	6	15.0	17.0	-2.0	1	0.07	0	0	0
143	0	2	15	41.5	49.0	-7.5	0	0.00	0	0	0
144	0	0	13	35.5	41.5	-6.0	1	0.04	1	0	0
145	1	1	24	79.0	81.0	-2.0	6	0.17	1	1	0
146	0	1	18	60.0	59.5	0.5	4	0.15	1	0	0
147	2	1	16	45.0	52.5	-7.5	1	0.04	0	0	0
148	2	3	19	63.0	63.0	0.0	3	0.08	1	0	0
149	4	1	11	33.0	34.5	-1.5	2	0.10	0	0	0
150	2	6	17	55.0	56.0	-1.0	10	0.45	0	0	1

180　ロールシャッハ・テスト統計集

表7－5　健常成人のロールシャッハ統計値（TTNRD）（つづき）

ID	Mp	Intellect	Zf	ZSum	ZEst	Zd	Blends	Blends/R	m-Blends	Y-Blends	T-Blends
151	2	3	14	37.0	45.5	-8.5	2	0.06	0	0	1
152	4	1	11	28.5	34.5	-6.0	2	0.07	1	0	0
153	2	2	12	32.5	38.0	-5.5	4	0.24	0	0	0
154	1	1	12	40.0	38.0	2.0	2	0.13	1	1	0
155	4	0	8	26.0	24.0	2.0	1	0.07	0	0	0
156	3	1	21	64.5	70.0	-5.5	5	0.16	4	0	0
157	3	0	17	50.0	56.0	-6.0	2	0.08	0	0	0
158	4	1	17	46.5	56.0	-9.5	3	0.16	1	0	0
159	2	3	16	57.5	52.5	5.0	8	0.36	4	1	0
160	3	1	16	43.5	52.5	-9.0	2	0.09	1	0	0
161	1	1	13	34.0	41.5	-7.5	1	0.07	0	0	0
162	0	2	9	22.0	27.5	-5.5	2	0.13	2	0	0
163	2	2	12	37.5	38.0	-0.5	2	0.13	1	0	0
164	2	4	19	61.0	63.0	-2.0	1	0.05	0	0	0
165	3	3	12	38.0	38.0	0.0	2	0.14	1	0	0
166	1	3	22	63.5	73.5	-10.0	3	0.10	1	1	0
167	2	1	10	38.0	31.0	7.0	1	0.04	0	0	0
168	3	3	15	51.5	49.0	2.5	0	0.00	0	0	0
169	9	6	30	119.0	102.5	16.5	12	0.32	0	0	0
170	3	0	5	15.0	13.5	1.5	3	0.21	0	1	0
171	3	0	12	36.0	38.0	-2.0	1	0.06	0	0	0
172	2	0	10	25.0	31.0	-6.0	1	0.07	0	0	0
173	2	2	21	61.0	70.0	-9.0	3	0.09	1	0	0
174	2	0	13	44.0	41.5	2.5	0	0.00	0	0	0
175	1	0	10	25.5	31.0	-5.5	0	0.00	0	0	0
176	1	4	14	40.5	45.5	-5.0	2	0.08	2	0	0
177	3	1	9	26.0	27.5	-1.5	2	0.11	0	0	0
178	0	0	9	28.0	27.5	0.5	2	0.12	1	0	0
179	1	1	10	25.0	31.0	-6.0	2	0.13	0	0	0
180	2	3	17	46.5	56.0	-9.5	4	0.18	0	0	0
181	0	1	7	25.0	20.5	4.5	0	0.00	0	0	0
182	2	4	23	62.5	77.0	-14.5	4	0.13	1	1	0
183	1	2	8	22.5	24.0	-1.5	1	0.07	0	0	0
184	0	0	14	38.0	45.5	-7.5	4	0.19	1	0	1
185	2	1	11	35.0	34.5	0.5	1	0.04	1	0	0
186	1	1	17	49.0	56.0	-7.0	1	0.05	1	0	0
187	3	1	18	54.0	59.5	-5.5	6	0.18	1	0	0
188	6	2	18	60.0	59.51	0.5	7	0.32	2	0	0
189	5	4	20	67.0	66.5	0.5	6	0.25	0	1	0
190	3	1	22	70.0	73.5	-3.5	1	0.03	0	0	1
191	2	1	15	59.0	49.0	10.0	1	0.05	0	0	0
192	3	2	19	68.5	63.0	5.5	0	0.00	0	0	0
193	0	0	16	51.0	52.5	-1.5	3	0.16	0	0	0
194	1	1	6	15.5	17.0	-1.5	0	0.00	0	0	0
195	1	0	14	40.5	45.5	-5.0	0	0.00	0	0	0
196	1	0	14	45.5	45.5	0.0	1	0.06	1	1	0
197	3	1	13	36.5	41.5	-5.0	5	0.19	1	2	0
198	2	1	6	14.5	17.0	-2.5	1	0.06	0	0	0
199	0	2	10	34.0	31.0	3.0	2	0.09	1	2	0
200	3	2	17	56.5	56.0	0.5	8	0.36	1	0	0

第 6 章　健常成人のロールシャッハ統計値　181

表7－5　健常成人のロールシャッハ統計値（TTNRD）（つづき）

ID	Mp	Intellect	Zf	ZSum	ZEst	Zd	Blends	Blends/R	m-Blends	Y-Blends	T-Blends
201	0	2	14	41.0	45.5	-4.5	4	0.20	0	0	0
202	0	1	10	31.0	31.0	0.0	3	0.18	0	0	0
203	0	2	14	41.5	45.5	-4.0	3	0.16	2	0	0
204	3	0	13	38.0	41.5	-3.5	2	0.08	0	0	0
205	2	3	21	69.5	70.0	-0.5	7	0.25	3	3	0
206	0	0	13	41.5	41.5	0.0	3	0.20	2	1	0
207	1	3	13	39.5	41.5	-2.0	5	0.11	2	2	0
208	4	0	15	48.5	49.0	-0.5	6	0.27	1	1	1
209	1	0	8	20.0	24.0	-4.0	1	0.06	0	0	0
210	1	0	13	45.5	41.5	4.0	5	0.31	2	1	0
211	0	1	6	17.0	17.0	0.0	5	0.36	2	1	1
212	3	3	16	54.0	52.5	1.5	3	0.14	1	1	0
213	1	4	10	28.0	31.0	-3.0	4	0.27	0	0	0
214	2	2	22	72.5	73.5	-1.0	7	0.27	2	1	1
215	2	0	12	39.5	38.0	1.5	1	0.06	0	0	0
216	0	0	18	60.0	59.5	0.5	3	0.15	1	0	0
217	1	1	17	52.5	56.0	-3.5	5	0.19	2	1	0
218	1	4	15	52.0	49.0	3.0	3	0.13	0	0	0
219	0	4	14	40.0	45.5	-5.5	2	0.11	0	0	0
220	0	2	12	43.5	38.0	5.5	3	0.18	1	0	0
221	1	3	16	47.5	52.5	-5.0	2	0.08	1	0	0
222	1	4	15	46.5	49.0	-2.5	4	0.21	0	0	0
223	2	6	23	75.0	77.0	-2.0	5	0.12	3	2	1
224	1	0	18	59.0	59.5	-0.5	4	0.12	2	1	0
225	3	2	17	57.5	56.0	1.5	1	0.04	0	0	0
226	1	1	10	20.0	31.0	-11.0	2	0.06	1	1	1
227	0	1	23	80.5	77.0	3.5	3	0.09	1	0	0
228	3	2	16	57.0	52.5	4.5	4	0.25	2	0	0
229	1	1	18	53.5	59.5	-6.0	8	0.35	3	0	0
230	0	3	14	40.5	45.5	-5.0	1	0.05	0	0	0
231	2	0	12	29.5	38.0	-8.5	3	0.09	3	0	0
232	0	1	7	16.0	20.5	-4.5	7	0.44	1	0	1
233	2	2	19	54.5	63.0	-8.5	5	0.17	3	1	0
234	2	4	9	30.5	27.5	3.0	4	0.22	0	0	0
235	2	3	11	30.5	34.5	-4.0	0	0.00	0	0	0
236	1	3	9	26.5	27.5	-1.0	4	0.24	0	0	0
237	0	4	10	37.0	31.0	6.0	6	0.43	1	0	0
238	0	11	16	38.5	52.5	-14.0	4	0.12	3	0	0
239	1	1	21	62.0	70.0	-8.0	3	0.09	1	0	0
240	5	2	10	28.5	31.0	-2.5	2	0.08	1	0	0
241	3	3	16	56.5	52.5	4.0	3	0.16	1	1	0
242	0	1	17	56.5	56.0	0.5	1	0.04	1	0	0
243	0	0	12	34.5	38.0	-3.5	2	0.12	2	1	0
244	0	0	13	35.5	41.5	-6.0	2	0.10	0	0	0
245	2	1	14	42.0	45.5	-3.5	2	0.09	0	0	0
246	1	3	9	21.0	27.5	-6.5	1	0.07	0	0	0
247	1	0	11	28.5	34.5	-6.0	2	0.13	1	0	0
248	1	0	6	9.5	17.0	-7.5	0	0.00	0	0	0
249	2	0	9	19.5	27.5	-8.0	0	0.00	0	0	0
250	3	7	20	66.5	66.5	0.0	3	0.12	1	0	0

182 ロールシャッハ・テスト統計集

表7－5 健常成人のロールシャッハ統計値（TTNRD）（つづき）

ID	Mp	Intellect	Zf	ZSum	ZEst	Zd	Blends	Blends/R	m-Blends	Y-Blends	T-Blends
251	0	0	12	31.5	38.0	-6.5	5	0.20	4	2	0
252	1	5	23	65.5	77.0	-11.5	5	0.15	3	1	0
253	1	2	13	40.5	41.5	-1.0	1	0.06	1	0	0
254	0	0	6	10.5	17.0	-6.5	1	0.06	1	0	0
255	1	1	21	61.5	70.0	-8.5	3	0.13	3	0	0
256	1	0	15	39.5	49.0	-9.5	1	0.03	1	0	0
257	0	2	14	43.5	45.5	-2.0	6	0.38	1	0	0
258	0	2	13	45.0	41.5	3.5	0	0.00	0	0	0
259	2	4	22	70.5	73.5	-3.0	4	0.12	1	0	1
260	3	0	13	35.0	41.5	-6.5	3	0.13	1	0	0
261	2	0	20	69.0	66.5	2.5	4	0.10	2	0	0
262	3	1	29	92.0	98.5	-6.5	6	0.12	2	1	0
263	1	2	14	36.0	45.5	-9.5	7	0.30	4	2	0
264	1	0	17	42.0	56.0	-14.0	3	0.10	2	1	0
265	3	0	11	31.5	34.5	-3.0	2	0.08	0	0	1
266	2	2	16	42.5	52.5	-10.0	2	0.07	2	0	0
267	1	0	12	37.0	38.0	-1.0	2	0.10	2	1	0
268	2	1	17	48.5	56.0	-7.5	5	0.21	1	0	0
269	0	1	4	7.0	10.0	-3.0	1	0.04	1	0	0
270	3	2	22	72.0	73.5	-1.5	1	0.03	0	0	0
271	1	0	15	46.0	49.0	-3.0	3	0.17	2	0	0
272	7	2	28	94.5	95.0	-0.5	9	0.21	2	0	1
273	5	3	21	66.5	70.0	-3.5	5	0.16	2	0	1
274	2	2	19	62.5	63.0	-0.5	3	0.10	0	0	0
275	2	1	14	47.0	45.5	1.5	2	0.11	1	0	0
276	0	1	9	27.5	27.5	0.0	1	0.06	1	0	0
277	1	0	12	29.5	38.0	-8.5	2	0.07	2	0	0
278	4	3	21	72.5	70.0	2.5	1	0.05	1	0	0
279	0	2	21	64.0	70.0	-6.0	3	0.12	3	0	0
280	0	0	12	40.5	38.0	2.5	2	0.09	1	0	1
281	1	5	18	54.5	59.5	-5.0	2	0.05	2	0	0
282	4	3	25	88.0	84.5	3.5	4	0.12	1	1	0
283	2	0	8	22.0	24.0	-2.0	3	0.12	2	0	1
284	0	1	16	50.5	52.5	-2.0	1	0.03	0	0	0
285	1	2	13	37.5	41.5	-4.0	1	0.04	1	0	0
286	3	0	13	41.0	41.5	-0.5	2	0.06	1	0	0
287	2	4	17	61.5	56.0	5.5	2	0.07	1	0	0
288	1	7	17	61.0	56.0	5.0	4	0.14	1	1	0
289	0	3	11	33.0	34.5	-1.5	2	0.07	0	0	0
290	2	2	23	70.5	77.0	-6.5	2	0.07	0	0	0
291	2	0	16	43.0	52.5	-9.5	1	0.04	0	0	0
292	0	0	15	44.0	49.0	-5.0	1	0.05	0	0	0
293	3	0	13	37.5	41.5	-4.0	2	0.09	0	0	0
294	5	3	28	85.5	95.0	-9.5	7	0.17	2	0	0
295	4	1	25	83.0	84.5	-1.5	2	0.07	1	0	1
296	0	2	34	114.0	116.5	-2.5	6	0.16	2	0	0
297	3	1	17	48.5	56.0	-7.5	1	0.03	0	0	0
298	8	3	17	55.0	56.0	-1.0	7	0.26	3	0	0
299	1	1	14	46.5	45.5	1.0	2	0.10	2	1	0
300	0	4	19	59.0	63.0	-4.0	3	0.10	3	0	0

第 6 章　健常成人のロールシャッハ統計値　183

表7−5　健常成人のロールシャッハ統計値（TTNRD）（つづき）

ID	Mp	Intellect	Zf	ZSum	ZEst	Zd	Blends	Blends/R	m-Blends	Y-Blends	T-Blends
501	0	3	6	14.5	17.0	-2.5	4	0.27	1	0	0
502	0	0	13	29.0	41.5	-12.5	4	0.16	0	0	0
503	1	0	14	39.0	45.5	-6.5	2	0.09	1	0	0
504	1	1	21	59.5	70.0	-10.5	7	0.22	4	2	1
505	2	0	5	10.5	13.5	-3.0	0	0.00	0	0	0
506	1	1	10	31.0	31.0	0.0	2	0.07	1	0	0
507	2	3	11	26.0	34.5	-8.5	2	0.06	0	0	0
508	3	1	13	39.5	41.5	-2.0	3	0.10	0	0	1
509	3	0	14	46.0	45.5	0.5	1	0.04	0	1	0
510	4	2	14	47.5	45.5	2.0	4	0.13	3	1	0
511	0	1	7	17.0	20.5	-3.5	0	0.00	0	0	0
512	3	1	17	57.0	56.0	1.0	4	0.14	1	1	0
513	1	5	9	22.5	27.5	-5.0	3	0.20	2	1	0
514	1	0	3	8.0	6.0	2.0	3	0.13	2	2	0
515	0	1	9	25.5	27.5	-2.0	2	0.08	2	1	0
516	1	1	14	42.0	45.5	-3.5	2	0.10	1	0	0
517	4	1	14	44.0	45.5	-1.5	2	0.10	0	0	0
518	5	0	17	51.5	56.0	-4.5	4	0.12	2	0	0
519	3	3	15	46.5	49.0	-2.5	1	0.03	1	0	0
520	2	1	16	54.5	52.5	2.0	4	0.14	0	0	0
521	0	0	10	24.5	31.0	-6.5	3	0.13	3	0	0
522	2	4	12	32.0	38.0	-6.0	5	0.11	3	0	0
523	2	2	17	48.5	56.0	-7.5	0	0.00	0	0	0
524	4	1	16	47.0	52.5	-5.5	6	0.14	2	1	0
525	5	0	18	62.0	59.5	2.5	3	0.10	1	0	0
526	0	1	10	38.5	31.0	7.5	3	0.12	1	1	0
527	2	1	12	28.0	38.0	-10.0	0	0.00	0	0	0
528	2	3	12	32.5	38.0	-5.5	6	0.35	2	1	0
529	2	3	19	54.0	63.0	-9.0	3	0.10	2	0	0
530	0	3	16	43.5	52.5	-9.0	2	0.07	2	1	0
531	2	1	21	58.5	70.0	-11.5	4	0.13	1	0	0
532	4	2	17	58.5	56.0	2.5	5	0.17	1	0	1
533	0	1	20	61.0	66.5	-5.5	3	0.10	2	0	0
534	3	2	17	56.5	56.0	0.5	4	0.21	0	0	1
535	5	1	17	57.0	56.0	1.0	2	0.10	0	0	0
536	1	1	3	9.5	6.0	3.5	0	0.00	0	0	0
537	5	4	16	55.5	52.5	3.0	5	0.26	0	1	0
538	5	1	16	58.0	52.5	5.5	3	0.14	2	0	0
539	3	1	15	51.5	49.0	2.5	5	0.24	2	0	0
540	4	2	15	49.0	49.0	0.0	6	0.33	0	1	1
541	3	0	11	30.0	34.5	-4.5	2	0.11	0	0	0
542	0	0	9	24.5	27.5	-3.0	1	0.06	1	0	0
543	5	4	13	47.5	41.5	6.0	4	0.27	2	0	0
544	2	1	8	25.0	24.0	1.0	0	0.00	0	0	0
545	1	2	12	36.5	38.0	-1.5	4	0.29	2	0	0
546	2	1	12	39.0	38.0	1.0	4	0.27	0	0	1
547	3	0	11	33.5	34.5	-1.0	4	0.25	1	0	0
548	4	0	13	42.0	41.5	0.5	1	0.05	0	0	0
549	4	0	9	24.5	27.5	-3.0	1	0.05	0	0	0
550	2	3	15	48.5	49.0	-0.5	4	0.17	0	1	0

184　ロールシャッハ・テスト統計集

表7−5　健常成人のロールシャッハ統計値（TTNRD）（つづき）

ID	Mp	Intellect	Zf	ZSum	ZEst	Zd	Blends	Blends/R	m-Blends	Y-Blends	T-Blends
551	2	1	17	53.0	56.0	-3.0	4	0.21	1	1	0
552	2	1	11	32.5	34.5	-2.0	0	0.00	0	0	0
553	2	1	16	46.5	52.5	-6.0	1	0.04	1	1	0
554	5	2	18	60.5	59.5	1.0	4	0.20	0	2	0
555	2	1	17	55.5	56.0	-0.5	3	0.13	2	0	0
556	4	2	23	74.0	77.0	-3.0	9	0.27	2	2	0
557	2	1	12	42.0	38.0	4.0	4	0.20	1	1	0
558	1	4	7	11.5	20.5	-9.0	1	0.07	0	0	0
559	1	3	12	31.0	38.0	-7.0	3	0.20	1	0	0
560	1	0	7	17.5	20.5	-3.0	0	0.00	0	0	0
561	0	2	16	51.0	52.5	-1.5	5	0.24	1	1	0
562	4	3	15	45.5	49.0	-3.5	3	0.13	1	0	1
563	1	0	11	38.0	34.5	3.5	2	0.11	0	1	0
564	1	1	11	25.5	34.5	-9.0	1	0.03	0	0	0
565	3	0	18	59.0	59.5	-0.5	0	0.00	0	0	0
566	3	2	19	63.0	63.0	0.0	2	0.07	1	0	0
567	2	2	19	63.0	63.0	0.0	7	0.33	2	1	1
568	0	0	11	28.5	34.5	-6.0	4	0.24	0	0	0
569	2	0	17	44.5	56.0	-11.5	4	0.21	1	0	1
570	1	2	11	40.0	34.5	5.5	5	0.33	0	1	0
571	3	0	14	49.0	45.5	3.5	3	0.17	1	0	0
572	4	4	11	32.0	34.5	-2.5	4	0.19	2	1	0
573	0	3	8	22.5	24.0	-1.5	1	0.06	0	0	0
574	4	3	18	59.0	59.5	-0.5	6	0.18	3	1	1
575	1	1	7	21.5	20.5	1.0	0	0.00	0	0	0
576	2	0	11	30.5	34.5	-4.0	1	0.07	1	0	0
577	1	3	14	45.0	45.5	-0.5	2	0.13	1	0	0
578	0	1	8	25.0	24.0	1.0	2	0.11	2	0	0
579	3	2	10	31.5	31.0	0.5	3	0.09	3	0	0
580	2	1	12	40.5	38.0	2.5	4	0.24	2	0	0
581	0	0	13	33.5	41.5	-8.0	6	0.32	3	0	1
582	0	1	13	42.0	41.5	0.5	2	0.07	0	1	0
583	2	2	10	32.0	31.0	1.0	5	0.33	1	0	0
584	4	0	9	28.0	27.5	0.5	0	0.00	0	0	0
585	1	1	11	26.0	34.5	-8.5	1	0.07	0	0	0
586	4	1	12	42.5	38.0	4.5	3	0.19	1	0	0
587	2	3	15	44.0	49.0	-5.0	1	0.05	1	0	0
588	0	2	13	40.5	41.5	-1.0	7	0.24	2	0	2
589	1	0	19	66.5	63.0	3.5	2	0.08	2	0	0
590	4	1	15	51.0	49.0	2.0	4	0.17	1	1	0
591	3	1	16	53.5	52.5	1.0	4	0.15	1	2	0
592	0	0	7	16.0	20.5	-4.5	2	0.10	0	0	0
593	1	0	11	28.0	34.5	-6.5	1	0.06	0	0	0
594	3	1	13	37.0	41.5	-4.5	2	0.14	0	0	0
595	2	1	10	28.5	31.0	-2.5	2	0.14	1	0	0
596	3	2	20	61.0	66.5	-5.5	5	0.18	2	0	0
597	2	3	13	42.0	41.5	0.5	1	0.05	1	1	0
598	1	1	15	43.0	49.0	-6.0	2	0.11	0	0	0
599	2	1	15	52.0	49.0	3.0	1	0.06	1	0	0
600	1	1	16	57.5	52.5	5.0	2	0.11	0	0	0

表7－5　健常成人のロールシャッハ統計値（TTNRD）（つづき）

ID	Mp	Intellect	Zf	ZSum	ZEst	Zd	Blends	Blends/R	m-Blends	Y-Blends	T-Blends
601	2	0	11	28.5	34.5	-6.0	1	0.05	0	0	0
602	0	0	15	52.5	49.0	3.5	5	0.20	1	0	0
603	1	2	15	46.5	49.0	-2.5	6	0.29	2	1	0
604	3	0	10	25.5	31.0	-5.5	2	0.09	0	0	0
605	1	4	17	51.5	56.0	-4.5	2	0.08	1	1	0
606	1	0	10	26.5	31.0	-4.5	2	0.09	1	0	0
607	1	2	11	27.0	34.5	-7.5	4	0.20	1	1	0
608	1	0	6	16.0	17.0	-1.0	0	0.00	0	0	0
609	2	6	18	47.5	59.5	-12.0	1	0.04	0	0	0
610	0	1	12	37.0	38.0	-1.0	1	0.05	1	0	0
611	0	1	12	34.5	38.0	-3.5	2	0.13	1	0	0
612	2	1	17	63.5	56.0	7.5	7	0.39	2	0	0
613	1	2	11	31.5	34.5	-3.0	3	0.10	0	0	0
614	0	1	12	30.0	38.0	-8.0	3	0.20	2	0	0
615	1	4	16	45.5	52.5	-7.0	7	0.37	0	0	0
616	0	0	9	23.0	27.5	-4.5	1	0.05	0	0	0
617	0	1	12	34.0	38.0	-4.0	1	0.05	0	0	0
618	3	4	13	44.0	41.5	2.5	6	0.21	2	1	0
619	0	0	10	26.0	31.0	-5.0	4	0.17	0	1	2
620	1	1	15	52.5	49.0	3.5	5	0.23	0	0	0
621	3	5	22	74.5	73.5	1.0	10	0.37	2	0	1
622	2	1	9	19.0	27.5	-8.5	2	0.10	1	0	0
623	1	0	17	59.5	56.0	3.5	9	0.33	2	0	0
624	1	2	14	45.0	45.5	-0.5	5	0.31	0	0	0
625	1	2	18	66.0	59.5	6.5	9	0.43	3	0	0
626	0	4	21	65.5	70.0	-4.5	8	0.36	2	2	1
627	3	6	10	30.0	31.0	-1.0	5	0.28	1	0	0
628	2	1	10	35.0	31.0	4.0	2	0.11	0	1	1
629	0	3	16	52.0	52.5	-0.5	4	0.20	1	2	0
630	2	0	14	46.0	45.5	0.5	1	0.05	0	0	0
631	0	0	13	46.0	41.5	4.5	1	0.07	1	0	0
632	2	1	14	49.5	45.5	4.0	8	0.57	2	0	1
633	2	1	10	29.5	31.0	-1.5	1	0.05	0	0	0
634	3	3	12	43.0	38.0	5.0	5	0.19	1	2	1
635	1	3	16	54.0	52.5	1.5	1	0.05	1	1	0
636	0	2	12	32.5	38.0	-5.5	3	0.13	1	0	0
637	4	1	14	36.0	45.5	-9.5	3	0.13	0	0	0
638	3	0	8	20.5	24.0	-3.5	2	0.11	0	0	0
639	2	0	13	32.5	41.5	-9.0	5	0.28	0	0	0
640	4	1	11	38.5	34.5	4.0	4	0.24	1	0	1
641	2	0	10	29.0	31.0	-2.0	2	0.14	0	1	1
642	0	0	9	24.0	27.5	-3.5	3	0.21	1	1	0
643	2	3	12	38.0	38.0	0.0	3	0.21	0	0	0
644	0	0	4	5.0	10.0	-5.0	1	0.07	0	0	0
645	1	1	15	50.0	49.0	1.0	1	0.05	0	0	1
646	2	0	11	31.5	34.5	-3.0	3	0.12	1	0	0
647	4	4	18	63.5	59.5	4.0	12	0.55	3	2	2
648	1	1	16	47.5	52.5	-5.0	4	0.20	1	0	1
649	2	0	12	35.5	38.0	-2.5	4	0.17	0	2	0
650	2	0	12	31.5	38.0	-6.5	0	0.00	0	0	0

表7－5　健常成人のロールシャッハ統計値（TTNRD）（つづき）

ID	Mp	Intellect	Zf	ZSum	ZEst	Zd	Blends	Blends/R	m-Blends	Y-Blends	T-Blends
651	1	2	19	60.5	63.0	-2.5	3	0.14	0	1	0
652	0	2	22	77.5	73.5	4.0	7	0.25	1	1	0
653	3	1	17	51.5	56.0	-4.5	3	0.11	1	0	0
654	2	5	16	60.0	52.5	7.5	6	0.33	3	1	1
655	0	1	16	49.5	52.5	-3.0	5	0.21	0	1	0
656	0	1	12	37.0	38.0	-1.0	2	0.11	1	0	0
657	2	1	8	28.5	24.0	4.5	1	0.06	0	0	0
658	0	0	14	36.0	45.5	-9.5	1	0.05	0	1	0
659	1	0	8	20.0	24.0	-4.0	2	0.07	1	1	0
660	1	1	10	23.5	31.0	-7.5	1	0.05	0	0	1
661	1	1	14	45.5	45.5	0.0	3	0.12	0	0	0
662	3	8	13	43.5	41.5	2.0	3	0.10	2	0	0
663	0	1	11	33.5	34.5	-1.0	3	0.15	0	0	0
664	0	6	24	73.0	81.0	-8.0	2	0.05	1	0	0
665	4	2	20	74.5	66.5	8.0	5	0.20	1	0	0
666	3	2	18	59.0	59.5	-0.5	2	0.10	0	0	0
667	4	1	10	34.5	31.0	3.5	0	0.00	0	0	0
668	4	4	15	36.0	49.0	-13.0	4	0.11	2	0	0
669	0	2	16	56.5	52.5	4.0	2	0.12	1	0	0
670	1	1	17	51.5	56.0	-4.5	1	0.03	0	0	0
671	0	2	14	44.0	45.5	-1.5	3	0.18	1	1	0
672	0	4	25	70.0	84.5	-14.5	3	0.09	2	0	0
673	2	1	15	51.0	49.0	2.0	1	0.05	1	0	0
674	5	0	15	49.0	49.0	0.0	8	0.31	3	1	0
675	1	0	12	39.0	38.0	1.0	4	0.24	2	0	0
676	1	0	18	49.5	59.5	-10.0	0	0.00	0	0	0
677	3	0	16	56.5	52.5	4.0	2	0.09	0	0	0
678	3	0	13	33.5	41.5	-8.0	2	0.08	1	0	1
679	3	0	16	45.5	52.5	-7.0	2	0.11	1	0	0
680	1	1	19	63.0	63.0	0.0	1	0.04	0	0	0
681	4	1	13	38.5	41.5	-3.0	0	0.00	0	0	0
682	2	8	31	116.0	105.5	10.5	10	0.29	2	0	0
683	2	0	14	45.5	45.5	0.0	4	0.17	0	2	0
684	4	2	13	40.0	41.5	-1.5	4	0.22	1	0	0
685	2	1	13	37.0	41.5	-4.5	0	0.00	0	0	0
686	0	2	13	36.5	41.5	-5.0	0	0.00	0	0	0
687	1	2	16	49.5	52.5	-3.0	2	0.06	0	0	0
688	2	2	17	57.5	56.0	1.5	3	0.07	0	0	0
689	0	3	8	18.0	24.0	-6.0	1	0.03	0	0	1
690	2	0	11	30.0	34.5	-4.5	1	0.04	0	0	0
691	1	0	13	43.5	41.5	2.0	1	0.05	0	0	0
692	1	5	18	67.5	59.5	8.0	6	0.30	2	0	0
693	0	0	14	40.5	45.5	-5.0	3	0.13	2	0	0
694	1	4	12	40.0	38.0	2.0	4	0.27	0	0	0
695	2	0	7	14.0	20.5	-6.5	0	0.00	0	0	0
696	2	1	20	79.5	66.5	13.0	1	0.03	0	0	0
697	3	2	12	36.0	38.0	-2.0	1	0.03	0	0	0
698	0	0	19	62.0	63.0	-1.0	6	0.21	2	0	1
699	1	1	17	60.0	56.0	4.0	4	0.16	2	0	1
700	2	0	19	66.5	63.0	3.5	3	0.11	0	0	0

表７－６　健常成人のロールシャッハ統計値（TTNRD）

ID	Col-ShdBlends	Afr	P	C	XA%	WDA%	X+%	X-%	Xu%	Isolate/R	H	(H)	Hd
101	0	0.44	6	1	0.91	0.95	0.70	0.09	0.22	0.22	2	2	1
102	1	0.56	7	1	0.89	0.88	0.79	0.11	0.11	0.21	5	0	1
103	0	0.47	7	2	0.96	1.00	0.68	0.04	0.28	0.20	2	0	1
104	2	0.47	5	2	0.92	0.95	0.76	0.08	0.16	0.16	2	1	5
105	1	0.50	7	3	1.00	1.00	0.87	0.00	0.13	0.13	4	1	0
106	0	0.50	4	1	0.81	0.92	0.59	0.19	0.22	0.15	0	1	2
107	0	0.52	6	1	0.78	0.77	0.50	0.22	0.28	0.19	2	0	1
108	0	0.48	5	0	0.87	0.85	0.61	0.13	0.26	0.16	3	0	5
109	0	0.38	5	2	0.89	0.94	0.72	0.11	0.17	0.06	3	0	0
110	0	0.92	2	0	0.84	0.86	0.68	0.16	0.16	0.24	0	2	1
111	0	0.22	6	2	0.88	0.88	0.79	0.12	0.09	0.21	4	1	2
112	2	0.87	3	1	0.89	0.86	0.64	0.11	0.25	0.14	1	2	1
113	1	0.30	9	4	0.90	0.88	0.60	0.07	0.30	0.23	4	0	1
114	0	0.75	8	0	0.96	1.00	0.86	0.04	0.11	0.07	4	3	0
115	0	0.55	5	1	0.94	0.93	0.68	0.03	0.26	0.09	2	1	4
116	0	0.50	3	1	0.90	0.93	0.67	0.10	0.23	0.17	4	1	1
117	0	0.52	6	2	0.88	0.90	0.72	0.13	0.16	0.09	2	1	4
118	0	0.44	4	2	0.85	0.88	0.69	0.15	0.15	0.10	4	1	0
119	0	0.39	7	1	0.92	0.92	0.76	0.08	0.16	0.28	2	1	0
120	0	0.40	7	0	1.00	1.00	0.90	0.00	0.10	0.19	4	1	2
121	0	0.47	1	1	0.80	0.82	0.64	0.20	0.16	0.12	1	0	5
122	0	0.45	5	0	1.00	1.00	0.83	0.00	0.17	0.24	6	0	1
123	0	0.22	3	1	0.82	0.81	0.64	0.18	0.18	0.18	5	0	2
124	0	0.55	4	1	0.88	0.87	0.71	0.12	0.18	0.06	5	1	0
125	1	0.38	6	1	0.95	1.00	0.91	0.05	0.05	0.14	2	0	1
126	0	0.29	6	2	0.95	0.95	0.82	0.05	0.14	0.14	7	0	2
127	1	0.38	7	1	1.00	1.00	0.94	0.00	0.06	0.22	5	0	1
128	0	0.58	5	1	0.84	0.87	0.63	0.16	0.21	0.00	2	0	0
129	0	0.38	4	3	0.94	0.94	0.78	0.06	0.17	0.17	2	1	1
130	0	0.33	3	2	1.00	1.00	0.88	0.00	0.13	0.06	0	0	0
131	0	0.25	1	1	0.90	0.88	0.70	0.10	0.20	0.15	1	0	1
132	0	0.58	4	2	0.89	0.89	0.68	0.11	0.21	0.26	2	0	1
133	0	0.50	6	2	0.96	0.95	0.88	0.04	0.08	0.13	4	0	1
134	0	0.33	6	1	0.95	1.00	0.75	0.05	0.20	0.35	3	0	0
135	0	0.47	4	0	0.92	0.95	0.72	0.08	0.20	0.48	1	1	2
136	0	1.22	5	1	0.93	0.96	0.48	0.08	0.45	0.23	3	2	6
137	0	0.50	6	0	0.89	0.94	0.89	0.11	0.00	0.17	4	1	0
138	1	0.45	4	1	0.93	0.92	0.66	0.07	0.28	0.03	4	5	5
139	0	0.56	2	1	0.86	0.85	0.64	0.14	0.21	0.07	0	0	1
140	0	0.57	8	1	1.00	1.00	0.95	0.00	0.05	0.14	4	0	0
141	0	0.50	7	2	0.86	0.90	0.67	0.14	0.19	0.14	4	0	0
142	0	0.40	1	1	0.93	0.93	0.71	0.07	0.21	0.29	0	0	0
143	0	0.33	5	0	0.90	0.89	0.50	0.10	0.40	0.05	1	1	1
144	0	0.39	4	1	0.88	0.91	0.60	0.12	0.28	0.32	1	0	0
145	0	0.40	4	4	0.91	0.91	0.74	0.09	0.17	0.03	6	0	1
146	0	0.53	6	1	0.88	0.96	0.58	0.12	0.31	0.54	1	0	0
147	0	0.42	7	2	0.96	0.96	0.74	0.04	0.22	0.04	4	1	0
148	0	0.44	9	0	0.90	0.88	0.62	0.10	0.28	0.13	4	2	1
149	0	0.25	6	1	0.95	0.94	0.65	0.05	0.30	0.05	4	0	1
150	0	0.29	7	0	0.86	0.89	0.59	0.14	0.27	0.23	4	1	2

188 ロールシャッハ・テスト統計集

表7－6　健常成人のロールシャッハ統計値（TTNRD）（つづき）

ID	Col-ShdBlends	Afr	P	C	XA%	WDA%	X+%	X-%	Xu%	Isolate/R	H	(H)	Hd
151	0	0.42	4	1	0.97	0.97	0.68	0.03	0.29	0.21	3	0	4
152	0	0.59	9	1	1.00	1.00	0.85	0.00	0.15	0.11	5	0	0
153	0	0.31	5	1	0.94	0.93	0.76	0.06	0.18	0.18	3	0	0
154	0	0.50	5	0	0.93	0.93	0.80	0.07	0.13	0.20	3	1	1
155	0	0.40	8	0	1.00	1.00	1.00	0.00	0.00	0.00	5	1	0
156	0	0.63	4	2	0.94	0.96	0.77	0.06	0.16	0.16	3	1	0
157	0	0.33	6	1	0.88	0.91	0.63	0.13	0.25	0.21	4	0	1
158	0	0.36	7	2	0.89	0.89	0.74	0.05	0.16	0.32	4	1	1
159	0	0.29	6	1	0.95	0.95	0.64	0.05	0.32	0.18	5	0	1
160	0	0.38	7	0	0.82	0.84	0.73	0.18	0.09	0.27	2	1	1
161	0	0.27	5	2	1.00	1.00	0.86	0.00	0.14	0.14	2	1	1
162	0	0.36	5	2	0.93	0.93	0.87	0.07	0.07	0.07	1	0	0
163	1	0.67	4	0	0.93	0.93	0.60	0.07	0.33	0.07	3	0	0
164	1	0.36	4	2	0.89	0.89	0.74	0.11	0.16	0.11	1	1	0
165	0	0.40	7	1	0.93	0.93	0.71	0.07	0.21	0.14	3	0	0
166	0	0.45	7	1	0.93	0.93	0.72	0.07	0.21	0.14	3	0	0
167	0	0.32	3	0	1.00	1.00	0.80	0.00	0.20	0.08	1	1	3
168	0	0.46	4	1	0.84	0.88	0.68	0.16	0.16	0.00	6	1	4
169	2	0.61	8	2	0.95	0.97	0.84	0.05	0.11	0.14	11	2	4
170	1	0.56	2	1	0.93	0.93	0.71	0.07	0.21	0.00	3	0	2
171	0	0.33	4	1	0.88	0.87	0.56	0.13	0.31	0.06	1	1	1
172	1	0.27	5	1	0.86	0.92	0.86	0.14	0.00	0.00	1	0	2
173	2	0.42	8	2	0.97	1.00	0.88	0.03	0.09	0.15	2	1	0
174	0	0.38	4	1	0.83	0.80	0.78	0.17	0.06	0.06	3	0	1
175	0	0.38	3	2	0.89	0.86	0.67	0.11	0.22	0.00	0	0	1
176	0	0.44	6	0	1.00	1.00	0.77	0.00	0.23	0.00	4	1	1
177	0	0.80	3	1	0.89	0.89	0.67	0.11	0.22	0.28	2	1	2
178	0	0.70	3	1	0.94	1.00	0.65	0.06	0.29	0.24	0	0	0
179	0	0.33	6	2	0.94	0.93	0.88	0.06	0.06	0.44	3	1	0
180	0	0.69	8	0	0.91	0.95	0.77	0.09	0.14	0.14	4	3	1
181	0	0.27	3	1	0.79	0.85	0.71	0.21	0.07	0.36	0	0	2
182	1	0.41	8	1	0.87	0.89	0.68	0.13	0.19	0.10	3	2	0
183	0	0.36	9	1	1.00	1.00	0.93	0.00	0.07	0.13	4	0	0
184	0	0.24	5	0	0.95	0.95	0.86	0.05	0.10	0.10	2	1	0
185	0	0.44	4	2	0.85	0.83	0.73	0.15	0.12	0.04	2	0	2
186	1	0.38	8	3	0.91	0.90	0.91	0.09	0.00	0.09	4	0	1
187	0	0.57	7	2	0.94	0.97	0.85	0.06	0.09	0.03	5	0	2
188	0	0.38	8	2	1.00	1.00	0.86	0.00	0.14	0.05	7	2	3
189	2	0.50	6	1	0.92	0.95	0.67	0.08	0.25	0.21	1	2	1
190	1	0.38	6	0	0.73	0.85	0.61	0.27	0.12	0.09	3	0	2
191	1	0.54	5	0	0.90	0.88	0.75	0.10	0.15	0.15	2	1	5
192	0	0.54	5	1	1.00	1.00	0.80	0.00	0.20	0.05	3	2	2
193	1	0.36	2	2	0.79	0.81	0.63	0.21	0.16	0.16	0	0	2
194	0	0.42	3	2	0.94	0.93	0.71	0.06	0.24	0.18	1	1	0
195	0	0.31	5	1	0.76	0.76	0.76	0.24	0.00	0.06	1	0	1
196	0	0.50	8	0	1.00	1.00	0.94	0.00	0.06	0.17	3	1	1
197	0	0.50	6	1	0.93	0.96	0.78	0.07	0.15	0.07	4	0	2
198	0	0.29	5	1	0.83	0.93	0.67	0.11	0.17	0.22	1	1	0
199	1	0.69	3	2	0.91	0.88	0.73	0.09	0.18	0.14	3	0	0
200	0	0.47	5	1	0.95	0.95	0.68	0.05	0.27	0.23	6	1	0

第 6 章　健常成人のロールシャッハ統計値　189

表 7 - 6　健常成人のロールシャッハ統計値（TTNRD）（つづき）

ID	Col-ShdBlends	Afr	P	C	XA%	WDA%	X+%	X-%	Xu%	Isolate/R	H	(H)	Hd
201	1	0.33	6	1	0.95	0.94	0.75	0.05	0.20	0.10	1	1	0
202	0	0.42	3	0	1.00	1.00	0.94	0.00	0.06	0.29	0	1	0
203	0	0.27	4	1	0.84	0.82	0.74	0.11	0.11	0.00	0	1	1
204	0	0.63	6	3	0.88	0.88	0.81	0.12	0.08	0.00	4	0	0
205	0	0.27	7	1	0.96	0.96	0.79	0.04	0.18	0.14	5	0	1
206	0	0.36	4	1	0.93	0.93	0.93	0.07	0.00	0.33	2	0	1
207	2	0.83	5	2	0.86	0.91	0.52	0.14	0.34	0.14	1	2	1
208	0	0.57	8	0	0.86	0.90	0.73	0.14	0.14	0.27	4	1	1
209	0	0.45	7	0	0.94	0.94	0.81	0.06	0.13	0.13	4	1	0
210	0	0.45	3	1	0.94	0.94	0.75	0.06	0.19	0.38	2	0	1
211	0	0.27	5	1	0.93	1.00	0.86	0.07	0.07	0.21	0	0	1
212	0	0.40	6	1	1.00	1.00	0.90	0.00	0.10	0.29	3	2	1
213	1	0.36	5	2	0.87	0.86	0.73	0.13	0.13	0.07	3	1	1
214	2	0.63	6	2	0.92	0.91	0.81	0.08	0.12	0.38	3	0	1
215	0	0.23	5	1	1.00	1.00	0.75	0.00	0.25	0.13	2	1	0
216	0	0.43	5	1	0.80	0.78	0.55	0.20	0.25	0.25	1	0	1
217	1	0.42	8	1	0.93	0.95	0.78	0.07	0.15	0.15	2	1	2
218	0	0.44	3	1	0.74	0.75	0.70	0.26	0.04	0.22	3	0	1
219	0	0.36	2	2	0.84	0.92	0.68	0.16	0.16	0.05	2	1	1
220	0	0.70	5	1	1.00	1.00	0.59	0.00	0.41	0.65	1	1	0
221	0	0.50	4	2	1.00	1.00	0.71	0.00	0.29	0.08	3	1	1
222	0	0.36	4	1	0.89	0.89	0.68	0.11	0.21	0.21	2	1	1
223	1	0.72	9	1	0.88	0.90	0.60	0.12	0.28	0.16	9	0	2
224	1	0.43	3	2	0.97	0.97	0.64	0.03	0.33	0.33	4	0	0
225	0	0.64	6	0	1.00	1.00	0.87	0.00	0.13	0.13	2	2	2
226	1	0.79	5	1	0.97	0.96	0.59	0.03	0.38	0.00	2	0	2
227	1	0.42	5	2	0.88	0.90	0.59	0.12	0.29	0.24	3	0	0
228	0	0.33	3	1	0.81	0.87	0.69	0.19	0.13	0.00	6	1	1
229	0	0.35	7	1	0.91	0.95	0.70	0.09	0.22	0.30	2	0	1
230	0	0.47	8	1	0.86	0.94	0.82	0.14	0.05	0.05	4	0	2
231	0	0.45	3	1	0.88	0.92	0.69	0.13	0.19	0.13	1	0	1
232	0	0.45	2	1	0.75	0.73	0.69	0.25	0.06	0.38	0	0	1
233	1	0.76	5	1	0.70	0.72	0.57	0.30	0.13	0.20	3	0	3
234	1	1.00	4	0	0.89	0.86	0.67	0.11	0.22	0.06	5	2	0
235	0	0.73	3	2	0.95	0.94	0.89	0.05	0.05	0.21	4	0	0
236	0	0.42	4	2	0.94	0.94	0.88	0.06	0.06	0.18	2	0	0
237	1	0.56	4	0	0.93	0.92	0.79	0.07	0.14	0.07	5	2	0
238	0	0.48	5	1	0.94	0.94	0.68	0.06	0.26	0.06	0	0	1
239	0	0.55	8	1	0.88	0.90	0.71	0.12	0.18	0.18	2	0	1
240	0	0.67	5	1	0.96	0.96	0.72	0.04	0.24	0.12	3	1	2
241	1	0.36	5	2	0.89	0.88	0.74	0.11	0.16	0.26	3	0	2
242	0	0.53	4	1	0.91	0.95	0.74	0.09	0.17	0.43	1	0	1
243	0	0.42	4	1	0.82	0.82	0.71	0.18	0.12	0.24	2	0	1
244	0	0.40	5	2	0.95	1.00	0.90	0.05	0.05	0.24	2	0	0
245	0	0.53	4	1	0.96	0.95	0.74	0.04	0.22	0.04	2	0	3
246	0	0.36	3	2	0.93	1.00	0.53	0.07	0.40	0.27	1	0	0
247	0	0.33	4	2	0.81	0.81	0.69	0.19	0.13	0.13	2	0	1
248	0	0.43	8	0	0.90	0.90	0.85	0.10	0.05	0.00	1	0	2
249	0	0.36	7	1	0.93	1.00	0.87	0.07	0.07	0.07	2	0	2
250	0	0.39	5	3	0.96	0.96	0.88	0.04	0.08	0.16	4	0	4

190　ロールシャッハ・テスト統計集

表7－6　健常成人のロールシャッハ統計値（TTNRD）（つづき）

ID	Col-ShdBlends	Afr	P	C	XA%	WDA%	X+%	X-%	Xu%	Isolate/R	H	(H)	Hd
251	0	0.32	5	1	1.00	1.00	0.84	0.00	0.16	0.36	2	0	0
252	1	0.42	7	2	0.88	0.93	0.74	0.09	0.15	0.18	1	2	1
253	0	0.38	5	1	0.89	0.88	0.72	0.11	0.17	0.33	2	1	0
254	0	0.70	5	2	0.82	0.82	0.82	0.18	0.00	0.06	1	0	1
255	0	0.35	5	1	0.91	0.90	0.65	0.09	0.26	0.04	3	1	1
256	0	0.48	7	1	0.97	0.97	0.82	0.03	0.15	0.15	4	0	0
257	0	0.33	5	1	0.94	1.00	0.75	0.06	0.19	0.13	2	0	2
258	0	0.57	3	2	0.86	0.86	0.82	0.14	0.05	0.18	1	0	2
259	0	0.43	5	1	0.73	0.69	0.48	0.27	0.24	0.12	4	0	1
260	0	0.41	9	1	1.00	1.00	0.88	0.00	0.13	0.17	3	0	4
261	0	0.63	6	2	1.00	1.00	0.77	0.00	0.23	0.03	7	4	4
262	0	0.50	5	1	0.80	0.80	0.65	0.20	0.16	0.24	5	0	2
263	0	0.35	6	0	0.78	0.85	0.43	0.22	0.35	0.09	1	2	1
264	0	0.35	5	2	0.97	0.97	0.74	0.03	0.23	0.16	4	1	2
265	0	0.73	7	2	0.96	0.96	0.85	0.04	0.12	0.08	5	2	0
266	0	0.35	5	2	0.89	0.88	0.63	0.11	0.26	0.04	3	0	1
267	1	0.50	3	1	0.86	0.94	0.62	0.14	0.24	0.38	2	0	2
268	1	0.50	6	1	0.96	0.95	0.75	0.04	0.21	0.08	3	1	2
269	0	0.47	4	1	0.86	0.86	0.46	0.14	0.39	0.11	1	0	0
270	0	0.60	9	2	0.84	0.88	0.75	0.16	0.09	0.06	6	0	3
271	0	0.38	7	1	0.89	0.94	0.83	0.11	0.06	0.39	3	0	0
272	2	0.48	8	0	0.81	0.81	0.60	0.19	0.21	0.14	6	1	7
273	0	0.55	4	2	0.90	0.88	0.71	0.10	0.19	0.13	9	3	4
274	0	0.48	5	2	0.97	0.96	0.81	0.03	0.16	0.19	10	0	3
275	0	0.27	3	1	0.95	0.94	0.89	0.05	0.05	0.21	2	2	0
276	0	0.45	1	1	0.94	1.00	0.69	0.06	0.25	0.13	2	0	3
277	0	0.61	6	1	0.93	1.00	0.69	0.07	0.24	0.14	1	0	1
278	0	0.57	6	1	0.86	0.94	0.68	0.14	0.18	0.23	3	0	1
279	0	0.56	4	2	0.88	0.89	0.64	0.12	0.24	0.12	3	2	2
280	1	0.57	6	1	0.95	0.95	0.73	0.05	0.23	0.09	1	1	1
281	0	0.45	7	0	0.98	1.00	0.74	0.02	0.24	0.05	6	1	7
282	0	0.55	6	0	0.82	0.90	0.56	0.18	0.26	0.12	4	2	5
283	0	0.63	4	2	0.85	0.87	0.65	0.15	0.19	0.15	2	1	1
284	1	0.55	5	2	0.90	0.89	0.84	0.10	0.06	0.16	3	0	1
285	0	0.65	8	1	0.93	0.95	0.71	0.07	0.21	0.04	8	0	2
286	0	0.78	5	2	0.88	0.87	0.69	0.13	0.19	0.03	6	0	6
287	0	0.56	7	1	1.00	1.00	0.71	0.00	0.29	0.07	3	2	1
288	0	0.56	3	2	0.96	0.96	0.57	0.00	0.39	0.11	2	0	2
289	0	0.56	7	0	0.93	0.96	0.79	0.07	0.14	0.11	3	3	1
290	0	0.29	7	1	0.89	0.89	0.70	0.11	0.19	0.19	6	0	0
291	0	0.33	7	0	0.92	0.95	0.79	0.08	0.13	0.00	2	2	1
292	0	0.33	4	3	0.85	0.89	0.75	0.15	0.10	0.05	1	0	2
293	0	0.35	7	1	0.87	0.95	0.78	0.13	0.09	0.17	4	1	1
294	1	0.56	10	2	0.98	0.97	0.81	0.02	0.17	0.17	9	1	6
295	1	0.45	7	1	0.90	0.93	0.76	0.10	0.14	0.14	6	0	3
296	4	0.42	8	2	0.81	0.82	0.70	0.19	0.11	0.32	2	3	2
297	0	0.50	5	1	0.95	1.00	0.79	0.05	0.15	0.08	3	1	5
298	1	0.42	7	2	1.00	1.00	1.00	0.00	0.00	0.04	7	1	2
299	1	0.40	4	1	0.90	0.89	0.71	0.10	0.19	0.24	2	1	3
300	0	0.63	7	1	1.00	1.00	0.77	0.00	0.23	0.10	2	0	1

第6章 健常成人のロールシャッハ統計値 191

表7−6 健常成人のロールシャッハ統計値（TTNRD）（つづき）

ID	Col-ShdBlends	Afr	P	C	XA%	WDA%	X+%	X-%	Xu%	Isolate/R	H	(H)	Hd
501	1	0.50	5	1	0.93	0.93	0.67	0.07	0.27	0.07	2	0	1
502	0	0.56	7	2	0.92	0.91	0.76	0.08	0.16	0.08	2	0	0
503	0	0.77	4	2	0.96	0.96	0.78	0.04	0.17	0.00	3	0	0
504	1	0.39	9	1	0.84	0.83	0.72	0.16	0.13	0.50	2	1	0
505	0	0.47	3	0	0.88	0.95	0.72	0.12	0.16	0.08	3	0	1
506	0	0.67	5	1	0.87	1.00	0.60	0.13	0.27	0.10	1	2	5
507	1	0.57	6	0	0.88	0.86	0.82	0.12	0.06	0.12	3	3	2
508	0	0.81	6	1	0.97	1.00	0.79	0.03	0.17	0.10	4	0	0
509	0	0.35	7	2	0.93	1.00	0.85	0.07	0.07	0.19	4	0	4
510	0	0.41	7	1	0.87	0.91	0.74	0.10	0.13	0.32	4	0	2
511	0	0.54	5	1	0.90	0.94	0.85	0.10	0.05	0.00	2	0	0
512	0	0.75	4	1	0.93	1.00	0.86	0.04	0.07	0.29	6	0	2
513	0	0.36	4	2	0.93	0.93	0.93	0.00	0.00	0.20	1	0	0
514	1	0.35	2	0	0.91	0.88	0.61	0.09	0.30	0.09	2	0	3
515	1	0.67	1	2	0.96	0.96	0.84	0.04	0.12	0.12	2	0	1
516	2	0.67	3	2	1.00	1.00	0.80	0.00	0.20	0.30	2	0	0
517	0	0.62	5	0	0.90	0.89	0.81	0.10	0.10	0.10	4	0	1
518	0	0.42	9	0	0.94	0.96	0.71	0.06	0.24	0.12	7	2	2
519	0	0.63	5	1	0.94	0.93	0.74	0.06	0.19	0.19	5	0	1
520	0	0.53	5	2	0.97	0.96	0.62	0.03	0.34	0.31	3	1	1
521	0	0.26	4	2	0.88	0.90	0.71	0.13	0.17	0.08	1	0	0
522	0	0.45	4	1	0.91	0.91	0.58	0.09	0.33	0.09	0	2	2
523	0	0.61	6	1	0.86	0.88	0.72	0.14	0.14	0.21	4	0	1
524	2	0.54	7	1	0.93	0.94	0.74	0.07	0.19	0.21	6	3	1
525	1	0.53	6	1	0.93	0.96	0.79	0.07	0.14	0.21	5	1	1
526	1	0.37	3	0	0.92	0.96	0.77	0.08	0.15	0.27	2	0	2
527	0	0.42	5	2	0.88	0.90	0.65	0.12	0.24	0.06	3	3	4
528	1	0.31	5	0	0.88	0.88	0.82	0.12	0.06	0.12	5	1	2
529	1	0.38	5	1	0.90	0.93	0.55	0.10	0.34	0.17	2	0	3
530	0	0.56	6	1	0.93	0.96	0.82	0.07	0.11	0.11	2	0	3
531	0	0.58	6	1	0.90	0.93	0.63	0.10	0.27	0.17	7	1	2
532	0	0.71	7	1	0.97	0.96	0.79	0.03	0.17	0.14	8	1	1
533	0	0.35	8	1	0.94	0.93	0.81	0.03	0.13	0.19	6	2	1
534	0	0.58	5	1	0.95	0.93	0.63	0.05	0.32	0.26	4	0	1
535	0	0.33	6	1	1.00	1.00	0.85	0.00	0.15	0.10	6	1	0
536	0	0.41	6	0	1.00	1.00	0.71	0.00	0.29	0.00	3	1	2
537	0	0.36	3	1	0.95	1.00	0.89	0.05	0.05	0.16	4	1	4
538	0	0.40	4	1	0.90	0.90	0.71	0.10	0.19	0.33	7	0	1
539	1	0.62	5	2	0.90	0.90	0.86	0.10	0.05	0.33	2	3	1
540	0	0.20	8	2	0.94	1.00	0.89	0.06	0.06	0.00	6	2	1
541	0	0.64	8	1	0.94	0.94	0.83	0.06	0.11	0.17	4	2	1
542	0	0.42	6	2	0.88	0.87	0.76	0.12	0.12	0.06	2	0	1
543	1	0.67	4	0	1.00	1.00	0.80	0.00	0.20	0.27	3	3	2
544	0	0.42	3	1	0.88	0.85	0.65	0.12	0.24	0.18	2	0	2
545	0	0.27	6	3	1.00	1.00	1.00	0.00	0.00	0.14	3	0	0
546	0	1.14	4	0	0.93	0.93	0.67	0.07	0.27	0.20	3	1	0
547	0	0.60	5	1	1.00	1.00	0.88	0.00	0.13	0.13	2	0	3
548	0	0.62	7	1	0.95	1.00	0.81	0.05	0.14	0.05	7	0	1
549	0	1.11	5	1	0.95	0.94	0.89	0.05	0.05	0.21	3	1	0
550	0	0.20	6	1	0.83	0.82	0.58	0.17	0.25	0.17	2	1	1

表7−6 健常成人のロールシャッハ統計値（TTNRD）（つづき）

ID	Col-ShdBlends	Afr	P	C	XA%	WDA%	X+%	X-%	Xu%	Isolate/R	H	(H)	Hd
551	0	0.36	7	1	0.89	0.94	0.68	0.11	0.21	0.21	5	0	0
552	0	0.67	6	0	0.93	1.00	0.80	0.07	0.13	0.00	3	0	1
553	0	0.50	5	1	0.96	0.96	0.78	0.04	0.19	0.11	8	1	1
554	0	0.33	9	0	0.80	0.88	0.75	0.20	0.05	0.20	4	2	2
555	0	0.20	5	3	0.96	0.96	0.88	0.04	0.08	0.13	2	2	0
556	2	0.43	9	1	0.91	0.97	0.85	0.09	0.06	0.24	5	4	1
557	1	0.18	5	1	0.90	0.88	0.60	0.10	0.30	0.30	7	0	1
558	0	0.67	6	1	1.00	1.00	0.93	0.00	0.07	0.20	1	0	1
559	0	0.36	6	2	1.00	1.00	0.93	0.00	0.07	0.20	3	0	0
560	0	0.82	5	2	0.95	1.00	0.70	0.05	0.25	0.15	1	0	1
561	1	0.31	5	2	0.90	0.95	0.71	0.05	0.19	0.10	2	2	1
562	0	0.35	5	1	0.96	1.00	0.74	0.04	0.22	0.17	4	2	1
563	0	0.20	5	1	0.89	0.93	0.67	0.11	0.22	0.11	5	0	0
564	1	0.48	7	1	0.87	0.84	0.65	0.13	0.23	0.10	2	2	1
565	0	0.56	8	0	1.00	1.00	0.84	0.00	0.16	0.08	4	1	3
566	1	0.50	6	2	0.77	0.84	0.67	0.23	0.10	0.07	5	0	3
567	1	0.40	10	1	0.86	0.89	0.81	0.14	0.05	0.29	5	1	1
568	0	0.31	4	2	0.88	0.88	0.65	0.12	0.24	0.29	0	0	0
569	1	0.36	6	2	0.89	0.94	0.84	0.11	0.05	0.16	3	0	1
570	1	0.36	1	1	0.67	0.77	0.47	0.33	0.20	0.13	2	1	1
571	2	0.38	7	2	1.00	1.00	0.94	0.00	0.06	0.22	3	1	4
572	1	0.62	7	2	0.95	0.95	0.76	0.05	0.19	0.29	6	0	3
573	0	0.29	4	1	0.83	0.93	0.56	0.11	0.28	0.11	2	0	1
574	0	0.27	8	1	0.88	0.90	0.58	0.12	0.30	0.06	7	2	3
575	0	0.65	4	1	0.89	0.89	0.61	0.11	0.29	0.07	2	0	1
576	0	0.40	3	0	0.79	0.83	0.64	0.21	0.14	0.00	4	0	0
577	0	0.25	6	0	0.80	0.85	0.67	0.20	0.13	0.00	3	0	2
578	0	0.64	4	1	0.89	0.93	0.56	0.11	0.33	0.22	2	0	4
579	0	0.60	4	1	0.91	0.96	0.75	0.09	0.16	0.09	1	1	4
580	0	0.31	4	0	0.76	0.75	0.71	0.24	0.06	0.18	3	3	1
581	0	0.36	8	2	0.95	0.94	0.84	0.05	0.11	0.11	1	0	0
582	1	0.45	4	2	0.83	0.86	0.66	0.17	0.17	0.24	4	1	1
583	1	0.67	6	1	0.93	0.93	0.73	0.07	0.20	0.07	2	0	3
584	0	0.50	5	3	0.93	0.93	0.73	0.07	0.20	0.00	4	0	0
585	0	0.25	4	2	1.00	1.00	0.93	0.00	0.07	0.20	1	0	0
586	1	0.60	4	0	0.94	1.00	0.88	0.06	0.06	0.25	3	1	0
587	0	0.47	6	0	1.00	1.00	0.86	0.00	0.14	0.18	6	0	3
588	1	0.53	7	0	0.97	0.96	0.83	0.00	0.14	0.10	2	3	2
589	0	0.50	7	2	0.83	0.83	0.63	0.17	0.21	0.13	2	1	2
590	0	0.53	4	3	0.96	0.95	0.78	0.04	0.17	0.04	2	0	3
591	0	0.23	4	1	0.89	0.90	0.67	0.11	0.22	0.07	6	1	3
592	0	0.50	6	2	0.95	1.00	0.76	0.05	0.19	0.14	4	0	0
593	0	0.42	2	2	0.88	0.88	0.76	0.12	0.12	0.18	1	0	0
594	0	0.40	6	1	0.93	0.92	0.93	0.07	0.00	0.14	3	0	1
595	0	0.40	3	2	1.00	1.00	0.93	0.00	0.07	0.14	1	0	1
596	0	0.56	9	1	0.96	1.00	0.75	0.04	0.21	0.04	5	1	1
597	1	0.36	3	2	0.89	1.00	0.63	0.11	0.26	0.26	3	0	3
598	0	0.46	6	1	1.00	1.00	0.89	0.00	0.11	0.21	1	0	1
599	0	0.29	4	1	0.78	0.78	0.72	0.22	0.06	0.00	3	1	0
600	0	0.50	7	1	0.94	0.94	0.83	0.06	0.11	0.28	3	1	0

表7−6　健常成人のロールシャッハ統計値（TTNRD）（つづき）

ID	Col-ShdBlends	Afr	P	C	XA%	WDA%	X+%	X-%	Xu%	Isolate/R	H	(H)	Hd
601	0	0.90	7	0	1.00	1.00	0.79	0.00	0.21	0.16	2	1	0
602	1	0.79	7	1	0.92	0.91	0.80	0.08	0.12	0.00	4	2	1
603	1	0.50	7	0	0.95	0.94	0.86	0.05	0.10	0.19	1	2	1
604	0	0.53	6	0	0.91	0.94	0.78	0.09	0.13	0.04	3	0	3
605	1	0.39	4	2	0.92	0.91	0.68	0.08	0.24	0.12	0	0	1
606	0	0.29	5	2	1.00	1.00	0.86	0.00	0.14	0.23	2	0	1
607	1	0.25	4	1	0.90	0.88	0.70	0.05	0.20	0.25	3	0	0
608	0	0.85	6	0	0.88	0.90	0.67	0.13	0.21	0.13	1	2	0
609	1	0.42	5	2	0.89	0.92	0.70	0.07	0.19	0.15	2	1	2
610	0	0.43	6	1	0.90	0.95	0.80	0.10	0.10	0.10	3	1	3
611	0	0.33	6	0	1.00	1.00	0.88	0.00	0.13	0.19	4	0	0
612	0	0.50	5	1	0.94	0.94	0.78	0.06	0.17	0.11	2	2	1
613	0	0.55	5	2	0.90	0.90	0.77	0.10	0.13	0.00	2	1	2
614	0	0.36	5	1	1.00	1.00	0.93	0.00	0.07	0.07	2	1	0
615	1	0.58	7	2	0.89	0.89	0.84	0.05	0.05	0.26	3	0	0
616	0	0.36	9	1	0.95	0.94	0.68	0.05	0.26	0.11	3	0	0
617	0	0.43	4	2	1.00	1.00	0.75	0.00	0.25	0.20	2	0	0
618	1	0.40	4	1	0.93	0.92	0.71	0.07	0.21	0.14	3	1	4
619	1	0.50	5	0	0.83	0.82	0.58	0.17	0.25	0.04	1	1	0
620	1	0.38	7	2	1.00	1.00	0.91	0.00	0.09	0.14	7	2	3
621	1	0.35	8	1	0.96	0.96	0.85	0.04	0.11	0.22	5	3	1
622	1	0.43	4	1	0.95	0.93	0.50	0.05	0.45	0.10	4	1	0
623	2	0.59	6	2	1.00	1.00	0.67	0.00	0.33	0.07	2	4	2
624	1	0.45	7	0	0.94	1.00	0.63	0.06	0.31	0.31	6	1	0
625	0	0.24	2	1	0.95	1.00	0.67	0.05	0.29	0.29	5	3	0
626	4	0.38	7	1	0.95	0.95	0.77	0.05	0.18	0.32	3	1	1
627	0	0.38	4	1	0.83	0.80	0.67	0.06	0.17	0.11	2	1	0
628	0	0.80	6	0	0.89	0.89	0.67	0.11	0.22	0.00	2	0	0
629	1	0.33	7	0	0.85	0.89	0.70	0.15	0.15	0.15	2	0	1
630	0	0.43	6	2	1.00	1.00	0.85	0.00	0.15	0.05	2	0	4
631	0	0.40	4	2	0.71	0.75	0.71	0.29	0.00	0.29	1	0	1
632	2	0.40	5	1	0.93	0.93	0.86	0.07	0.07	0.29	3	1	0
633	0	0.58	4	2	0.89	0.93	0.74	0.11	0.16	0.11	3	0	2
634	2	0.30	5	1	0.92	0.95	0.92	0.08	0.00	0.12	4	0	1
635	1	0.43	5	1	1.00	1.00	0.90	0.00	0.10	0.10	2	1	1
636	0	0.71	5	1	0.88	0.87	0.58	0.13	0.29	0.08	1	0	0
637	0	0.44	4	3	0.83	0.86	0.61	0.17	0.22	0.26	3	2	1
638	0	0.46	4	1	0.95	0.94	0.74	0.05	0.21	0.11	1	2	1
639	0	0.20	7	2	0.94	0.94	0.83	0.06	0.11	0.17	1	1	0
640	0	0.42	5	0	1.00	1.00	0.88	0.00	0.12	0.24	2	0	1
641	1	0.40	6	2	1.00	1.00	0.93	0.00	0.07	0.29	1	0	1
642	0	0.56	4	1	0.86	0.86	0.71	0.14	0.14	0.29	2	0	0
643	0	0.40	5	0	1.00	1.00	0.71	0.00	0.29	0.07	5	0	1
644	0	0.40	2	1	0.86	0.85	0.86	0.14	0.00	0.07	1	0	1
645	1	0.54	4	3	0.95	0.94	0.80	0.05	0.15	0.05	2	0	3
646	2	0.39	6	1	1.00	1.00	0.76	0.00	0.24	0.12	2	0	3
647	2	0.29	7	1	0.95	0.94	0.82	0.05	0.14	0.18	7	3	1
648	1	0.25	6	1	0.95	0.95	0.95	0.05	0.00	0.35	2	0	0
649	2	0.77	6	1	0.96	0.95	0.78	0.04	0.17	0.35	1	0	2
650	0	0.29	8	1	0.93	0.92	0.74	0.07	0.19	0.00	3	0	0

194 ロールシャッハ・テスト統計集

表7－6 健常成人のロールシャッハ統計値（TTNRD）（つづき）

ID	Col-ShdBlends	Afr	P	C	XA%	WDA%	X+%	X-%	Xu%	Isolate/R	H	(H)	Hd
651	1	0.50	6	1	1.00	1.00	0.90	0.00	0.10	0.24	3	0	0
652	2	0.47	8	0	0.86	0.88	0.68	0.14	0.18	0.29	2	0	3
653	0	0.50	9	1	0.85	0.88	0.78	0.15	0.07	0.11	5	1	1
654	0	0.50	7	1	1.00	1.00	0.89	0.00	0.11	0.44	5	0	1
655	0	0.60	6	2	1.00	1.00	0.71	0.00	0.29	0.17	2	2	0
656	1	0.38	7	1	1.00	1.00	1.00	0.00	0.00	0.06	5	0	0
657	0	0.45	4	2	0.94	0.93	0.81	0.06	0.13	0.00	4	0	0
658	1	0.33	7	3	0.90	0.90	0.85	0.10	0.05	0.10	3	0	1
659	1	0.50	6	1	0.97	0.95	0.73	0.03	0.23	0.20	1	0	4
660	0	0.83	6	1	0.95	0.95	0.82	0.05	0.14	0.09	4	0	0
661	0	0.56	8	0	0.92	0.95	0.84	0.08	0.08	0.16	2	1	2
662	0	0.55	5	0	0.94	0.96	0.74	0.06	0.19	0.13	8	1	1
663	0	0.67	5	0	0.75	0.76	0.55	0.25	0.20	0.10	1	2	0
664	0	0.42	9	3	0.89	0.90	0.70	0.11	0.18	0.20	1	2	1
665	1	0.39	6	1	1.00	1.00	0.80	0.00	0.20	0.16	9	1	2
666	0	0.82	3	0	0.95	0.95	0.75	0.05	0.20	0.10	1	2	0
667	0	0.63	5	1	1.00	1.00	0.88	0.00	0.12	0.12	2	1	3
668	0	0.41	5	0	0.89	0.97	0.55	0.11	0.34	0.05	4	1	6
669	0	0.42	6	0	0.94	0.94	0.88	0.06	0.06	0.18	4	1	1
670	0	0.41	8	1	0.82	0.87	0.63	0.18	0.18	0.03	4	2	3
671	0	0.31	5	2	0.94	1.00	0.65	0.06	0.29	0.24	3	0	0
672	1	0.45	9	3	0.94	1.00	0.88	0.06	0.06	0.06	1	4	3
673	0	0.83	4	0	0.95	0.94	0.77	0.05	0.18	0.05	4	0	1
674	0	0.63	6	1	0.96	0.96	0.77	0.04	0.19	0.15	4	3	0
675	0	0.70	7	2	0.94	0.94	0.82	0.06	0.12	0.06	3	1	0
676	0	0.48	11	0	0.88	0.90	0.79	0.12	0.09	0.15	6	0	1
677	0	0.57	6	1	1.00	1.00	0.82	0.00	0.18	0.00	6	2	1
678	0	0.41	8	2	0.83	0.83	0.79	0.17	0.04	0.08	3	1	3
679	0	0.38	4	2	0.94	0.94	0.94	0.06	0.00	0.11	3	0	0
680	0	0.56	6	1	0.96	0.96	0.71	0.04	0.25	0.14	5	1	2
681	0	0.47	5	1	0.91	0.95	0.91	0.09	0.00	0.00	4	0	3
682	1	0.70	8	2	0.97	0.97	0.79	0.03	0.18	0.32	6	1	2
683	2	0.77	6	1	0.96	0.95	0.78	0.04	0.17	0.35	1	0	2
684	0	0.64	3	1	0.94	0.93	0.78	0.06	0.17	0.17	2	0	2
685	0	0.53	8	2	1.00	1.00	0.92	0.00	0.08	0.12	3	0	3
686	0	0.50	8	2	0.86	0.84	0.81	0.14	0.05	0.19	2	0	1
687	0	0.45	7	1	0.91	0.90	0.75	0.09	0.16	0.19	1	3	0
688	0	0.65	8	1	0.93	0.95	0.81	0.07	0.12	0.02	8	3	0
689	1	0.48	4	2	0.95	0.97	0.73	0.05	0.22	0.11	3	0	4
690	0	0.64	5	1	1.00	1.00	0.87	0.00	0.13	0.17	2	2	0
691	0	0.43	5	1	0.95	0.95	0.80	0.05	0.15	0.30	3	2	2
692	1	0.33	5	2	1.00	1.00	0.75	0.00	0.25	0.15	3	1	2
693	0	0.53	5	1	0.83	0.94	0.65	0.17	0.17	0.26	1	0	0
694	0	0.25	8	1	1.00	1.00	0.93	0.00	0.07	0.07	5	3	0
695	0	0.73	6	1	0.89	0.89	0.79	0.11	0.11	0.53	2	0	0
696	0	0.70	7	1	0.91	1.00	0.68	0.09	0.24	0.09	5	0	4
697	0	1.00	5	2	0.93	0.96	0.77	0.07	0.17	0.13	5	4	0
698	1	0.71	7	2	0.93	0.93	0.83	0.07	0.10	0.28	2	1	1
699	0	0.67	6	1	0.92	0.92	0.68	0.08	0.24	0.08	2	0	0
700	1	0.47	5	0	0.86	0.92	0.68	0.14	0.18	0.25	4	0	0

表7－7　健常成人のロールシャッハ統計値（TTNRD）

ID	(Hd)	Hx	AllH	A	(A)	Ad	(Ad)	An	Art	Ay	Bl	Bt	Cg	Cl	Ex	Fd
101	0	0	5	5	1	4	0	1	1	0	0	3	3	1	0	0
102	0	0	6	6	0	6	0	2	1	0	0	5	1	0	2	0
103	0	0	3	17	2	0	0	0	0	1	1	2	0	0	0	1
104	0	0	8	8	0	2	0	0	0	1	0	3	3	0	0	0
105	0	0	5	3	0	3	0	0	1	2	0	1	1	0	0	0
106	0	0	3	13	0	3	0	0	3	0	0	2	0	0	0	0
107	0	0	3	14	0	0	0	3	0	0	0	5	0	0	3	2
108	0	0	8	15	0	3	0	0	1	0	0	1	1	1	0	1
109	0	0	3	10	1	4	0	0	0	0	0	0	2	0	0	0
110	1	0	4	11	1	2	1	0	1	0	0	2	1	0	0	0
111	0	0	7	17	1	5	0	0	0	1	0	1	2	1	0	0
112	0	0	4	12	3	3	2	0	0	0	0	1	0	0	0	0
113	2	0	7	7	1	5	0	1	1	0	2	3	1	0	0	0
114	2	0	9	9	0	1	0	0	0	0	0	1	0	0	0	1
115	2	0	9	12	4	0	0	1	1	2	1	2	2	0	0	0
116	1	0	7	9	3	4	1	0	1	0	0	2	2	0	0	1
117	3	0	10	8	0	7	0	1	1	0	0	2	3	0	0	0
118	0	0	5	16	0	4	0	2	2	0	1	4	1	0	1	1
119	0	0	3	7	0	5	0	2	1	0	0	0	0	0	1	1
120	1	0	8	7	0	1	0	1	2	0	1	0	1	1	0	0
121	1	0	7	10	0	4	0	0	1	0	0	0	0	0	0	0
122	0	0	7	9	0	0	0	1	0	0	1	4	0	0	1	0
123	0	0	7	6	1	4	0	0	0	1	0	3	4	0	1	2
124	2	0	8	3	2	2	0	0	1	1	0	0	4	0	0	0
125	0	0	3	9	0	5	0	0	0	0	0	2	0	0	1	0
126	0	0	9	4	1	4	0	0	1	1	0	1	2	0	0	0
127	0	0	6	6	0	3	0	0	2	0	0	2	1	0	0	0
128	0	0	2	11	1	2	2	0	1	1	0	0	0	0	0	0
129	0	0	4	4	1	2	0	1	0	0	0	2	2	0	0	0
130	0	0	0	9	1	4	0	0	0	0	0	1	0	0	0	0
131	2	0	4	4	1	2	1	0	2	0	0	1	1	0	1	0
132	0	0	3	10	0	1	0	0	0	0	0	4	1	0	0	0
133	1	0	6	9	0	5	0	0	0	0	0	2	1	0	0	0
134	0	0	3	5	0	2	0	0	1	1	0	4	1	0	2	0
135	0	0	4	4	0	3	0	1	1	1	0	4	2	0	1	0
136	0	0	11	10	1	4	0	0	1	0	0	5	2	0	0	1
137	0	0	5	9	0	2	0	1	0	0	1	2	1	0	0	0
138	2	0	16	3	3	0	1	0	2	0	0	0	4	0	1	0
139	0	0	1	8	0	3	0	1	0	2	0	1	0	0	0	0
140	1	0	5	9	0	3	0	0	0	1	0	2	2	0	1	1
141	0	0	4	10	1	3	0	0	1	1	0	0	0	0	1	0
142	0	0	0	3	1	3	0	1	0	0	0	2	0	0	1	0
143	1	0	4	10	0	2	0	0	1	1	0	0	2	0	0	1
144	0	0	1	12	0	3	0	0	0	0	0	4	0	0	0	0
145	0	0	7	15	1	7	0	2	0	1	0	0	3	0	0	1
146	0	0	1	9	0	3	0	0	1	0	0	5	0	2	0	1
147	0	0	5	17	0	2	0	0	1	0	0	0	1	0	0	0
148	2	0	9	13	0	10	0	0	2	1	0	1	3	0	0	0
149	0	0	5	5	0	6	0	0	0	1	0	0	1	0	0	0
150	0	0	7	10	1	2	1	1	2	2	1	2	3	0	0	0

196　ロールシャッハ・テスト統計集

表7－7　健常成人のロールシャッハ統計値（TTNRD）（つづき）

ID	(Hd)	Hx	AllH	A	(A)	Ad	(Ad)	An	Art	Ay	Bl	Bt	Cg	Cl	Ex	Fd
151	1	0	8	11	1	1	1	1	1	0	0	5	4	0	0	0
152	0	0	5	11	1	2	0	1	1	0	0	3	0	0	0	0
153	1	0	4	10	0	0	0	0	1	1	0	3	2	0	0	1
154	1	0	6	3	1	1	0	0	0	1	0	1	0	0	1	0
155	0	0	6	3	2	2	0	0	0	0	0	0	2	0	0	0
156	0	0	4	4	0	4	0	0	1	0	0	3	0	0	2	3
157	0	0	5	8	0	6	0	0	0	0	0	3	0	0	0	0
158	0	0	6	6	0	1	0	0	0	1	0	2	1	0	0	0
159	0	0	6	10	0	4	0	0	1	0	0	4	4	0	0	1
160	1	0	5	5	1	0	0	2	1	0	0	2	2	0	0	0
161	0	0	4	5	0	3	0	0	1	0	0	2	0	0	0	1
162	0	0	1	6	0	3	0	0	2	0	0	1	1	0	1	1
163	0	0	3	6	2	0	0	0	2	0	0	0	1	0	0	1
164	2	0	4	7	0	4	0	0	4	0	0	2	1	0	0	0
165	1	0	4	5	0	3	0	0	1	0	0	1	0	0	0	0
166	2	0	5	12	0	2	0	0	2	1	0	3	3	0	1	1
167	0	0	5	7	0	9	0	1	1	0	0	1	2	0	0	0
168	1	0	12	4	0	1	0	0	2	1	0	0	3	0	0	0
169	1	0	18	9	2	3	0	1	1	1	0	4	7	0	0	1
170	0	0	5	4	2	1	1	0	0	0	0	0	2	0	0	1
171	0	0	3	6	0	6	0	0	0	0	0	0	0	0	0	0
172	0	0	3	9	0	2	0	0	0	0	0	0	0	0	0	0
173	0	0	3	15	0	3	0	0	2	0	0	4	3	0	0	2
174	0	0	4	4	0	4	0	0	0	0	0	1	2	0	0	3
175	0	0	1	12	0	5	0	0	0	0	0	0	0	0	0	0
176	0	0	6	8	1	5	0	0	2	2	0	0	1	0	0	0
177	0	0	5	5	1	2	1	0	1	0	0	5	1	0	0	0
178	0	0	0	9	0	2	0	1	0	0	0	3	0	0	0	1
179	0	0	4	5	0	0	0	1	1	0	0	3	0	0	0	1
180	0	0	8	11	1	2	0	0	1	0	0	1	2	0	0	0
181	0	0	2	5	0	3	0	0	1	0	0	3	1	1	0	0
182	0	0	5	12	0	3	0	1	3	1	0	1	2	0	0	2
183	0	0	4	7	0	1	0	0	1	1	0	1	1	0	0	0
184	0	0	3	16	0	2	0	0	0	0	0	1	1	0	0	0
185	0	0	4	8	1	1	2	4	0	1	0	1	1	0	0	0
186	0	0	5	8	1	3	0	0	1	0	0	2	1	0	0	0
187	1	0	8	14	3	5	0	1	0	1	1	1	3	0	0	0
188	0	0	12	6	0	1	0	An	1	1	0	0	2	0	Ex	Fd
189	1	0	5	6	2	2	1	0	4	0	0	2	1	0	0	2
190	1	0	6	13	0	5	0	1	1	0	0	3	0	0	0	1
191	3	0	11	3	1	2	0	0	0	1	0	3	1	0	0	0
192	0	0	7	4	0	5	1	0	2	0	0	1	0	0	0	0
193	1	0	3	7	0	5	0	0	0	0	0	3	1	0	0	0
194	1	0	3	6	0	3	0	0	0	1	0	1	0	0	0	2
195	0	0	2	11	0	1	0	2	0	0	0	1	0	0	0	0
196	0	0	5	6	0	1	0	0	0	0	0	3	2	0	2	0
197	1	0	7	13	2	3	0	0	1	0	0	0	0	0	0	0
198	2	0	4	3	1	4	0	1	1	0	0	1	0	0	0	0
199	0	0	3	3	0	8	1	0	2	0	0	3	2	0	1	2
200	0	0	7	6	1	3	0	0	0	0	0	1	3	0	0	0

第6章　健常成人のロールシャッハ統計値　197

表7－7　健常成人のロールシャッハ統計値（TTNRD）（つづき）

ID	(Hd)	Hx	AllH	A	(A)	Ad	(Ad)	An	Art	Ay	Bl	Bt	Cg	Cl	Ex	Fd
201	2	0	4	6	2	6	0	0	2	0	0	1	0	0	0	0
202	1	0	2	5	2	2	0	0	1	0	0	5	0	0	0	1
203	1	0	3	7	1	2	0	1	0	0	1	0	0	0	0	0
204	1	0	5	11	0	6	0	3	0	0	0	0	2	0	0	0
205	2	0	8	8	3	3	0	1	1	2	0	1	2	0	0	1
206	0	0	3	6	0	1	0	0	0	0	0	2	1	1	0	0
207	0	0	4	18	3	3	1	2	1	2	0	4	3	0	0	0
208	0	0	6	9	0	2	2	1	0	0	0	1	3	1	0	0
209	0	0	5	6	0	0	0	0	0	0	0	2	2	0	0	0
210	0	0	3	5	0	3	0	0	0	0	1	3	1	0	1	0
211	0	0	1	6	1	2	0	1	1	0	0	0	0	0	0	1
212	2	0	8	6	1	2	0	0	2	1	0	6	1	0	0	0
213	0	0	5	3	0	5	0	1	3	1	0	1	1	0	0	0
214	1	0	5	7	2	4	0	0	1	1	0	3	1	2	2	0
215	0	0	3	7	0	2	0	0	0	0	0	0	1	0	0	1
216	0	0	2	9	1	3	0	0	0	0	0	3	0	0	0	2
217	0	0	5	14	0	5	0	0	1	0	0	2	1	0	0	0
218	0	1	4	8	1	1	0	1	2	0	1	5	1	0	1	1
219	1	0	5	5	1	4	0	0	3	1	0	0	1	0	0	1
220	0	0	2	6	0	2	0	0	2	0	0	4	1	0	0	0
221	1	0	6	5	2	4	0	0	2	1	0	1	4	0	0	1
222	3	0	7	6	2	0	0	0	2	0	0	3	0	0	0	0
223	2	0	13	10	0	5	1	0	1	3	0	1	5	2	0	5
224	0	0	4	12	0	4	0	0	0	0	0	5	0	0	1	0
225	3	0	9	7	0	2	1	0	1	1	0	1	1	0	0	0
226	2	0	6	12	0	6	0	1	1	0	0	0	2	0	0	2
227	0	0	3	7	0	5	0	0	1	0	0	8	0	0	0	5
228	1	0	9	2	3	2	0	0	2	0	0	0	7	0	0	0
229	1	0	4	10	1	1	1	0	1	0	0	2	1	0	0	2
230	1	0	7	8	1	1	0	2	3	0	0	1	2	0	0	1
231	0	0	2	15	0	3	0	1	0	0	0	2	1	0	2	3
232	1	0	2	7	0	2	0	1	1	0	0	4	0	1	0	0
233	1	0	7	12	0	3	0	1	2	0	0	4	0	0	1	1
234	1	0	8	7	0	0	2	1	1	1	0	1	1	0	0	0
235	3	0	7	6	0	1	1	1	0	1	0	2	2	0	0	2
236	0	0	2	8	0	2	0	0	3	0	0	3	1	0	0	1
237	1	0	8	4	0	0	0	0	2	0	0	1	2	0	1	0
238	0	0	1	12	0	3	1	1	5	2	0	1	2	0	2	2
239	0	0	3	16	0	3	0	3	1	0	0	4	0	0	0	1
240	0	0	6	12	1	1	0	0	2	0	0	1	1	0	0	1
241	0	1	5	4	0	2	0	2	1	0	0	0	0	0	0	0
242	0	0	2	6	0	4	0	0	1	0	0	3	0	0	0	0
243	0	0	3	4	0	2	0	1	0	0	0	2	1	0	0	0
244	0	0	2	12	1	2	0	1	0	0	0	5	0	0	0	0
245	0	0	5	6	0	6	0	1	1	0	0	0	1	0	0	1
246	0	0	1	8	0	1	0	0	1	0	0	4	0	0	0	0
247	0	0	2	8	2	1	0	1	0	0	0	2	0	0	0	0
248	0	0	3	16	0	0	0	0	0	0	0	0	0	0	0	1
249	0	0	4	7	0	2	0	1	0	0	0	1	0	0	0	0
250	1	0	9	6	0	3	0	0	7	0	0	2	4	0	0	0

表7－7　健常成人のロールシャッハ統計値（TTNRD）（つづき）

ID	(Hd)	Hx	AllH	A	(A)	Ad	(Ad)	An	Art	Ay	Bl	Bt	Cg	Cl	Ex	Fd
251	0	0	2	10	0	2	0	0	0	0	0	3	1	1	1	0
252	0	1	4	8	1	5	0	2	1	2	0	3	1	0	1	0
253	0	0	3	5	2	0	0	0	2	0	0	6	0	0	1	0
254	0	0	2	6	1	4	0	0	0	0	0	0	0	0	0	1
255	0	0	5	8	2	0	0	0	1	0	0	1	1	0	0	0
256	1	0	5	19	1	4	0	0	0	0	0	3	0	0	1	0
257	0	0	4	4	1	4	0	0	2	0	1	1	2	0	0	0
258	0	0	3	9	1	2	0	0	0	2	0	1	1	0	0	0
259	1	0	6	9	1	3	0	3	3	1	2	1	4	1	1	1
260	1	0	8	8	0	3	0	0	0	0	0	1	1	0	0	1
261	1	0	16	9	0	8	0	0	0	0	0	0	2	0	1	2
262	0	0	7	17	2	11	0	0	1	0	0	8	0	1	0	1
263	0	0	4	8	0	1	0	0	2	0	0	2	0	0	1	0
264	0	0	7	14	0	1	0	1	0	0	0	3	4	0	1	0
265	0	0	7	10	0	6	0	1	0	0	0	0	1	0	0	1
266	0	0	4	8	0	3	0	0	2	0	0	1	0	0	1	3
267	2	0	6	6	0	2	1	0	0	0	0	1	1	1	1	0
268	0	0	6	10	0	3	0	0	1	0	0	1	1	0	0	0
269	0	0	1	16	1	5	0	0	1	0	0	1	0	0	1	0
270	1	0	10	9	0	5	0	1	1	1	0	0	3	0	0	0
271	0	0	3	7	0	2	0	0	0	0	0	2	0	0	0	0
272	1	0	15	9	0	3	0	1	1	1	1	1	4	0	1	0
273	2	0	18	2	2	2	0	0	3	0	0	3	3	0	0	0
274	0	0	13	3	0	3	0	0	0	0	0	4	5	0	0	0
275	1	0	5	3	0	3	0	0	1	0	0	4	3	0	0	0
276	1	0	6	4	0	2	0	0	1	0	1	1	0	0	0	1
277	1	0	3	11	0	5	0	0	0	0	0	0	0	0	1	1
278	2	0	6	10	1	1	0	2	2	1	0	0	2	0	0	0
279	0	0	7	4	2	2	1	0	0	0	0	1	2	0	0	1
280	0	0	3	7	2	2	0	0	0	0	0	2	1	0	0	1
281	0	0	14	8	0	6	1	2	3	2	0	1	6	0	0	0
282	1	0	12	8	0	2	1	0	1	2	0	2	5	0	0	1
283	0	0	4	12	0	5	0	2	0	0	0	0	0	0	0	0
284	0	0	4	9	1	6	1	1	1	0	0	3	2	0	0	0
285	0	0	10	7	1	4	0	2	2	0	1	1	2	0	0	0
286	1	0	13	8	1	2	0	2	0	0	0	0	2	0	0	0
287	1	0	7	5	0	5	2	0	2	0	0	0	0	0	0	0
288	1	1	5	4	4	0	1	4	3	2	0	0	0	1	0	0
289	1	0	8	6	0	6	0	1	1	2	0	2	0	0	0	1
290	0	0	6	13	1	0	0	0	0	0	0	4	1	0	0	2
291	0	0	5	9	0	5	0	1	0	0	0	0	2	0	0	0
292	0	0	3	9	1	2	1	0	0	0	0	0	2	0	0	0
293	0	0	6	8	0	4	0	0	0	0	0	4	1	0	0	0
294	1	0	17	13	0	5	0	0	1	2	0	2	4	0	1	1
295	1	0	10	8	0	2	0	0	1	0	0	2	4	0	0	0
296	0	0	7	7	0	7	1	0	2	0	0	5	3	0	0	0
297	1	0	10	20	0	3	0	1	1	0	0	1	3	0	0	0
298	1	0	11	4	0	4	3	0	1	0	0	0	1	0	0	0
299	0	0	6	3	0	5	0	0	1	0	0	1	1	0	1	1
300	0	0	3	11	0	4	1	0	3	1	0	2	1	0	2	0

表7－7　健常成人のロールシャッハ統計値（TTNRD）（つづき）

ID	(Hd)	Hx	AllH	A	(A)	Ad	(Ad)	An	Art	Ay	Bl	Bt	Cg	Cl	Ex	Fd
501	0	0	3	6	1	1	0	1	0	1	1	1	0	0	0	2
502	0	0	2	17	0	3	0	1	0	0	0	0	1	0	0	1
503	2	0	5	11	2	2	0	0	0	0	0	0	0	0	0	0
504	0	0	3	10	0	3	0	3	1	0	0	3	0	2	1	2
505	0	0	4	18	0	1	0	0	0	0	0	2	0	0	0	0
506	0	0	8	10	0	7	0	0	0	1	0	1	3	0	0	1
507	1	0	9	13	0	2	1	1	3	0	0	2	1	0	0	1
508	0	0	4	16	0	2	0	1	1	0	0	3	2	0	0	1
509	0	0	8	5	1	4	2	0	0	0	0	1	0	0	0	0
510	1	0	7	9	2	3	1	1	2	0	0	1	1	2	1	0
511	0	0	2	12	1	5	0	0	1	0	0	0	0	0	0	0
512	0	0	8	6	1	3	0	1	0	1	0	6	4	1	0	1
513	0	0	1	6	0	2	0	0	1	0	0	1	0	1	1	0
514	0	0	5	7	2	1	0	1	0	0	2	0	1	0	1	1
515	0	0	3	10	0	8	1	0	0	1	1	3	0	0	0	0
516	0	0	2	7	0	3	0	0	1	0	0	4	0	0	0	1
517	0	0	5	8	0	5	0	1	1	0	0	0	3	0	0	0
518	2	0	13	10	0	3	1	1	0	0	1	3	0	0	1	0
519	0	0	6	7	0	4	1	0	3	0	0	5	1	0	0	0
520	0	0	5	10	1	4	0	0	1	0	0	4	3	1	0	0
521	1	0	2	14	0	4	1	1	0	0	1	1	0	0	0	0
522	4	0	8	19	2	2	2	0	3	1	0	1	2	0	0	0
523	0	0	5	15	0	1	1	0	2	0	0	5	1	0	0	0
524	2	0	12	9	0	7	0	0	1	0	1	8	5	0	0	3
525	0	0	7	7	0	6	0	0	0	0	0	5	1	0	0	2
526	0	0	4	8	0	6	1	1	1	0	0	3	1	1	0	0
527	0	0	10	10	1	3	0	1	1	0	0	1	5	0	0	0
528	1	0	9	5	0	2	0	0	1	0	0	2	1	0	0	0
529	1	0	6	7	0	5	1	0	2	1	0	3	0	0	0	3
530	1	0	6	11	1	2	0	1	3	0	0	1	0	1	0	2
531	0	0	10	9	4	2	0	0	1	0	0	1	2	0	0	1
532	1	0	11	9	0	2	0	0	1	1	0	2	4	0	0	1
533	0	0	9	9	0	3	0	1	1	0	0	4	5	0	0	0
534	0	1	5	7	0	3	0	0	0	0	0	4	1	0	0	0
535	0	0	7	6	0	4	0	0	1	0	0	2	2	0	0	0
536	0	0	6	13	0	3	0	0	0	1	0	0	3	0	0	0
537	0	0	9	5	0	2	1	0	2	0	0	2	2	0	0	1
538	0	0	8	5	0	3	0	0	0	1	0	4	2	0	0	0
539	1	0	7	6	1	2	0	0	0	1	0	2	0	0	0	0
540	3	0	12	4	0	3	1	0	2	0	0	0	5	0	0	0
541	0	0	7	6	0	1	0	0	0	0	0	3	1	0	0	1
542	0	0	3	6	0	5	0	0	0	0	0	1	1	0	1	0
543	2	0	10	4	0	0	0	0	4	0	0	0	1	0	0	0
544	1	0	5	3	0	2	0	0	1	0	0	3	1	0	0	1
545	1	0	4	6	1	2	0	0	0	0	1	0	2	0	0	0
546	0	0	4	8	2	1	0	0	1	0	0	2	2	0	0	0
547	0	0	5	7	0	1	1	0	0	0	0	1	1	0	0	0
548	1	0	9	4	0	6	0	0	0	0	0	1	2	0	0	0
549	1	0	5	8	0	2	0	0	0	0	0	4	1	0	0	0
550	0	0	4	8	0	3	1	1	2	1	0	0	1	0	0	0

表7－7 健常成人のロールシャッハ統計値（TTNRD）（つづき）

ID	(Hd)	Hx	AllH	A	(A)	Ad	(Ad)	An	Art	Ay	Bl	Bt	Cg	Cl	Ex	Fd
551	2	0	7	4	0	5	0	0	1	0	0	4	2	0	0	0
552	3	0	7	5	0	1	0	1	1	0	0	0	1	0	0	0
553	0	0	10	10	1	3	0	0	0	1	0	1	4	0	0	1
554	0	0	8	7	0	0	1	0	2	0	0	4	3	0	0	2
555	1	0	5	7	0	4	0	0	1	0	0	3	3	0	0	1
556	0	0	10	8	0	3	0	2	2	0	1	4	4	0	0	1
557	0	0	8	5	0	3	0	0	1	0	0	2	3	0	0	0
558	0	0	2	9	0	1	0	0	2	2	0	3	0	0	0	0
559	0	0	3	7	1	1	0	0	0	1	0	2	1	0	0	0
560	0	0	2	12	2	2	0	0	0	0	0	1	1	0	0	0
561	0	0	5	3	2	5	0	0	2	0	0	1	1	0	0	0
562	0	0	7	7	0	2	2	0	3	0	0	3	1	0	0	0
563	1	0	6	7	0	2	0	1	0	0	0	1	1	0	0	1
564	0	0	5	12	0	7	0	0	0	1	0	2	3	0	0	1
565	0	0	8	6	2	3	1	0	0	0	0	2	2	0	0	0
566	0	0	8	10	0	3	2	2	1	1	1	0	5	0	0	0
567	0	0	7	8	1	1	0	1	2	0	1	2	2	0	0	0
568	0	0	0	8	0	2	0	0	0	0	0	3	0	0	0	0
569	0	0	4	10	0	2	0	1	0	0	0	1	1	0	0	0
570	1	0	5	7	0	3	0	0	0	0	0	2	3	0	0	0
571	1	0	9	2	0	3	0	0	0	0	0	0	3	0	0	0
572	0	0	9	5	0	2	0	0	0	0	0	2	1	0	0	0
573	0	0	3	5	1	2	0	0	1	0	0	0	1	0	0	0
574	2	0	14	8	1	4	0	0	3	0	1	1	6	0	1	0
575	1	0	4	10	2	6	1	0	1	0	0	2	1	0	0	1
576	0	0	4	5	1	1	0	0	0	0	0	0	1	0	0	1
577	1	0	6	4	0	2	1	0	3	0	0	0	1	0	0	0
578	1	0	7	3	0	1	0	0	1	0	1	2	0	0	1	1
579	0	0	6	9	0	3	3	0	2	0	1	2	0	0	0	3
580	0	0	7	6	1	0	0	0	0	1	0	3	3	0	0	0
581	0	0	1	14	2	0	0	0	0	0	0	0	1	0	1	0
582	1	0	7	8	0	4	0	1	1	0	0	1	2	0	0	1
583	0	0	5	7	0	2	0	0	0	0	0	0	0	0	0	0
584	0	0	4	7	0	3	0	0	0	0	0	0	0	0	0	1
585	0	0	1	8	0	1	0	0	1	0	0	2	1	0	0	0
586	0	0	4	5	0	1	1	0	1	0	0	3	3	0	0	0
587	1	0	10	3	0	0	0	0	3	0	1	4	1	0	0	0
588	0	0	7	10	0	4	0	0	0	0	0	1	3	0	2	1
589	0	0	5	6	1	3	0	0	0	0	0	0	0	1	0	1
590	1	0	6	9	1	4	0	2	0	1	1	1	2	0	0	0
591	0	0	10	12	1	1	0	2	1	0	0	0	4	0	0	3
592	0	0	4	11	0	2	0	1	0	0	0	3	1	0	0	0
593	0	0	1	11	1	0	0	0	0	0	0	2	0	0	0	2
594	1	0	5	5	1	2	1	0	1	0	1	1	1	0	0	0
595	0	0	2	4	2	2	0	0	1	0	0	2	1	0	1	0
596	0	0	7	13	0	1	0	0	2	0	0	1	1	0	0	0
597	0	0	6	3	0	4	0	0	2	1	0	4	1	0	0	1
598	1	0	3	9	0	3	0	0	1	0	0	4	1	0	0	0
599	0	0	4	10	0	1	0	0	1	0	0	0	0	0	0	0
600	0	0	4	6	0	3	0	0	1	0	0	5	1	0	0	0

第6章 健常成人のロールシャッハ統計値 201

表7-7 健常成人のロールシャッハ統計値（TTNRD）（つづき）

ID	(Hd)	Hx	AllH	A	(A)	Ad	(Ad)	An	Art	Ay	Bl	Bt	Cg	Cl	Ex	Fd
601	0	0	3	10	0	4	0	0	0	0	0	1	0	0	0	0
602	0	0	7	11	0	6	0	1	0	0	0	0	4	0	0	0
603	0	0	4	7	0	3	0	0	2	0	0	1	2	0	0	1
604	0	0	6	7	0	7	1	0	0	0	0	1	1	0	0	0
605	1	0	2	8	1	4	0	0	3	1	0	2	0	0	1	1
606	0	0	3	7	0	4	0	0	0	0	0	1	1	0	0	0
607	0	1	3	8	0	2	0	0	0	0	0	4	0	0	0	0
608	0	0	3	13	1	3	1	0	0	0	0	3	1	0	0	0
609	0	0	5	4	1	2	0	1	6	0	0	3	0	0	1	2
610	0	0	7	6	0	1	0	1	0	1	0	0	1	0	0	1
611	0	0	4	5	2	2	0	0	0	1	0	2	1	0	0	0
612	1	0	6	5	1	5	0	1	1	0	0	2	2	0	0	0
613	0	0	5	19	1	2	0	0	2	0	0	0	0	0	0	1
614	0	0	3	5	0	2	0	0	1	0	0	0	0	0	0	2
615	1	1	4	7	1	1	0	1	2	0	0	3	2	0	0	0
616	0	0	3	11	0	4	0	0	0	0	0	0	1	0	0	0
617	2	0	4	8	1	2	0	1	1	0	0	3	1	0	0	0
618	1	0	9	8	0	0	0	1	4	0	0	4	4	0	0	1
619	0	0	2	13	1	1	0	1	0	0	0	0	2	0	0	1
620	0	0	12	4	1	2	0	0	1	0	0	3	7	0	0	0
621	1	0	10	7	0	2	0	0	1	2	0	5	5	0	1	0
622	1	0	6	6	0	3	0	0	1	0	0	1	1	0	1	1
623	1	0	9	8	1	4	0	0	0	0	0	0	7	0	0	0
624	0	0	7	7	1	0	0	0	2	0	0	1	2	0	0	0
625	0	0	8	10	1	1	0	1	0	0	0	2	7	0	0	0
626	1	0	6	7	1	2	0	1	1	1	0	3	4	1	0	1
627	1	2	4	4	0	3	0	1	0	0	0	0	2	0	0	1
628	3	0	5	9	0	2	1	0	1	0	0	0	1	0	0	0
629	1	0	4	12	1	0	0	0	1	0	0	0	3	0	1	0
630	0	0	6	9	1	4	0	0	0	0	0	0	1	0	0	0
631	0	0	2	7	0	2	0	1	0	0	0	2	1	0	0	1
632	0	0	4	6	0	1	0	0	1	0	0	2	2	0	1	0
633	0	0	5	6	1	6	0	0	1	0	0	0	2	0	0	0
634	0	0	5	7	0	4	2	0	1	0	0	3	3	0	0	1
635	2	0	6	5	1	3	0	0	2	1	0	2	3	0	0	0
636	0	0	1	11	0	3	0	3	2	0	1	2	0	0	0	0
637	2	0	8	6	2	1	1	1	1	0	0	1	2	0	0	0
638	1	0	5	8	0	3	0	0	0	0	0	2	1	0	0	0
639	0	0	2	8	3	3	0	0	0	0	0	3	0	0	0	0
640	0	0	3	9	0	1	0	1	1	0	0	3	0	0	1	0
641	0	0	2	6	1	2	0	0	0	0	0	1	0	0	0	0
642	1	0	3	4	1	0	0	0	0	0	0	1	2	0	1	0
643	2	0	8	4	1	0	0	0	1	0	0	0	1	0	0	0
644	1	0	3	7	0	2	0	0	0	0	0	1	1	0	0	0
645	0	0	5	3	2	6	0	0	0	1	0	1	2	0	0	1
646	1	0	6	7	0	4	0	0	0	0	0	1	2	0	0	1
647	0	0	11	6	0	3	0	0	2	0	0	1	8	0	0	0
648	0	0	2	7	0	3	0	1	1	0	0	4	1	0	1	0
649	0	0	3	6	0	4	0	1	0	0	0	2	4	0	0	1
650	0	0	3	9	1	8	0	0	0	0	0	0	2	0	0	0

表7−7 健常成人のロールシャッハ統計値（TTNRD）（つづき）

ID	(Hd)	Hx	AllH	A	(A)	Ad	(Ad)	An	Art	Ay	Bl	Bt	Cg	Cl	Ex	Fd
651	0	0	3	9	1	1	0	0	2	0	0	5	0	0	0	0
652	0	0	5	9	0	4	0	1	1	1	0	3	3	0	0	0
653	0	0	7	8	0	4	0	1	1	0	0	3	3	0	0	0
654	0	1	6	4	2	1	0	0	1	0	0	2	5	1	0	0
655	0	0	4	10	1	4	0	0	1	0	0	3	4	0	0	1
656	1	0	6	7	0	2	0	0	1	0	0	1	2	0	0	0
657	0	0	4	3	1	1	0	0	1	0	0	0	1	0	0	1
658	0	0	4	6	2	3	0	1	0	0	0	0	2	0	0	0
659	1	0	6	8	0	6	0	1	0	0	0	4	1	0	1	1
660	0	0	4	11	2	1	1	0	1	0	0	2	2	0	0	0
661	0	0	5	9	1	2	0	0	1	0	0	3	1	0	0	2
662	1	0	11	2	0	3	0	0	2	2	0	3	5	0	0	0
663	1	0	4	9	0	1	0	1	1	0	0	1	1	0	0	0
664	3	0	7	13	0	8	0	0	2	0	0	2	1	0	0	0
665	1	0	13	6	0	1	0	0	2	0	0	1	4	0	0	0
666	0	0	3	8	0	4	1	2	1	1	0	1	0	0	0	0
667	0	0	6	5	0	4	1	2	1	0	0	3	2	0	0	1
668	2	0	13	12	1	7	0	1	2	0	0	0	3	0	1	0
669	1	0	7	8	0	1	0	0	2	0	0	0	1	0	1	0
670	0	0	9	14	1	2	0	2	1	0	0	0	5	0	0	0
671	0	0	3	7	1	1	0	1	0	0	0	0	0	0	0	1
672	0	0	8	11	0	3	0	1	4	0	1	2	1	0	0	0
673	2	0	7	8	1	0	0	0	0	1	0	1	3	0	0	2
674	1	0	8	5	1	3	0	1	0	0	0	2	4	0	0	1
675	0	0	4	5	1	2	0	1	0	0	0	1	2	0	0	1
676	1	0	8	18	0	1	0	1	0	0	0	2	2	0	0	1
677	1	0	10	5	1	7	0	0	0	0	0	0	2	0	0	0
678	0	0	7	8	1	1	0	3	0	0	0	1	3	0	0	0
679	0	0	3	8	1	0	0	0	0	0	0	2	3	0	1	1
680	2	0	10	8	0	4	0	2	1	0	0	2	3	0	0	1
681	1	0	8	9	0	3	0	0	1	0	0	0	3	0	0	0
682	0	0	9	10	3	2	1	1	2	0	0	4	4	0	1	1
683	0	0	3	6	0	4	0	1	0	0	0	2	5	0	0	1
684	1	1	5	7	1	3	0	0	0	0	0	1	2	0	0	0
685	0	0	6	10	1	3	0	0	1	0	0	3	1	0	0	1
686	1	0	4	7	2	1	0	2	2	0	0	4	0	0	0	0
687	2	0	6	11	1	1	0	1	2	0	0	4	3	0	0	0
688	1	0	12	15	1	7	2	0	0	0	0	0	3	0	0	2
689	0	0	7	10	0	6	0	1	2	1	1	3	1	0	0	3
690	0	0	4	7	0	4	0	0	0	0	0	1	1	0	0	0
691	0	0	7	8	0	1	0	0	0	0	0	1	2	1	0	0
692	0	0	6	9	0	1	0	0	5	0	0	0	2	0	2	0
693	0	0	1	11	1	1	0	1	0	0	1	4	0	0	1	0
694	0	0	8	6	1	1	0	1	0	0	2	0	1	0	0	0
695	0	0	2	7	0	0	0	0	0	0	0	5	1	0	0	1
696	1	0	10	7	2	10	0	0	1	0	0	2	4	0	0	0
697	0	0	9	10	1	2	1	0	2	0	0	3	2	0	0	2
698	0	0	4	13	1	1	0	2	0	0	0	3	3	0	0	1
699	1	0	3	14	0	3	0	1	1	0	1	1	0	0	0	0
700	2	0	6	8	0	0	2	1	0	0	0	3	1	0	0	1

表7−8　健常成人のロールシャッハ統計値（TTNRD）

ID	Fi	Ge	Hh	Ls	Ma	Mu	Na	Sc	Sx	Xy	Id	DV	INC	DR	FAB	DV2
101	0	0	1	0	0	1	0	1	0	0	0	0	0	0	0	0
102	1	0	0	1	0	1	0	0	0	0	1	0	0	0	0	0
103	0	0	0	3	0	0	0	0	0	1	0	0	0	0	2	0
104	1	0	1	1	0	0	0	2	0	2	2	0	0	0	2	0
105	1	0	2	1	0	1	0	1	0	0	2	0	0	0	0	0
106	1	0	3	0	0	0	1	0	0	1	1	0	0	0	0	0
107	1	0	0	1	0	0	0	1	0	0	2	0	0	0	0	0
108	0	1	0	1	0	0	0	0	0	0	1	0	1	0	1	0
109	0	0	0	1	0	0	0	0	0	0	0	0	0	0	0	0
110	0	0	2	2	1	1	1	1	0	0	2	0	0	0	1	0
111	0	0	1	2	0	0	1	2	0	0	1	0	1	0	1	0
112	2	0	1	1	2	0	1	1	0	0	0	0	0	0	0	0
113	3	0	1	4	1	0	0	1	0	0	3	0	0	0	0	0
114	3	0	2	1	0	1	0	5	0	0	0	0	0	0	0	0
115	0	1	1	0	0	0	0	1	1	0	1	0	0	0	0	0
116	1	2	0	1	1	0	0	1	0	0	1	0	1	0	1	0
117	0	0	1	1	1	1	0	3	0	0	1	0	0	0	0	0
118	0	0	1	0	1	0	0	0	0	2	1	0	0	0	0	0
119	1	1	1	4	0	0	1	0	0	0	2	0	0	0	0	0
120	1	0	1	2	0	0	0	2	0	0	1	0	0	0	1	0
121	0	2	0	1	1	0	0	0	0	0	1	0	0	0	0	0
122	0	0	1	1	0	1	1	2	0	0	2	0	0	0	0	0
123	1	0	1	1	0	0	0	1	0	0	1	0	0	0	3	0
124	1	0	2	1	2	0	0	0	1	0	2	1	0	0	0	0
125	1	0	0	1	0	1	0	1	0	0	0	0	0	0	0	0
126	1	0	0	2	0	2	0	1	0	0	6	0	0	0	0	0
127	1	0	1	0	0	1	1	1	0	0	2	0	1	0	0	0
128	0	0	0	0	0	0	0	0	0	0	1	0	0	0	0	0
129	0	1	1	0	0	1	0	1	0	1	2	0	0	0	0	0
130	0	0	0	0	0	1	0	0	0	0	0	0	0	0	0	0
131	2	0	0	2	1	1	0	3	0	0	1	0	0	0	0	0
132	1	0	0	1	0	0	0	0	0	0	0	0	0	1	0	0
133	2	0	1	1	1	0	0	0	0	0	0	0	0	0	0	0
134	0	0	1	3	0	1	0	0	0	0	0	0	0	0	0	0
135	2	0	0	6	1	0	1	0	0	0	1	0	0	0	0	0
136	0	1	3	1	0	1	1	0	0	0	2	0	0	0	1	0
137	1	0	0	1	0	0	0	0	0	0	1	0	0	0	1	0
138	0	0	1	1	1	1	0	5	0	0	1	0	2	1	4	0
139	0	0	0	0	0	0	0	0	0	0	1	0	1	0	0	0
140	2	0	1	1	0	0	0	1	0	0	0	0	0	0	0	0
141	0	0	2	3	0	0	0	0	0	0	0	0	0	0	0	0
142	2	0	0	2	0	0	0	0	0	0	1	0	0	0	0	0
143	0	0	0	1	1	0	0	1	0	0	0	0	0	0	0	0
144	1	0	1	2	0	0	1	2	0	0	3	0	0	0	0	0
145	1	0	0	1	0	0	0	2	0	0	2	0	0	0	2	0
146	1	0	2	3	0	0	1	2	0	1	2	0	0	0	0	0
147	0	0	1	1	0	1	0	1	0	0	2	1	0	0	0	0
148	1	2	1	2	1	1	0	2	0	0	2	1	0	0	1	0
149	0	1	1	0	1	1	0	0	0	0	0	0	0	0	0	0
150	1	1	2	2	1	0	0	1	0	0	1	1	1	0	2	0

表7−8 健常成人のロールシャッハ統計値（TTNRD）（つづき）

ID	Fi	Ge	Hh	Ls	Ma	Mu	Na	Sc	Sx	Xy	Id	DV	INC	DR	FAB	DV2
151	0	0	0	0	0	1	1	3	0	1	1	0	0	0	0	0
152	1	0	2	0	0	2	0	1	0	0	1	0	0	0	0	0
153	0	0	0	0	0	0	0	1	0	0	2	1	0	0	0	0
154	0	0	1	2	0	0	0	0	0	0	1	0	0	0	0	0
155	0	0	0	0	0	1	0	0	0	0	0	0	0	0	0	0
156	4	0	3	0	0	1	1	6	0	0	3	0	0	1	0	0
157	0	0	1	0	0	1	1	0	0	0	1	0	0	0	0	0
158	1	0	0	0	1	2	2	0	0	1	0	0	0	0	1	0
159	4	0	1	0	0	0	0	0	0	0	0	0	1	0	2	0
160	2	2	0	2	1	1	0	1	2	0	0	0	0	0	0	0
161	0	0	0	0	0	0	0	0	0	0	0	0	0	0	0	0
162	1	0	0	0	0	0	0	0	0	0	0	0	0	0	1	0
163	1	0	1	1	0	1	0	1	0	0	4	0	0	0	1	0
164	0	0	0	0	0	3	0	1	0	0	0	1	0	0	3	0
165	2	0	1	1	0	0	0	0	0	0	1	0	0	0	0	0
166	2	0	3	1	0	1	0	2	0	0	0	1	0	0	1	0
167	0	0	1	1	0	0	0	0	0	0	0	0	0	0	0	0
168	0	0	0	0	1	0	0	1	0	0	2	1	0	1	0	0
169	0	0	1	1	1	1	0	0	0	0	0	0	0	0	1	0
170	0	0	0	0	0	0	0	0	0	0	0	0	0	1	0	0
171	0	0	0	1	0	0	0	0	0	0	1	0	0	0	0	0
172	0	0	1	0	0	0	0	0	0	0	0	1	3	0	0	0
173	1	0	3	1	0	1	0	0	0	0	1	1	0	0	0	0
174	0	0	0	0	0	1	0	0	0	0	1	0	0	0	0	0
175	0	0	0	0	0	0	0	0	0	0	0	0	0	0	0	0
176	2	0	1	0	1	0	0	1	0	0	2	0	0	0	1	0
177	0	0	0	0	0	0	0	3	0	0	2	0	0	0	0	0
178	1	0	2	1	0	0	0	1	0	1	0	0	0	0	0	0
179	0	0	0	2	0	1	1	0	0	0	1	0	0	0	0	0
180	0	0	0	2	0	0	0	0	0	0	1	0	0	0	1	0
181	0	0	0	0	0	0	0	0	0	0	0	1	0	0	0	0
182	1	1	2	1	1	0	0	1	0	0	2	0	1	0	0	0
183	0	0	1	1	0	1	0	1	0	0	1	0	0	0	0	0
184	1	0	1	1	0	0	0	0	0	0	0	0	1	0	1	0
185	0	0	1	0	1	0	0	1	0	0	2	0	0	0	0	0
186	1	0	0	0	0	1	0	1	0	0	2	0	0	0	0	0
187	0	0	0	0	1	0	0	3	0	0	5	1	0	0	1	0
188	2	0	0	1	0	2	0	1	0	0	2	0	0	0	1	0
189	1	1	2	2	1	1	0	1	0	0	0	0	0	0	0	0
190	0	0	3	0	0	0	0	0	0	0	1	0	0	0	0	0
191	0	0	0	0	0	0	0	0	0	0	2	0	0	0	0	0
192	0	0	2	0	0	0	0	0	0	0	0	0	0	0	1	0
193	0	0	0	0	0	0	0	1	0	0	1	0	0	0	0	0
194	0	1	1	1	0	0	0	0	0	0	1	0	0	0	0	0
195	0	0	0	0	0	0	0	0	0	0	0	0	0	0	0	0
196	1	0	2	0	0	1	0	0	0	1	0	0	0	1	0	0
197	1	0	0	2	0	0	0	0	0	0	0	0	0	0	1	0
198	0	3	1	0	0	0	0	1	0	0	0	0	0	0	0	0
199	0	0	1	0	0	0	0	0	0	0	0	0	0	0	0	0
200	1	0	1	4	3	1	0	0	0	0	1	0	0	0	0	0

表7-8　健常成人のロールシャッハ統計値（TTNRD）（つづき）

ID	Fi	Ge	Hh	Ls	Ma	Mu	Na	Sc	Sx	Xy	Id	DV	INC	DR	FAB	DV2
201	0	0	2	1	1	0	0	0	0	0	0	1	0	0	0	0
202	0	0	0	0	2	0	0	0	0	0	1	1	0	0	1	0
203	1	0	0	0	1	1	0	3	0	0	1	0	1	0	0	0
204	0	0	0	0	1	0	0	0	0	0	0	0	0	0	0	0
205	2	0	0	1	0	1	1	2	0	0	3	0	0	0	0	0
206	1	0	1	1	0	1	0	1	0	0	2	0	0	0	0	0
207	2	0	2	2	1	0	0	1	0	0	3	0	0	0	0	0
208	0	0	2	1	1	1	1	1	0	0	1	0	0	0	0	0
209	0	0	1	0	0	0	0	0	0	0	2	0	0	0	0	0
210	1	0	2	3	0	0	0	0	1	1	1	0	0	0	0	0
211	0	1	0	0	0	0	1	0	0	0	1	0	0	0	0	0
212	0	0	0	0	0	1	0	0	0	0	1	0	0	0	0	0
213	1	0	1	0	0	0	0	0	0	0	2	0	0	0	0	0
214	1	1	0	2	0	1	0	1	1	0	0	0	0	0	0	0
215	0	0	1	2	1	1	0	0	0	0	0	0	0	0	0	0
216	1	0	1	2	0	2	0	1	1	0	1	0	0	0	0	0
217	2	0	0	2	0	0	0	1	0	0	0	0	1	0	0	0
218	0	0	0	0	0	0	0	1	0	0	2	1	0	0	0	0
219	0	0	1	1	0	0	0	2	0	0	1	0	1	0	0	0
220	2	0	1	3	0	0	2	1	0	0	3	0	0	0	0	0
221	0	0	1	1	1	0	0	5	0	0	3	0	0	0	0	0
222	1	0	0	1	2	1	0	1	0	0	1	0	0	1	0	0
223	2	0	2	0	2	1	1	5	0	0	3	0	0	0	1	0
224	1	0	1	4	0	0	1	1	0	0	4	0	1	0	0	0
225	1	0	3	2	0	0	0	1	0	0	3	0	0	0	1	0
226	0	0	1	0	3	1	0	1	0	0	3	0	0	0	1	0
227	1	0	4	0	0	3	0	1	0	0	2	0	0	0	0	0
228	1	0	0	0	0	0	0	0	0	0	2	0	0	0	0	0
229	1	0	0	3	0	1	1	2	0	0	2	1	2	0	3	0
230	0	0	1	0	1	1	0	0	0	0	1	0	0	0	0	0
231	2	0	0	2	0	1	0	0	0	0	1	1	1	0	0	0
232	1	0	0	0	0	0	0	0	0	0	0	2	0	1	1	0
233	1	0	0	0	1	0	1	1	1	1	3	0	0	1	1	0
234	1	0	0	0	2	0	0	1	0	0	1	1	3	0	1	0
235	0	0	0	2	3	0	0	0	0	0	0	0	0	0	0	0
236	0	0	2	0	0	1	0	0	0	0	0	0	0	0	1	0
237	2	0	0	0	0	1	0	0	0	0	0	0	1	1	1	0
238	2	0	1	1	0	0	0	0	0	0	3	3	0	1	1	0
239	1	0	1	2	0	0	0	0	0	0	2	2	0	0	2	0
240	0	0	1	2	0	0	0	1	0	1	1	0	0	0	0	0
241	1	0	1	3	1	2	1	0	0	0	2	0	0	0	2	0
242	1	0	1	1	0	0	3	1	0	1	3	0	0	0	0	0
243	2	0	2	0	1	0	1	0	1	0	1	0	0	1	0	0
244	0	0	0	0	0	0	0	0	0	0	0	0	0	0	0	0
245	0	0	1	1	0	1	0	4	0	0	0	0	0	0	0	0
246	0	0	2	0	0	0	0	0	0	0	1	0	0	0	0	0
247	0	0	0	0	0	0	0	1	0	0	1	0	0	0	0	0
248	0	0	0	0	0	0	0	0	0	0	0	0	0	0	0	0
249	0	0	1	0	0	0	0	0	1	0	0	0	0	0	0	0
250	2	0	3	0	2	1	1	1	0	0	1	0	1	0	0	0

表7－8　健常成人のロールシャッハ統計値（TTNRD）（つづき）

ID	Fi	Ge	Hh	Ls	Ma	Mu	Na	Sc	Sx	Xy	Id	DV	INC	DR	FAB	DV2
251	3	0	0	2	1	1	1	0	0	0	0	0	0	0	0	0
252	3	0	2	1	1	1	1	5	0	0	1	0	0	0	0	0
253	1	0	1	0	0	1	0	1	0	0	1	1	0	0	0	0
254	1	1	0	0	1	1	0	0	0	0	0	1	0	0	0	0
255	2	0	3	0	0	1	0	2	0	2	3	1	0	0	1	0
256	0	1	0	1	0	2	0	0	0	0	1	0	0	0	1	0
257	0	0	1	1	1	0	0	1	0	1	1	0	0	0	0	0
258	1	0	0	1	0	0	1	2	0	0	1	0	0	0	0	0
259	1	0	0	1	0	1	0	2	0	0	1	0	1	0	1	0
260	1	0	2	1	0	1	1	0	0	0	1	0	0	0	0	0
261	4	0	1	1	0	0	0	1	0	0	2	0	1	0	1	0
262	2	0	5	0	0	0	1	1	0	0	1	0	0	0	1	0
263	2	0	0	0	0	0	0	0	1	0	5	0	0	0	0	0
264	0	0	0	2	0	0	0	3	0	0	1	0	1	0	0	0
265	0	0	0	2	0	0	0	0	0	0	1	1	1	0	0	0
266	1	0	3	0	0	1	0	0	0	0	2	0	0	0	0	0
267	1	0	2	1	0	0	2	1	0	0	0	0	1	0	0	0
268	2	1	2	0	0	1	0	1	0	0	4	0	0	0	0	0
269	0	0	0	2	0	0	0	2	0	0	0	0	0	0	0	0
270	1	1	2	1	0	2	0	1	0	2	0	0	0	0	1	0
271	1	0	0	3	0	1	1	2	0	0	2	0	0	0	0	0
272	2	0	2	1	0	1	2	2	1	1	7	0	3	0	0	0
273	2	0	3	1	0	0	0	0	0	0	2	0	1	0	0	0
274	0	0	2	2	1	0	0	0	0	0	4	0	0	0	0	0
275	1	0	0	0	0	1	0	3	0	0	0	0	0	0	0	0
276	1	0	0	1	0	0	0	1	0	0	0	0	0	0	0	0
277	4	0	0	4	0	1	0	0	0	0	0	0	0	0	0	0
278	0	0	1	3	2	2	1	1	0	0	0	0	0	0	3	0
279	4	0	4	2	1	0	0	2	0	0	2	0	0	0	0	0
280	1	0	0	0	0	1	0	1	0	0	3	0	0	0	0	0
281	2	0	2	1	2	0	0	3	0	0	3	0	0	0	0	0
282	1	0	0	0	0	3	1	6	1	0	2	0	2	0	0	0
283	2	0	0	0	0	0	2	0	0	0	0	0	0	0	0	0
284	0	1	2	1	2	0	0	0	0	0	2	0	0	0	0	0
285	2	0	1	0	1	1	0	0	0	0	1	0	0	0	0	0
286	1	0	1	1	3	0	0	1	0	0	2	0	0	0	0	0
287	1	1	1	1	3	0	0	3	0	0	3	0	0	0	0	0
288	3	0	1	1	3	0	0	0	0	0	3	0	0	0	0	0
289	3	1	0	0	2	0	0	2	0	0	0	0	0	0	0	0
290	0	1	0	0	0	1	0	0	0	0	0	0	0	0	1	0
291	0	0	1	0	0	0	0	3	0	0	0	0	0	1	0	0
292	0	0	0	1	1	0	0	0	0	0	2	0	0	0	0	0
293	0	0	1	0	0	1	0	0	0	0	1	0	0	0	0	0
294	1	0	1	3	0	1	1	2	0	0	1	0	0	0	0	0
295	2	0	1	0	1	0	1	2	0	1	1	0	0	0	0	0
296	4	2	4	3	0	1	1	1	0	0	2	0	2	0	0	0
297	0	1	0	1	3	1	0	0	0	0	0	1	0	0	0	0
298	3	0	2	1	1	1	0	1	0	0	3	0	0	0	0	0
299	1	0	0	4	0	0	0	2	0	0	2	0	0	0	0	0
300	1	0	3	1	0	1	0	1	0	0	0	1	0	0	0	0

表7－8 健常成人のロールシャッハ統計値（TTNRD）（つづき）

ID	Fi	Ge	Hh	Ls	Ma	Mu	Na	Sc	Sx	Xy	Id	DV	INC	DR	FAB	DV2
501	0	0	0	0	0	0	0	0	0	0	0	0	0	0	0	0
502	0	0	2	2	0	1	0	0	0	0	1	0	0	0	0	0
503	1	0	0	0	2	0	0	1	0	0	3	0	0	0	0	0
504	1	1	1	4	0	1	2	1	0	0	1	0	0	0	2	0
505	0	0	0	0	0	0	0	0	0	0	0	0	0	0	0	0
506	0	0	2	0	0	0	1	2	0	0	2	0	0	0	0	0
507	0	0	1	2	0	0	0	2	1	0	1	0	1	0	3	0
508	0	0	1	0	2	0	0	0	0	0	0	0	0	0	0	0
509	0	0	1	4	0	1	0	0	0	0	1	0	0	0	0	0
510	0	1	3	4	0	0	0	1	0	0	2	0	1	0	0	0
511	0	0	0	0	0	0	0	0	0	0	0	0	0	0	0	0
512	2	0	1	0	0	0	0	1	0	0	1	0	0	0	1	0
513	1	0	0	0	0	0	0	1	0	0	2	0	0	0	0	0
514	1	0	1	0	0	0	1	1	1	0	1	0	0	0	0	0
515	1	0	1	0	0	0	0	0	0	0	0	0	0	0	0	0
516	0	0	1	0	0	0	1	0	0	0	2	0	0	1	0	0
517	0	0	0	2	1	0	0	0	0	0	1	0	1	0	1	0
518	0	0	0	1	2	1	0	1	0	0	1	1	2	0	0	0
519	1	0	2	1	0	1	0	1	0	0	1	0	0	0	0	0
520	2	0	0	1	1	2	1	1	0	0	0	0	0	0	0	0
521	1	0	0	1	0	0	0	0	0	0	1	0	0	1	0	0
522	0	0	1	1	1	1	1	1	0	0	1	1	0	0	0	0
523	0	0	2	1	0	0	0	0	0	0	1	0	0	0	0	0
524	1	0	1	1	1	1	0	1	0	0	0	0	1	0	0	0
525	1	1	3	0	0	0	0	0	0	0	0	0	0	0	0	0
526	1	1	2	1	1	0	0	1	0	0	1	0	1	0	0	0
527	0	0	1	1	0	2	0	1	1	0	0	1	0	0	0	0
528	1	0	1	0	0	0	0	0	0	0	0	0	0	0	1	0
529	1	0	3	2	2	0	0	0	0	0	0	0	0	0	0	0
530	2	0	1	0	0	0	0	1	0	0	1	0	1	0	1	0
531	0	1	2	1	0	1	1	3	0	0	1	0	0	0	0	0
532	1	0	1	2	0	1	0	2	0	0	0	0	1	0	0	0
533	1	0	1	0	0	1	1	4	0	0	1	0	0	0	0	0
534	0	0	0	1	0	0	0	2	0	0	2	0	0	0	2	0
535	0	0	1	0	0	0	0	0	0	0	1	0	0	0	0	0
536	0	0	0	0	0	0	0	0	0	0	0	0	0	0	0	0
537	1	0	0	1	0	0	0	0	0	0	0	0	0	1	0	0
538	3	0	1	1	0	0	1	0	0	0	1	0	0	0	0	0
539	4	1	1	2	0	1	1	1	0	0	1	0	0	0	0	0
540	0	0	0	0	0	1	0	0	0	0	1	0	0	0	1	0
541	0	0	0	0	0	1	0	1	0	0	1	0	0	0	0	0
542	0	0	0	0	0	1	0	0	0	0	0	0	0	0	0	0
543	0	0	2	2	0	1	1	2	0	0	2	0	0	0	2	0
544	0	0	0	0	1	1	0	0	0	0	1	0	0	0	0	0
545	2	0	3	2	0	1	0	0	0	0	0	0	0	0	0	0
546	0	0	3	1	0	0	0	0	0	0	3	0	0	0	2	0
547	2	0	0	1	1	0	0	0	0	0	1	0	0	0	2	0
548	0	0	0	0	1	2	0	0	0	0	0	0	0	0	0	0
549	0	0	3	0	1	0	0	0	0	0	1	1	0	0	0	0
550	1	0	1	4	0	1	0	1	0	0	2	0	0	0	1	0

208 ロールシャッハ・テスト統計集

表7－8 健常成人のロールシャッハ統計値（TTNRD）（つづき）

ID	Fi	Ge	Hh	Ls	Ma	Mu	Na	Sc	Sx	Xy	Id	DV	INC	DR	FAB	DV2
551	1	0	2	0	0	0	0	0	0	0	1	0	0	0	1	0
552	0	0	1	0	2	0	0	1	0	1	1	0	1	0	0	0
553	0	0	2	0	0	0	1	0	0	0	2	0	0	0	1	0
554	0	0	1	0	1	1	0	2	0	0	1	0	2	0	0	0
555	2	0	0	0	1	1	0	1	0	0	0	0	0	0	1	0
556	2	0	2	2	0	3	1	3	0	0	0	0	0	0	2	0
557	0	0	3	2	1	3	1	0	0	0	1	0	0	0	0	0
558	0	0	1	0	0	0	0	0	0	0	1	0	0	0	0	0
559	1	0	3	1	0	0	0	0	0	0	1	0	0	0	0	0
560	0	0	1	2	0	0	0	0	0	0	0	0	2	0	0	0
561	2	0	2	1	1	0	0	2	1	0	1	0	0	0	0	0
562	0	0	2	1	1	0	0	0	0	0	0	0	0	0	1	0
563	0	0	0	1	1	0	0	0	0	0	3	1	1	0	1	0
564	0	1	0	0	0	0	0	0	0	2	1	0	1	0	0	0
565	0	0	0	0	1	1	0	0	0	0	1	0	1	0	0	0
566	1	0	0	2	1	1	0	0	3	0	0	0	0	0	0	0
567	0	0	0	2	0	1	1	2	0	0	2	0	0	0	0	0
568	0	0	1	2	0	0	0	1	0	2	0	1	2	0	0	0
569	0	0	0	0	0	1	1	0	0	0	0	0	0	0	0	0
570	1	0	0	0	0	0	0	0	0	0	0	0	0	0	0	0
571	1	0	0	2	1	1	1	1	0	0	1	0	0	0	0	0
572	0	0	1	2	0	1	1	1	0	0	3	0	0	0	0	0
573	0	0	1	0	0	0	1	3	0	0	3	1	0	0	0	0
574	1	0	1	1	1	1	0	1	0	0	1	0	1	0	0	0
575	0	0	0	0	0	1	0	0	0	0	2	0	0	0	0	0
576	1	0	2	0	0	0	0	0	0	0	1	0	0	0	0	0
577	1	0	2	0	0	1	0	0	0	0	1	0	0	0	0	0
578	0	0	0	0	0	0	1	1	0	0	2	0	0	0	0	0
579	1	0	2	1	0	0	0	2	0	0	1	0	0	0	0	0
580	2	0	0	0	0	0	0	0	0	0	0	0	0	1	1	0
581	1	0	0	2	0	0	0	0	0	0	2	0	1	0	1	0
582	0	2	0	2	1	0	1	2	0	0	1	0	0	0	0	0
583	1	0	1	1	1	1	0	1	0	0	1	0	0	0	1	0
584	0	0	1	0	0	0	0	0	0	0	1	0	0	0	0	0
585	0	0	2	1	0	1	0	0	0	0	0	0	0	0	0	0
586	1	0	0	1	2	0	0	0	0	1	1	0	1	0	1	0
587	0	0	4	0	0	1	0	0	0	0	0	0	0	0	0	0
588	0	0	2	2	0	1	0	0	0	0	2	0	0	0	0	0
589	2	0	4	1	0	2	0	0	0	0	5	0	0	0	1	0
590	0	0	0	0	0	0	0	0	0	0	0	0	0	0	0	0
591	1	0	3	0	0	0	1	1	0	0	1	0	0	0	0	0
592	0	0	0	0	0	0	0	0	0	0	0	0	0	0	0	0
593	0	0	1	1	0	0	0	1	0	1	2	1	1	0	0	0
594	0	0	1	1	0	0	0	0	0	0	0	0	0	0	1	0
595	1	0	1	0	0	0	0	0	0	0	0	0	0	0	0	0
596	2	0	2	0	0	2	0	1	0	0	2	0	1	0	0	0
597	1	0	0	1	0	0	0	0	0	0	1	0	1	0	0	0
598	0	0	1	0	1	1	0	0	0	1	0	0	1	1	0	0
599	1	0	0	0	1	1	0	0	0	0	1	0	0	0	2	0
600	0	0	1	0	1	1	0	0	0	0	0	0	0	0	0	0

表7－8　健常成人のロールシャッハ統計値（TTNRD）（つづき）

ID	Fi	Ge	Hh	Ls	Ma	Mu	Na	Sc	Sx	Xy	Id	DV	INC	DR	FAB	DV2
601	0	0	2	2	0	0	0	0	0	0	1	0	0	0	1	0
602	1	0	0	0	0	0	0	0	0	0	0	0	0	0	0	0
603	0	0	2	3	1	1	0	0	0	0	0	0	0	0	1	0
604	0	0	0	0	0	0	0	0	0	0	1	0	0	0	0	0
605	0	0	2	1	0	1	0	0	0	0	2	0	1	0	0	0
606	1	1	3	1	0	2	1	0	0	0	2	0	0	0	0	0
607	0	0	0	1	0	0	0	1	0	0	4	0	1	0	1	0
608	0	0	0	0	0	0	0	0	0	0	2	0	1	0	0	0
609	1	0	3	1	1	1	0	2	0	0	2	1	0	0	0	0
610	1	0	1	0	1	1	1	0	0	1	0	0	0	0	0	0
611	1	0	1	1	0	0	0	1	0	0	0	1	0	0	0	0
612	2	0	0	0	1	0	0	0	0	0	5	0	0	0	3	0
613	0	0	0	0	1	0	0	1	0	0	1	0	0	0	0	0
614	2	0	0	1	0	1	0	0	0	0	2	1	1	0	0	0
615	1	0	2	0	1	1	1	0	0	0	0	0	1	0	0	0
616	0	0	1	2	0	2	0	1	0	0	0	0	1	0	0	0
617	1	0	1	1	0	1	0	1	1	1	1	1	0	0	1	0
618	2	0	4	0	0	0	0	0	1	0	3	0	0	0	0	0
619	0	0	0	1	0	1	0	0	0	0	2	0	0	1	1	0
620	0	0	0	0	0	3	0	1	0	0	0	0	0	0	1	0
621	1	0	1	1	0	1	0	1	0	0	1	0	0	0	1	0
622	0	1	0	0	0	0	0	0	0	0	1	0	0	0	0	0
623	2	0	1	0	0	1	1	1	0	0	1	1	2	0	0	0
624	1	1	1	1	0	0	1	1	0	0	4	1	1	0	2	0
625	3	0	1	4	0	2	0	3	0	0	1	1	2	0	3	0
626	1	0	1	0	0	1	1	0	0	0	2	1	0	0	1	0
627	0	0	0	2	1	0	0	1	0	0	1	0	0	0	0	0
628	0	0	1	0	3	1	0	2	0	0	1	0	0	0	0	0
629	1	0	0	1	1	1	1	0	0	0	4	0	0	0	3	0
630	0	0	0	1	0	0	0	0	0	0	1	0	0	1	0	0
631	0	0	1	0	0	0	1	0	0	0	2	0	2	0	1	0
632	2	0	2	2	0	0	0	0	0	0	2	0	0	0	2	0
633	0	0	1	2	0	0	0	0	0	0	2	0	0	0	0	0
634	0	0	2	0	0	1	0	1	0	0	2	0	0	1	0	0
635	1	0	1	0	1	1	0	0	0	0	0	0	0	0	3	0
636	1	0	1	0	0	0	0	0	0	1	0	0	1	0	0	0
637	0	0	0	1	0	0	2	0	0	0	4	1	0	0	0	0
638	0	0	0	0	0	0	0	1	0	0	1	0	0	0	0	0
639	0	0	0	0	0	1	0	0	0	0	1	0	0	0	2	0
640	1	0	2	1	0	0	0	0	0	0	0	0	0	0	2	0
641	0	0	0	3	0	0	0	1	0	0	3	0	1	0	0	0
642	0	0	2	1	0	0	1	2	0	0	0	0	0	1	0	0
643	0	0	0	1	0	2	0	2	0	0	2	0	1	1	2	0
644	0	0	1	0	0	0	0	0	0	0	0	0	1	0	0	0
645	0	0	2	0	0	1	0	1	0	0	0	0	0	0	1	0
646	2	0	1	2	1	1	0	0	0	0	3	0	0	0	0	0
647	1	0	4	1	0	1	1	1	0	0	2	0	0	0	1	0
648	0	0	2	1	0	0	1	0	0	0	1	0	0	0	1	0
649	0	0	1	2	0	0	2	0	0	0	1	0	0	0	0	0
650	0	0	0	0	1	2	0	3	0	0	0	1	0	0	0	0

210 ロールシャッハ・テスト統計集

表7−8 健常成人のロールシャッハ統計値（TTNRD）（つづき）

ID	Fi	Ge	Hh	Ls	Ma	Mu	Na	Sc	Sx	Xy	Id	DV	INC	DR	FAB	DV2
651	0	0	2	0	0	0	0	0	0	0	1	0	0	0	0	0
652	1	1	1	2	1	1	1	0	0	0	0	0	1	0	0	0
653	1	0	1	0	0	1	0	1	0	0	1	1	0	0	0	0
654	1	0	2	2	1	1	1	1	0	0	0	0	0	0	0	0
655	1	0	2	1	0	0	0	1	0	0	0	0	0	1	1	0
656	2	0	0	0	0	0	0	1	0	0	0	0	0	0	0	0
657	0	0	2	0	0	1	0	1	0	0	2	0	0	0	0	0
658	0	0	1	2	0	1	0	0	0	2	1	0	0	0	0	0
659	1	0	2	2	0	1	0	0	0	0	1	0	0	0	1	0
660	0	0	0	0	0	1	0	0	0	0	2	0	0	0	1	0
661	0	0	0	1	0	1	0	0	0	0	0	0	0	0	0	0
662	3	0	0	1	2	1	0	3	0	0	3	0	0	0	0	0
663	0	0	0	1	0	3	0	1	0	1	1	0	0	0	2	0
664	2	2	3	1	2	0	2	1	0	0	4	0	0	0	1	0
665	1	0	0	3	1	2	0	0	0	0	4	0	0	0	3	0
666	1	0	2	1	0	1	0	0	0	0	1	0	2	0	2	0
667	1	0	3	0	0	0	0	1	0	0	0	0	0	0	0	0
668	1	0	0	0	0	0	1	2	0	0	2	0	0	0	1	0
669	0	0	0	1	0	1	1	1	0	0	0	0	0	0	0	0
670	0	1	3	0	0	0	0	1	0	3	1	0	0	0	1	0
671	0	0	0	2	0	0	1	1	0	0	2	0	1	0	0	0
672	1	0	1	0	0	2	0	2	0	0	1	0	0	0	1	0
673	1	0	0	0	0	2	0	2	0	0	1	0	0	0	1	0
674	5	0	2	0	0	0	1	1	0	0	4	0	0	0	0	0
675	1	0	0	0	1	2	0	0	0	0	1	1	0	0	0	0
676	0	0	2	1	1	0	1	0	1	0	2	0	0	0	2	0
677	0	0	0	0	0	0	0	0	0	0	3	1	0	0	1	0
678	1	1	1	0	0	1	0	3	0	0	0	0	0	0	0	0
679	1	0	0	0	0	1	0	0	0	0	3	0	0	0	0	0
680	0	1	1	1	1	1	0	2	0	0	1	0	0	0	0	0
681	0	0	0	0	0	0	0	0	0	0	2	1	1	0	0	0
682	0	0	0	5	1	2	1	3	0	0	4	0	0	0	1	0
683	0	0	1	2	0	0	2	0	0	0	1	0	0	0	0	0
684	1	0	1	2	1	0	0	0	0	0	1	0	1	0	2	0
685	0	0	1	0	0	2	0	0	0	0	1	0	0	0	0	0
686	0	0	0	0	0	1	0	0	0	1	0	0	0	0	0	0
687	1	0	1	0	3	1	1	1	0	0	0	0	0	0	0	0
688	0	0	3	1	3	2	0	1	0	0	1	0	1	0	0	0
689	0	0	0	1	0	1	0	1	0	0	1	0	0	0	1	0
690	0	0	2	3	0	3	0	0	0	0	1	0	0	0	0	0
691	0	0	0	1	0	0	1	1	0	0	0	0	0	0	0	0
692	1	0	0	3	0	0	0	0	0	0	1	0	0	0	0	0
693	3	1	0	1	0	0	0	3	0	0	1	0	0	0	0	0
694	1	0	0	1	0	0	0	0	0	0	0	0	1	0	1	0
695	0	1	0	0	0	0	2	0	0	0	0	0	0	0	0	0
696	1	0	0	1	0	2	0	0	0	0	0	0	1	0	1	0
697	0	0	0	1	0	0	0	1	0	0	0	0	0	0	0	0
698	1	0	1	1	0	2	2	1	0	0	0	0	1	0	0	0
699	2	1	0	0	1	1	0	2	0	0	1	0	0	0	0	0
700	1	0	1	4	1	0	0	2	0	0	3	0	0	0	2	0

第6章　健常成人のロールシャッハ統計値　211

表7－9　健常成人のロールシャッハ統計値（TTNRD）

ID	INC2	DR2	FAB2	ALOG	CONTAM	Sum6SpSc	Lvl2SpSc	WSum6	AB	AG	COP	CP
101	0	0	0	0	0	0	0	0	0	0	1	0
102	0	0	0	0	0	0	0	0	0	0	3	0
103	0	0	0	0	0	2	0	8	0	3	1	0
104	0	0	0	0	0	2	0	8	0	1	2	0
105	0	0	0	0	0	0	0	0	2	2	3	0
106	0	0	0	0	0	0	0	0	0	0	0	0
107	0	0	0	0	0	0	0	0	0	1	1	0
108	0	0	0	0	0	2	0	6	0	0	0	0
109	0	0	0	0	0	0	0	0	0	1	0	0
110	0	0	0	0	0	1	0	4	0	0	2	0
111	0	0	0	0	0	2	0	6	0	1	0	0
112	0	0	0	0	0	0	0	0	0	0	1	0
113	0	0	0	0	0	0	0	0	0	0	3	0
114	0	0	0	0	0	0	0	0	0	2	4	0
115	0	0	0	0	0	0	0	0	0	0	1	0
116	0	0	0	0	0	2	0	6	0	2	0	0
117	0	0	0	0	0	0	0	0	0	0	1	0
118	0	0	0	0	0	0	0	0	0	0	1	0
119	0	0	0	0	0	0	0	0	0	0	2	0
120	0	0	0	0	0	1	0	4	0	0	1	0
121	0	0	0	0	0	0	0	0	0	1	1	0
122	0	0	0	0	0	0	0	0	0	0	2	0
123	0	0	0	0	0	3	0	12	1	1	2	0
124	0	0	0	0	0	1	0	1	0	0	0	0
125	0	0	0	0	0	0	0	0	0	0	0	0
126	0	0	0	0	0	0	0	0	0	0	1	0
127	0	0	0	0	0	1	0	2	1	0	2	0
128	0	0	0	0	0	0	0	0	0	0	0	0
129	0	0	0	0	0	0	0	0	0	0	0	0
130	0	0	0	0	0	0	0	0	0	0	0	0
131	0	0	0	0	0	0	0	0	0	0	0	0
132	0	0	0	0	0	1	0	3	0	0	0	0
133	0	0	0	0	0	0	0	0	0	1	1	0
134	0	0	0	0	0	0	0	0	0	0	0	0
135	0	0	0	0	0	0	0	0	0	0	1	0
136	0	0	0	0	0	1	0	4	0	0	3	0
137	0	0	0	0	0	1	0	4	0	0	0	0
138	0	0	0	0	0	7	0	23	0	0	0	0
139	0	0	0	0	0	1	0	2	0	0	0	0
140	0	0	0	0	0	0	0	0	0	0	1	0
141	0	0	0	0	0	0	0	0	0	0	1	0
142	0	0	0	0	0	0	0	0	0	0	0	0
143	0	0	0	0	0	0	0	0	0	1	0	0
144	0	0	0	0	0	0	0	0	0	0	0	0
145	0	0	0	0	0	2	0	8	0	2	3	0
146	0	0	0	1	0	1	0	5	0	0	0	0
147	0	0	0	0	0	1	0	1	0	0	2	0
148	0	0	0	0	0	2	0	5	0	0	3	0
149	0	0	0	0	0	0	0	0	0	0	1	0
150	0	0	0	0	0	4	0	11	1	1	2	0

212 ロールシャッハ・テスト統計集

表7－9　健常成人のロールシャッハ統計値（TTNRD）（つづき）

ID	INC2	DR2	FAB2	ALOG	CONTAM	Sum6SpSc	Lvl2SpSc	WSum6	AB	AG	COP	CP
151	0	0	0	0	0	0	0	0	1	0	1	0
152	0	0	0	0	0	0	0	0	0	0	0	0
153	0	0	0	0	0	1	0	1	0	0	2	0
154	0	0	0	0	0	0	0	0	0	0	0	0
155	0	0	0	0	0	0	0	0	0	0	0	0
156	0	0	0	0	0	1	0	3	0	1	1	0
157	0	0	0	0	0	0	0	0	0	0	1	0
158	0	0	0	0	0	1	0	4	0	0	1	0
159	0	0	0	0	0	3	0	10	1	1	4	0
160	0	0	0	0	0	0	0	0	0	1	0	0
161	0	0	0	0	0	0	0	0	0	0	1	0
162	0	0	0	0	0	1	0	4	0	0	1	0
163	0	0	0	0	0	1	0	4	0	1	0	0
164	0	0	0	0	0	4	0	13	0	0	2	0
165	0	0	0	0	0	0	0	0	1	0	0	0
166	0	0	0	0	0	2	0	5	0	0	3	0
167	0	0	0	0	0	0	0	0	0	0	1	0
168	0	0	0	0	0	2	0	4	0	0	2	0
169	0	0	0	0	0	1	0	4	2	2	2	0
170	0	0	0	0	0	1	0	3	0	0	0	0
171	0	0	0	0	0	0	0	0	0	0	0	0
172	0	0	0	0	0	4	0	7	0	0	0	0
173	0	0	0	0	0	1	0	1	0	0	0	0
174	0	0	0	0	0	0	0	0	0	0	0	0
175	0	0	0	0	0	0	0	0	0	0	0	0
176	0	0	0	0	0	1	0	4	0	0	3	0
177	0	0	0	0	0	0	0	0	0	0	1	0
178	0	0	0	0	0	0	0	0	0	0	1	0
179	0	0	0	0	0	0	0	0	0	0	3	0
180	0	0	0	0	0	1	0	4	1	0	1	0
181	0	0	0	0	0	1	0	1	0	0	0	0
182	0	0	0	0	0	1	0	2	0	3	1	0
183	0	0	0	0	0	0	0	0	0	0	0	0
184	0	0	0	0	0	2	0	6	0	0	2	0
185	0	0	0	0	0	0	0	0	0	0	1	0
186	0	0	0	0	0	0	0	0	0	0	3	0
187	0	0	0	0	0	2	0	5	0	1	4	0
188	0	0	0	0	0	1	0	4	0	1	3	0
189	0	0	0	0	0	0	0	0	0	0	0	0
190	0	0	0	0	0	0	0	0	0	0	0	0
191	0	0	0	0	0	0	0	0	0	0	1	0
192	0	0	0	0	0	1	0	4	0	0	1	0
193	0	0	0	0	0	0	0	0	0	1	0	0
194	0	0	0	0	0	0	0	0	0	0	0	0
195	0	0	0	0	0	0	0	0	0	0	0	0
196	0	0	0	0	0	1	0	3	0	0	1	0
197	0	0	0	0	0	1	0	4	0	0	1	0
198	0	0	0	0	0	0	0	0	0	0	0	0
199	0	0	0	0	0	0	0	0	0	0	1	0
200	0	0	0	0	0	0	0	0	1	0	3	0

表7-9 健常成人のロールシャッハ統計値（TTNRD）（つづき）

ID	INC2	DR2	FAB2	ALOG	CONTAM	Sum6SpSc	Lvl2SpSc	WSum6	AB	AG	COP	CP
201	0	0	0	0	0	1	0	1	0	0	3	0
202	0	0	0	0	0	2	0	5	0	1	0	0
203	0	0	0	0	0	1	0	2	1	1	0	0
204	0	0	0	0	0	0	0	0	0	0	1	0
205	0	0	0	0	0	0	0	0	0	1	2	0
206	0	0	0	0	0	0	0	0	0	0	3	0
207	0	0	0	0	0	0	0	0	0	0	1	0
208	0	0	0	0	0	0	0	0	0	0	1	0
209	0	0	0	0	0	0	0	0	0	0	3	0
210	0	0	0	0	0	0	0	0	0	1	0	0
211	0	0	0	0	0	0	0	0	0	0	1	0
212	0	0	0	0	0	0	0	0	0	1	1	0
213	0	0	0	0	0	0	0	0	0	0	0	0
214	0	0	0	0	0	0	0	0	0	1	0	0
215	0	0	0	0	0	0	0	0	0	1	0	0
216	0	0	0	0	0	0	0	0	0	0	1	0
217	0	0	0	0	0	1	0	2	0	0	0	0
218	0	0	0	0	0	1	0	1	1	1	0	0
219	0	0	0	0	0	1	0	2	0	0	1	0
220	0	0	0	0	0	0	0	0	0	0	0	0
221	0	0	0	0	0	0	0	0	0	0	3	0
222	0	0	0	0	0	1	0	3	1	1	2	0
223	0	0	0	0	0	1	0	4	1	0	2	0
224	0	0	0	0	0	1	0	2	0	0	2	0
225	0	0	0	0	0	1	0	4	0	1	2	0
226	0	0	0	0	0	1	0	4	0	0	1	0
227	0	0	0	0	0	0	0	0	0	0	3	0
228	0	0	0	0	0	0	0	0	0	0	3	0
229	0	0	0	0	0	6	0	17	0	1	1	0
230	0	0	0	0	0	0	0	0	0	0	2	0
231	0	0	0	0	0	2	0	3	0	2	0	0
232	0	0	0	0	0	4	0	9	0	0	0	0
233	0	0	0	0	0	2	0	7	0	1	3	0
234	0	0	0	0	0	5	0	11	1	1	2	0
235	0	0	0	0	0	0	0	0	1	1	1	0
236	0	0	0	0	0	1	0	4	0	0	1	0
237	0	0	0	0	0	3	0	9	1	0	4	0
238	0	0	0	0	0	5	0	10	2	0	2	0
239	0	0	0	0	0	4	0	10	0	1	2	0
240	0	0	0	0	0	0	0	0	0	0	0	0
241	0	0	0	0	0	2	0	8	1	0	3	0
242	0	0	0	0	0	0	0	0	0	0	1	0
243	0	0	0	0	0	1	0	3	0	0	1	0
244	0	0	0	0	0	0	0	0	0	0	1	0
245	0	0	0	0	0	0	0	0	0	0	0	0
246	0	0	0	0	0	0	0	0	1	1	0	0
247	0	0	0	0	0	0	0	0	0	0	0	0
248	0	0	0	0	0	0	0	0	0	0	0	0
249	0	0	0	0	0	0	0	0	0	0	0	0
250	0	0	0	0	0	1	0	2	0	0	0	0

214　ロールシャッハ・テスト統計集

表7－9　健常成人のロールシャッハ統計値（TTNRD）（つづき）

ID	INC2	DR2	FAB2	ALOG	CONTAM	Sum6SpSc	Lvl2SpSc	WSum6	AB	AG	COP	CP
251	0	0	0	0	0	0	0	0	0	0	0	0
252	0	0	0	0	0	0	0	0	1	0	0	0
253	0	0	0	0	0	1	0	1	0	0	0	0
254	0	0	0	0	0	1	0	1	0	0	1	0
255	0	0	0	0	0	2	0	5	0	1	3	0
256	0	0	0	0	0	1	0	4	0	0	1	0
257	0	0	0	0	0	0	0	0	0	1	1	0
258	0	0	0	0	0	0	0	0	0	0	0	0
259	0	0	0	0	0	2	0	6	0	1	0	0
260	0	0	0	0	0	0	0	0	0	1	0	0
261	0	0	0	0	0	2	0	6	0	0	4	0
262	0	0	0	0	0	1	0	4	0	0	0	0
263	0	0	0	0	0	0	0	0	0	0	1	0
264	0	0	0	0	0	1	0	2	0	1	0	0
265	0	0	0	0	0	2	0	3	0	1	3	0
266	0	0	0	0	0	0	0	0	0	0	1	0
267	0	0	0	0	0	1	0	2	0	0	0	0
268	0	0	0	0	0	0	0	0	0	0	0	0
269	0	0	0	0	0	0	0	0	0	0	0	0
270	0	0	0	0	0	1	0	4	0	0	4	0
271	0	0	0	0	0	0	0	0	0	0	2	0
272	0	0	0	1	0	4	0	11	0	1	1	0
273	0	0	0	0	0	1	0	2	0	1	1	0
274	0	0	0	0	0	0	0	0	1	2	2	0
275	0	0	0	0	0	0	0	0	0	0	0	0
276	0	0	0	0	0	0	0	0	0	0	0	0
277	0	0	0	0	0	0	0	0	0	0	0	0
278	0	0	0	0	0	3	0	12	0	0	1	0
279	0	0	0	0	0	0	0	0	1	0	1	0
280	0	0	0	0	0	0	0	0	0	1	1	0
281	0	0	0	0	0	0	0	0	0	0	5	0
282	0	0	0	0	0	2	0	4	0	0	2	0
283	0	0	0	0	0	0	0	0	0	0	0	0
284	0	0	0	0	0	0	0	0	0	0	2	0
285	0	0	0	0	0	0	0	0	0	1	3	0
286	0	0	0	0	0	0	0	0	0	1	2	0
287	0	0	0	0	0	0	0	0	1	0	3	0
288	0	0	0	0	0	0	0	0	1	0	2	0
289	0	0	0	0	0	0	0	0	0	0	3	0
290	0	0	0	0	0	1	0	4	1	0	3	0
291	0	0	0	0	0	1	0	3	0	0	0	0
292	0	0	0	0	0	0	0	0	0	0	1	0
293	0	0	0	0	0	0	0	0	0	0	0	0
294	0	0	0	0	0	0	0	0	0	0	2	0
295	0	0	0	0	0	0	0	0	0	0	1	0
296	0	0	0	0	0	2	0	4	0	0	2	0
297	0	0	0	0	0	1	0	1	0	0	0	0
298	0	0	0	0	0	0	0	0	1	0	1	0
299	0	0	0	0	0	0	0	0	0	0	2	0
300	0	0	0	0	0	1	0	1	0	0	2	0

第6章　健常成人のロールシャッハ統計値　215

表7－9　健常成人のロールシャッハ統計値（TTNRD）（つづき）

ID	INC2	DR2	FAB2	ALOG	CONTAM	Sum6SpSc	Lvl2SpSc	WSum6	AB	AG	COP	CP
501	0	0	0	0	0	0	0	0	1	0	1	0
502	0	0	0	0	0	0	0	0	0	0	1	0
503	0	0	0	0	0	0	0	0	0	0	3	0
504	0	0	0	0	0	2	0	8	0	1	2	0
505	0	0	0	0	0	0	0	0	0	0	1	0
506	0	0	0	0	0	0	0	0	0	0	1	0
507	0	0	0	0	0	4	0	14	0	1	1	0
508	0	0	0	0	0	0	0	0	0	0	0	0
509	0	0	0	0	0	0	0	0	0	1	0	0
510	0	0	0	0	0	1	0	2	0	0	0	0
511	0	0	0	0	0	0	0	0	0	2	2	0
512	0	0	0	0	0	1	0	4	0	1	4	0
513	0	0	0	0	0	0	0	0	2	0	0	0
514	0	0	0	0	0	0	0	0	0	0	1	0
515	0	0	0	0	0	0	0	0	0	1	0	0
516	0	0	0	0	0	1	0	3	0	0	1	0
517	0	0	0	0	0	2	0	6	0	0	0	0
518	0	0	0	0	0	3	0	5	0	1	1	0
519	0	0	0	0	0	0	0	0	0	0	0	0
520	0	0	0	0	0	0	0	0	0	0	1	0
521	0	0	0	0	0	1	0	3	0	5	0	0
522	0	0	0	0	0	1	0	1	0	0	0	0
523	0	0	0	0	0	0	0	0	0	0	0	0
524	0	0	0	0	0	1	0	2	0	0	2	0
525	0	0	0	0	0	0	0	0	0	0	0	0
526	0	0	0	0	0	1	0	2	0	0	2	0
527	0	0	0	0	0	1	0	1	0	1	1	0
528	0	0	0	0	0	1	0	4	1	1	2	0
529	0	0	0	0	0	0	0	0	0	0	0	0
530	0	0	0	0	0	2	0	6	0	1	3	0
531	0	0	0	0	0	0	0	0	0	1	3	0
532	0	0	0	0	0	1	0	2	0	0	3	0
533	0	0	0	0	0	0	0	0	0	1	7	0
534	0	0	0	0	0	2	0	8	1	0	0	0
535	0	0	0	0	0	0	0	0	0	0	1	0
536	0	0	0	0	0	0	0	0	0	0	1	0
537	0	0	0	0	0	1	0	2	1	0	1	0
538	0	0	0	0	0	0	0	0	0	1	3	0
539	0	0	0	0	0	0	0	0	0	0	1	0
540	0	0	0	0	0	1	0	4	0	1	1	0
541	0	0	0	0	0	0	0	0	0	0	1	0
542	0	0	0	0	0	0	0	0	0	0	1	0
543	0	0	0	0	0	2	0	8	0	0	2	0
544	0	0	0	0	0	0	0	0	0	0	0	0
545	0	0	0	0	0	0	0	0	1	1	1	0
546	0	0	0	0	0	2	0	8	0	0	3	0
547	0	0	0	0	0	2	0	8	0	1	0	0
548	0	0	0	0	0	0	0	0	0	0	1	0
549	0	0	0	0	0	1	0	1	0	0	0	0
550	0	0	0	0	0	1	0	4	0	1	1	0

216　ロールシャッハ・テスト統計集

表7－9　健常成人のロールシャッハ統計値（TTNRD）（つづき）

ID	INC2	DR2	FAB2	ALOG	CONTAM	Sum6SpSc	Lvl2SpSc	WSum6	AB	AG	COP	CP
551	0	0	0	0	0	1	0	4	0	0	2	0
552	0	0	0	0	0	1	0	2	0	0	1	0
553	0	0	0	0	0	1	0	4	0	1	3	0
554	0	0	0	0	0	2	0	4	0	0	1	0
555	0	0	0	0	0	1	0	4	0	0	2	0
556	0	0	0	0	0	2	0	8	0	0	5	0
557	0	0	0	0	0	0	0	0	0	0	4	0
558	0	0	0	0	0	0	0	0	0	0	0	0
559	0	0	0	0	0	0	0	0	1	1	2	0
560	0	0	0	0	0	2	0	4	0	0	1	0
561	0	0	0	0	0	0	0	0	0	0	3	0
562	0	0	0	0	0	1	0	4	0	0	2	0
563	0	0	0	0	0	3	0	7	0	0	4	0
564	0	0	0	0	0	1	0	2	0	0	1	0
565	0	0	0	1	0	2	0	7	0	0	1	0
566	0	0	0	0	0	0	0	0	0	0	0	0
567	0	0	0	0	0	0	0	0	0	1	2	0
568	0	0	0	0	0	3	0	5	0	0	0	0
569	0	0	0	0	0	0	0	0	0	0	0	0
570	0	0	0	1	0	1	0	5	1	0	0	0
571	0	0	0	0	0	0	0	0	0	0	2	0
572	0	0	0	0	0	0	0	0	2	1	1	0
573	0	0	0	0	0	1	0	1	1	0	1	0
574	0	0	0	0	0	1	0	2	0	0	0	0
575	0	0	0	0	0	0	0	0	0	0	0	0
576	0	0	0	0	0	0	0	0	0	1	1	0
577	0	0	0	0	0	0	0	0	0	0	1	0
578	0	0	0	0	0	0	0	0	0	0	0	0
579	0	0	0	0	0	0	0	0	0	0	0	0
580	0	0	0	0	0	2	0	7	0	0	1	0
581	0	0	0	0	0	2	0	6	0	1	3	0
582	0	0	0	0	0	0	0	0	0	0	2	0
583	0	0	0	0	0	1	0	4	1	0	1	0
584	0	0	0	0	0	0	0	0	0	0	1	0
585	0	0	0	0	0	0	0	0	0	0	0	0
586	0	0	0	0	0	2	0	6	0	0	0	0
587	0	0	0	0	0	0	0	0	0	0	2	0
588	0	0	0	0	0	0	0	0	1	0	3	0
589	0	0	0	1	0	2	0	9	0	2	2	0
590	0	0	0	0	0	0	0	0	0	0	0	0
591	0	0	0	0	0	0	0	0	0	0	4	0
592	0	0	0	0	0	0	0	0	0	0	0	0
593	0	0	0	0	0	2	0	3	0	0	0	0
594	0	0	0	0	0	1	0	4	0	0	0	0
595	0	0	0	0	0	0	0	0	0	0	0	0
596	0	0	0	0	0	1	0	2	0	0	2	0
597	0	0	0	0	0	1	0	2	0	1	0	0
598	0	0	0	0	0	2	0	5	0	0	1	0
599	0	0	0	0	0	2	0	8	0	0	3	0
600	0	0	0	0	0	0	0	0	0	0	2	0

第６章　健常成人のロールシャッハ統計値　217

表７－９　健常成人のロールシャッハ統計値（TTNRD）（つづき）

ID	INC2	DR2	FAB2	ALOG	CONTAM	Sum6SpSc	Lvl2SpSc	WSum6	AB	AG	COP	CP
601	0	0	0	0	0	1	0	4	0	1	2	0
602	0	0	0	0	0	0	0	0	0	1	3	0
603	0	0	0	0	0	1	0	4	0	0	1	0
604	0	0	0	0	0	0	0	0	0	0	0	0
605	0	0	0	0	0	1	0	2	0	0	0	0
606	0	0	0	0	0	0	0	0	0	0	0	0
607	0	0	0	0	0	2	0	6	1	0	4	0
608	0	0	0	0	0	1	0	2	0	0	0	0
609	0	0	0	0	0	1	0	1	0	0	0	0
610	0	0	0	0	0	0	0	0	0	0	2	0
611	0	0	0	0	0	1	0	1	0	0	0	0
612	0	0	0	0	0	3	0	12	0	0	4	0
613	0	0	0	0	0	0	0	0	0	2	0	0
614	0	0	0	0	0	2	0	3	0	1	1	0
615	0	0	0	0	0	1	0	2	1	0	1	0
616	0	0	0	0	0	1	0	2	0	1	2	0
617	0	0	0	0	0	2	0	5	0	0	1	0
618	0	0	0	0	0	0	0	0	0	0	0	0
619	0	0	0	0	0	2	0	7	0	0	1	0
620	0	0	0	0	0	1	0	4	0	0	2	0
621	0	0	0	0	0	1	0	4	1	1	2	0
622	0	0	0	0	0	0	0	0	0	0	0	0
623	0	0	0	0	0	3	0	5	0	1	1	0
624	0	0	0	0	0	4	0	11	0	0	2	0
625	0	0	0	0	0	6	0	17	1	2	5	0
626	0	0	0	0	0	2	0	5	1	0	3	0
627	0	0	0	0	0	0	0	0	3	0	1	0
628	0	0	0	0	0	0	0	0	0	0	1	0
629	0	0	0	0	0	3	0	12	1	0	6	0
630	0	0	0	0	0	1	0	3	0	0	1	0
631	0	0	0	0	0	3	0	8	0	1	1	0
632	0	0	0	0	0	2	0	8	0	1	3	0
633	0	0	0	0	0	0	0	0	0	0	0	0
634	0	0	0	0	0	1	0	3	1	0	0	0
635	0	0	0	0	0	3	0	12	0	1	3	0
636	0	0	0	0	0	1	0	2	0	0	0	0
637	0	0	0	0	0	1	0	1	0	2	1	0
638	0	0	0	0	0	0	0	0	0	0	0	0
639	0	0	0	0	0	2	0	8	0	0	0	0
640	0	0	0	0	0	2	0	8	0	0	1	0
641	0	0	0	0	0	1	0	2	0	0	0	0
642	0	0	0	0	0	1	0	3	0	0	2	0
643	0	0	0	0	0	4	0	13	1	2	2	0
644	0	0	0	0	0	1	0	2	0	0	0	0
645	0	0	0	0	0	1	0	4	0	1	2	0
646	0	0	0	0	0	0	0	0	0	0	0	0
647	0	0	0	0	0	1	0	4	1	1	2	0
648	0	0	0	0	0	1	0	4	0	0	2	0
649	0	0	0	0	0	0	0	0	0	0	1	0
650	0	0	0	0	0	1	0	1	0	1	1	0

表7－9 健常成人のロールシャッハ統計値（TTNRD）（つづき）

ID	INC2	DR2	FAB2	ALOG	CONTAM	Sum6SpSc	Lvl2SpSc	WSum6	AB	AG	COP	CP
651	0	0	0	0	0	0	0	0	0	0	1	0
652	0	0	0	0	0	1	0	2	0	1	2	0
653	0	0	0	0	0	1	0	1	0	0	1	0
654	0	0	0	0	0	0	0	0	2	0	3	0
655	0	0	0	0	0	2	0	7	0	0	3	0
656	0	0	0	0	0	0	0	0	0	0	3	0
657	0	0	0	0	0	0	0	0	0	0	2	0
658	0	0	0	0	0	0	0	0	0	0	2	0
659	0	0	0	0	0	1	0	4	0	0	2	0
660	0	0	0	0	0	1	0	4	0	0	1	0
661	0	0	0	0	0	0	0	0	0	0	1	0
662	0	0	0	0	0	0	0	0	2	0	3	0
663	0	0	0	0	0	2	0	8	0	1	3	0
664	0	0	0	0	0	1	0	4	2	0	2	0
665	0	0	0	0	0	3	0	12	0	1	3	0
666	0	0	0	0	0	4	0	12	0	0	1	0
667	0	0	0	0	0	0	0	0	0	0	0	0
668	0	0	0	0	0	1	0	4	1	1	2	0
669	0	0	0	0	0	0	0	0	0	0	3	0
670	0	0	0	0	0	1	0	4	0	0	2	0
671	0	0	0	0	0	1	0	2	1	2	2	0
672	0	0	0	0	0	1	0	4	0	0	2	0
673	0	0	0	0	0	1	0	4	0	0	1	0
674	0	0	0	0	0	0	0	0	0	1	1	0
675	0	0	0	0	0	1	0	1	0	1	2	0
676	0	0	0	0	0	2	0	8	0	2	2	0
677	0	0	0	0	0	2	0	5	0	0	2	0
678	0	0	0	0	0	0	0	0	0	0	0	0
679	0	0	0	0	0	0	0	0	0	0	0	0
680	0	0	0	0	0	0	0	0	0	1	2	0
681	0	0	0	0	0	2	0	3	0	0	0	0
682	0	0	0	0	0	1	0	4	3	0	5	0
683	0	0	0	0	0	0	0	0	0	0	1	0
684	0	0	0	0	0	3	0	10	1	0	1	0
685	0	0	0	0	0	0	0	0	0	0	0	0
686	0	0	0	0	0	0	0	0	0	1	2	0
687	0	0	0	0	0	0	0	0	0	0	0	0
688	0	0	0	0	0	1	0	2	1	0	6	0
689	0	0	0	0	0	1	0	4	0	0	1	0
690	0	0	0	0	0	0	0	0	0	0	2	0
691	0	0	0	0	0	0	0	0	0	0	0	0
692	0	0	0	0	0	0	0	0	0	0	1	0
693	0	0	0	0	0	0	0	0	0	0	0	0
694	0	0	0	0	0	2	0	5	2	5	2	0
695	0	0	0	0	0	0	0	0	0	0	0	0
696	0	0	0	0	0	2	0	6	0	0	1	0
697	0	0	0	0	0	0	0	0	0	1	0	0
698	0	0	0	0	0	1	0	2	0	2	2	0
699	0	0	0	0	0	0	0	0	0	0	1	0
700	0	0	0	0	0	2	0	8	0	0	4	0

表7−10　健常成人のロールシャッハ統計値（TTNRD）

ID	SD	PSVS	GHR	PHR	MOR	PER	PSV	S-CON	PTI	DEPI	CDI	HVI	OBS
101	0	0	4	1	0	0	0	5	0	6	4	No	No
102	0	0	5	1	0	0	0	3	0	2	0	No	No
103	0	0	3	5	0	0	0	4	0	3	2	No	No
104	0	0	4	6	1	0	0	5	0	4	1	No	No
105	0	0	5	1	0	0	0	4	0	3	0	No	No
106	0	0	1	2	0	1	1	5	0	3	4	No	No
107	0	0	2	2	1	0	1	5	0	4	3	No	No
108	0	0	3	5	0	0	0	3	0	4	4	No	No
109	0	0	3	1	0	0	1	2	0	2	4	No	No
110	0	0	4	1	0	0	0	7	0	4	2	YES	No
111	0	0	5	3	0	0	0	3	0	3	4	No	No
112	0	0	3	1	0	1	0	6	0	4	3	No	No
113	1	0	6	1	2	0	1	9	0	4	2	No	No
114	0	0	7	2	0	0	0	2	0	3	1	YES	No
115	0	0	5	4	0	0	1	5	0	4	1	YES	No
116	0	0	5	5	1	0	0	2	1	3	1	No	No
117	0	0	6	4	0	0	0	3	0	5	3	No	No
118	0	0	5	0	1	0	0	5	0	4	4	No	No
119	0	0	3	0	1	0	2	3	0	5	2	No	No
120	0	0	6	3	0	0	1	3	0	3	2	No	No
121	0	0	2	6	0	0	0	5	0	4	4	No	No
122	0	0	5	2	2	0	0	3	0	2	2	No	No
123	0	0	3	4	1	0	0	1	0	2	2	No	No
124	0	0	6	2	0	0	0	4	0	3	1	YES	No
125	0	0	2	1	0	0	1	3	0	5	3	No	No
126	0	0	6	3	0	1	0	3	0	4	2	YES	No
127	0	0	5	1	0	0	0	3	0	4	1	No	No
128	0	0	2	0	0	0	0	2	0	2	4	No	No
129	0	0	3	1	1	1	0	2	0	5	4	No	No
130	0	0	0	0	1	2	1	5	0	3	4	No	No
131	0	0	3	1	0	0	0	6	0	4	4	No	No
132	0	0	2	1	3	0	1	3	0	4	4	No	No
133	0	0	5	2	0	0	0	4	0	3	1	YES	No
134	0	0	3	0	0	0	0	3	0	4	3	No	No
135	0	0	2	2	0	1	0	5	0	5	3	No	No
136	0	0	4	7	1	1	0	2	0	4	2	No	No
137	0	0	5	0	1	0	0	2	0	2	3	No	No
138	0	0	7	8	1	2	0	5	1	5	2	YES	No
139	0	0	0	1	0	0	0	7	0	3	3	No	No
140	0	0	5	0	0	0	1	1	0	2	2	No	No
141	0	0	4	0	0	0	1	2	0	2	2	No	No
142	0	0	0	0	1	1	0	6	0	3	5	No	No
143	0	0	3	2	0	0	1	5	0	3	5	No	No
144	0	0	1	0	0	0	1	5	0	4	5	No	No
145	0	0	6	4	0	0	2	2	0	3	2	No	No
146	0	0	0	1	1	0	1	4	0	4	4	No	No
147	0	0	6	0	0	0	1	2	0	2	2	No	No
148	0	0	7	2	2	0	0	5	0	4	1	YES	No
149	0	0	4	1	0	0	0	1	0	2	3	No	No
150	1	0	4	4	2	0	0	4	0	4	1	No	No

220 ロールシャッハ・テスト統計集

表7－10　健常成人のロールシャッハ統計値（TTNRD）（つづき）

ID	SD	PSVS	GHR	PHR	MOR	PER	PSV	S-CON	PTI	DEPI	CDI	HVI	OBS
151	0	0	4	4	1	0	0	5	0	4	3	No	No
152	0	0	5	0	1	0	0	5	0	4	3	No	No
153	0	0	4	0	0	1	1	3	0	3	4	No	No
154	0	0	5	1	0	0	0	4	0	3	3	No	No
155	0	0	6	0	0	0	0	2	0	3	4	No	No
156	0	0	4	1	0	0	0	3	0	2	2	No	No
157	0	0	3	2	0	1	0	5	1	4	3	No	No
158	0	0	5	1	0	0	0	3	0	4	4	No	No
159	0	0	6	4	1	0	0	5	0	4	2	YES	No
160	0	0	4	2	0	0	0	3	0	4	3	No	No
161	0	0	3	1	1	0	3	3	0	3	4	No	No
162	0	0	2	0	0	0	1	4	0	2	5	No	No
163	0	0	2	1	0	0	0	4	0	3	4	No	No
164	0	0	6	0	0	0	0	3	0	5	3	No	No
165	0	0	4	0	0	0	0	2	0	2	3	No	No
166	0	0	6	0	1	0	0	2	0	2	2	No	No
167	0	0	3	2	0	1	0	4	0	4	4	No	No
168	0	0	7	5	0	1	0	2	0	3	2	YES	No
169	0	0	12	7	0	0	1	3	0	2	1	YES	No
170	0	0	3	2	1	0	0	5	0	3	4	No	No
171	0	0	2	1	0	2	1	4	0	3	4	No	No
172	0	0	1	2	0	0	1	4	0	3	4	No	No
173	1	0	3	0	0	0	2	5	0	5	4	No	No
174	0	0	3	1	0	1	1	2	0	4	5	No	No
175	0	0	0	1	0	0	0	6	0	5	4	No	No
176	0	0	6	1	0	0	0	3	0	4	1	No	No
177	0	0	3	2	1	0	0	3	0	3	3	No	No
178	0	0	1	0	1	0	0	4	0	3	4	No	No
179	0	0	4	0	0	0	1	3	0	3	2	No	No
180	0	0	7	1	0	0	0	4	0	1	2	No	No
181	0	0	0	2	0	0	0	5	0	3	5	No	No
182	1	0	5	3	0	1	0	6	0	7	3	No	No
183	0	0	4	0	0	0	1	3	0	2	3	No	No
184	0	0	4	1	0	0	0	4	0	3	2	No	No
185	0	0	2	2	1	0	0	3	0	5	4	No	No
186	0	0	4	1	0	0	0	2	0	4	1	No	No
187	0	0	7	3	0	1	1	4	0	4	1	No	No
188	0	0	9	4	1	0	1	3	0	2	2	No	No
189	0	0	4	3	2	1	0	7	0	5	4	YES	No
190	0	0	4	2	0	0	1	4	0	5	4	No	No
191	0	0	6	5	1	0	0	4	0	5	2	YES	No
192	0	0	6	2	0	0	0	3	0	4	2	YES	No
193	0	0	1	2	0	0	0	6	0	5	4	No	No
194	0	0	3	0	0	0	0	2	0	3	5	No	No
195	0	0	1	1	0	0	0	4	0	3	4	No	No
196	0	0	5	1	0	2	0	2	0	4	3	No	No
197	0	0	5	3	0	0	0	3	0	1	3	No	No
198	0	0	4	0	0	0	0	3	0	5	4	No	No
199	1	0	3	0	0	0	1	4	0	5	3	No	No
200	0	0	7	0	1	0	0	4	0	3	0	No	No

表7−10 健常成人のロールシャッハ統計値（TTNRD）（つづき）

ID	SD	PSVS	GHR	PHR	MOR	PER	PSV	S-CON	PTI	DEPI	CDI	HVI	OBS
201	0	0	6	0	0	0	0	5	0	3	3	YES	No
202	0	0	2	1	0	2	0	3	0	4	5	No	No
203	0	0	2	2	0	0	0	6	0	4	4	No	No
204	0	0	5	0	0	0	2	2	0	4	2	No	No
205	0	0	7	2	1	0	0	4	0	5	2	No	No
206	0	0	2	1	0	0	0	2	0	2	2	No	No
207	0	0	4	1	2	1	0	5	0	3	3	No	No
208	0	0	5	1	0	0	0	2	0	2	4	No	No
209	0	0	5	0	0	0	0	4	0	2	1	No	No
210	0	0	2	2	1	1	0	5	0	3	4	No	No
211	0	0	1	1	2	0	0	4	0	4	5	No	No
212	0	0	7	2	0	0	0	2	0	3	3	YES	No
213	0	0	4	1	0	1	0	5	0	5	3	No	No
214	0	0	4	2	0	0	0	6	0	4	2	No	No
215	0	0	2	1	1	0	0	3	0	4	4	No	No
216	0	0	1	1	2	2	0	6	0	4	5	No	No
217	0	0	3	2	1	0	1	4	0	4	3	No	No
218	1	0	3	2	1	0	0	3	0	4	3	No	No
219	0	0	4	2	0	0	0	4	0	6	3	No	No
220	0	0	2	0	1	0	0	5	0	2	4	No	No
221	0	0	5	1	3	0	0	2	0	3	1	YES	No
222	0	0	5	2	0	0	0	4	0	4	1	YES	No
223	0	0	12	2	0	0	2	6	0	3	1	No	No
224	0	0	4	0	0	0	0	4	0	4	2	No	No
225	0	0	8	3	0	1	0	3	0	3	0	No	No
226	0	0	4	3	0	0	1	4	0	3	4	No	No
227	0	0	3	0	1	1	0	5	0	4	3	No	No
228	0	0	8	3	0	1	1	4	1	3	1	No	No
229	1	0	3	4	2	0	1	5	0	4	3	No	No
230	0	0	5	2	0	0	0	2	0	2	3	No	No
231	0	0	0	4	2	0	0	5	0	3	3	No	No
232	0	0	1	1	0	1	0	8	0	4	5	No	No
233	0	0	4	4	1	2	0	5	1	3	2	No	No
234	0	0	7	1	0	0	1	4	0	3	0	No	No
235	0	0	6	1	0	0	1	1	0	3	2	No	No
236	1	0	2	0	0	0	0	3	0	3	5	No	No
237	2	0	7	2	0	0	0	5	0	4	0	No	No
238	0	0	2	0	4	0	0	7	0	3	3	No	No
239	0	0	4	2	2	0	0	3	0	5	3	YES	No
240	0	0	4	2	1	0	0	0	0	2	4	No	No
241	0	0	3	4	0	0	0	6	0	6	2	No	No
242	0	0	1	1	0	0	1	3	0	4	5	No	No
243	0	0	2	1	1	1	0	3	0	4	3	No	No
244	0	0	2	0	0	0	0	3	0	3	3	No	No
245	0	0	2	3	1	0	0	2	0	4	3	No	No
246	0	0	1	1	0	0	2	7	0	4	5	No	No
247	0	0	2	0	3	0	0	5	0	3	4	No	No
248	0	0	1	2	0	0	1	4	0	3	5	No	No
249	0	0	2	2	0	0	0	3	0	3	4	No	No
250	0	0	5	4	1	0	0	1	0	5	3	YES	No

表7-10 健常成人のロールシャッハ統計値（TTNRD）（つづき）

ID	SD	PSVS	GHR	PHR	MOR	PER	PSV	S-CON	PTI	DEPI	CDI	HVI	OBS
251	0	0	2	0	0	0	1	4	0	3	4	No	No
252	0	0	3	2	1	1	0	7	0	6	3	No	No
253	0	0	3	1	0	0	0	2	0	2	4	No	No
254	0	0	2	0	0	0	0	4	0	3	5	No	No
255	0	0	3	3	0	0	0	5	0	3	1	No	No
256	0	0	5	1	0	0	0	3	0	3	1	No	No
257	0	0	2	3	1	0	0	3	0	4	4	No	No
258	0	0	0	3	0	0	4	3	0	3	3	No	No
259	1	0	4	2	3	1	0	4	1	6	3	No	No
260	2	0	4	5	0	0	0	4	0	4	3	No	No
261	0	0	11	6	1	0	0	2	0	1	1	No	No
262	0	0	4	3	0	0	0	4	0	3	2	No	No
263	0	0	4	1	2	1	1	5	0	5	4	No	No
264	1	0	4	3	0	0	0	5	0	4	3	No	No
265	0	0	7	2	0	0	0	2	0	3	2	No	No
266	0	0	3	1	0	0	0	3	0	3	3	No	No
267	1	0	3	3	0	0	0	4	0	6	3	No	No
268	0	0	4	2	0	0	0	4	0	4	1	No	No
269	0	0	1	0	0	0	1	4	0	2	4	No	No
270	0	0	8	3	0	0	1	2	0	3	1	No	No
271	0	0	3	0	0	0	0	2	0	2	2	No	No
272	0	0	7	9	1	0	1	5	0	4	2	No	No
273	1	0	10	9	0	0	0	0	0	2	1	No	No
274	0	0	8	5	1	0	0	2	0	2	0	No	No
275	0	0	5	0	1	1	0	2	0	4	2	No	No
276	0	0	2	4	1	0	1	5	0	4	4	No	No
277	0	0	2	1	1	0	0	7	0	4	4	No	No
278	0	0	5	2	0	0	0	3	0	5	3	No	No
279	0	0	5	2	0	0	0	5	0	4	2	YES	No
280	0	0	2	2	0	0	1	5	0	4	3	No	No
281	1	0	7	7	0	0	2	3	0	4	1	No	No
282	0	0	7	5	0	0	0	3	1	3	2	No	No
283	0	0	3	1	1	0	0	4	0	3	3	No	No
284	0	0	4	1	0	0	0	5	0	4	1	No	No
285	1	0	8	3	0	0	2	3	0	3	1	No	No
286	0	0	6	7	0	0	0	2	0	2	1	YES	No
287	0	0	6	1	0	1	0	4	0	4	0	No	No
288	0	0	4	3	1	1	0	5	0	3	0	YES	OBS
289	0	0	7	1	0	0	0	1	0	2	1	No	No
290	0	0	6	0	2	3	2	3	0	2	2	No	No
291	0	0	4	1	0	0	1	1	0	2	3	No	No
292	0	0	1	2	0	0	1	4	0	5	4	No	No
293	0	0	5	1	0	0	0	3	0	4	2	No	No
294	0	0	11	6	0	0	1	6	0	2	1	No	No
295	0	0	6	4	0	0	0	3	0	6	3	No	No
296	0	0	5	4	1	0	0	4	0	5	2	No	No
297	0	0	5	5	0	0	0	3	0	4	4	YES	No
298	0	0	9	2	0	0	0	4	0	4	4	No	No
299	0	0	3	3	1	0	0	3	0	4	2	No	No
300	0	0	2	1	0	0	0	5	0	4	1	No	No

表7-10 健常成人のロールシャッハ統計値（TTNRD）（つづき）

ID	SD	PSVS	GHR	PHR	MOR	PER	PSV	S-CON	PTI	DEPI	CDI	HVI	OBS
501	0	0	2	1	0	0	0	6	0	4	3	No	No
502	0	0	2	0	0	0	0	2	0	2	4	No	No
503	0	0	6	0	0	0	2	2	0	1	2	No	No
504	0	0	4	1	1	0	1	5	0	5	3	No	No
505	2	0	3	1	0	0	0	3	0	4	3	No	No
506	1	0	2	6	0	0	0	5	0	4	5	No	No
507	0	0	6	7	0	0	0	3	0	5	3	No	No
508	0	0	4	0	0	0	0	2	0	3	4	No	No
509	0	0	4	5	0	1	0	5	0	6	3	YES	No
510	0	0	5	2	3	0	0	4	0	6	4	YES	No
511	0	0	2	2	1	0	0	2	0	2	3	No	No
512	0	0	5	4	0	0	0	1	0	1	1	YES	No
513	0	0	1	0	1	0	0	6	0	4	3	No	No
514	0	0	3	3	0	0	0	6	0	5	4	No	No
515	0	0	0	3	1	0	1	5	0	4	2	No	No
516	1	0	2	0	0	0	0	3	0	6	3	No	No
517	0	0	4	1	0	0	1	0	0	3	4	No	No
518	0	0	10	4	1	1	0	2	0	4	2	No	No
519	0	0	5	1	0	0	0	2	0	4	3	No	No
520	0	0	5	0	1	0	0	2	0	3	3	No	No
521	0	0	1	5	1	0	1	5	0	3	2	No	No
522	0	0	6	2	0	0	0	6	0	7	4	No	No
523	0	0	4	1	0	0	2	3	0	5	2	No	No
524	0	0	10	2	1	0	0	5	0	3	2	No	No
525	0	0	6	1	2	0	0	3	0	4	3	No	No
526	0	0	2	2	0	2	0	4	0	5	2	No	No
527	0	0	5	5	0	0	0	3	0	4	3	YES	No
528	0	0	4	6	1	0	0	5	1	4	1	No	No
529	0	0	3	3	1	0	0	6	0	6	5	No	No
530	0	0	4	4	0	0	0	3	0	3	1	No	No
531	0	0	7	2	0	0	0	5	0	2	2	No	No
532	1	0	9	2	0	0	0	1	0	3	1	No	No
533	0	0	8	2	0	0	0	2	0	1	2	No	No
534	1	0	4	1	0	0	0	3	0	4	4	No	No
535	0	0	7	0	0	0	0	0	0	2	3	No	No
536	0	0	4	2	0	0	0	2	0	3	3	No	No
537	0	0	5	5	0	0	0	2	0	4	4	YES	No
538	0	0	6	3	1	0	0	2	0	2	3	YES	No
539	0	0	5	1	0	0	0	3	0	3	2	YES	No
540	0	0	8	3	0	0	0	1	0	4	3	No	No
541	0	0	5	2	0	1	0	2	0	4	4	No	No
542	0	0	2	1	0	0	0	3	0	3	3	No	No
543	0	0	8	3	0	0	0	4	0	5	3	YES	No
544	0	0	3	2	1	0	0	2	0	4	5	No	No
545	0	0	5	1	0	0	0	2	0	2	2	No	No
546	0	0	7	0	0	0	0	4	0	0	3	No	No
547	0	0	2	5	0	0	0	4	0	3	2	No	No
548	0	0	8	1	0	0	0	0	0	3	3	No	No
549	0	0	5	0	0	0	0	1	0	4	2	No	No
550	0	0	3	2	0	2	0	3	0	4	3	No	No

表7-10 健常成人のロールシャッハ統計値（TTNRD）（つづき）

ID	SD	PSVS	GHR	PHR	MOR	PER	PSV	S-CON	PTI	DEPI	CDI	HVI	OBS
551	0	0	5	2	1	0	0	3	0	3	1	No	No
552	0	0	6	1	2	0	0	3	0	3	3	No	No
553	0	0	10	1	0	0	0	1	0	1	2	No	No
554	0	0	5	3	0	0	0	3	1	4	3	No	No
555	0	0	6	0	1	0	1	2	0	3	2	No	No
556	0	0	9	3	3	0	1	5	0	6	2	No	No
557	0	0	6	2	2	0	0	4	0	5	2	No	No
558	0	0	1	1	0	0	0	5	0	4	4	No	No
559	1	0	3	1	0	2	0	4	0	2	2	No	No
560	1	0	1	1	0	3	0	2	0	3	4	No	No
561	0	0	5	1	1	0	0	6	0	5	2	No	No
562	0	0	6	2	0	2	0	1	0	1	1	No	No
563	0	0	5	2	0	0	0	3	0	3	2	No	No
564	0	0	4	1	0	0	2	4	0	3	3	No	No
565	0	0	4	4	0	0	0	1	0	3	3	YES	No
566	0	0	4	4	0	0	0	4	0	4	3	No	No
567	0	0	6	2	1	1	0	5	0	4	2	No	No
568	0	0	0	0	0	1	1	5	0	5	5	No	No
569	0	0	2	2	0	0	3	3	0	4	4	No	No
570	0	0	2	2	1	0	0	7	2	5	2	No	No
571	0	0	5	4	2	0	1	2	0	3	1	YES	No
572	0	0	6	3	1	0	0	3	0	5	3	No	No
573	1	0	3	1	0	0	0	5	0	4	3	No	No
574	0	0	10	4	0	0	1	4	0	5	3	No	No
575	0	0	3	1	0	1	0	2	0	3	4	No	No
576	0	0	2	2	1	0	0	5	0	4	4	No	No
577	0	0	4	2	0	1	1	5	0	4	2	No	No
578	0	0	3	4	0	0	0	3	0	3	3	No	No
579	0	0	2	4	0	0	0	2	0	3	3	No	No
580	0	0	6	1	0	2	0	1	0	2	2	No	No
581	0	0	3	0	0	0	1	4	0	2	3	No	No
582	1	0	6	1	0	4	0	6	0	5	2	YES	No
583	0	0	2	3	0	0	0	4	0	4	1	No	No
584	0	0	4	0	0	0	0	1	0	2	5	No	No
585	0	0	1	0	0	0	1	5	0	3	4	No	No
586	0	0	4	0	1	0	0	6	0	5	3	No	No
587	0	0	7	3	0	0	0	2	0	3	0	No	No
588	0	0	5	2	0	0	1	3	0	2	1	No	No
589	0	0	2	5	0	1	0	2	0	3	2	No	No
590	0	0	3	3	4	0	0	4	0	4	4	No	No
591	0	0	8	3	2	1	0	5	0	3	3	YES	No
592	0	0	4	0	0	0	0	4	0	3	2	No	No
593	0	0	1	0	1	0	0	4	0	3	5	No	No
594	0	0	4	1	0	0	0	4	0	3	4	No	No
595	0	0	1	1	0	0	0	3	0	4	4	No	No
596	0	0	5	2	1	0	1	4	0	4	0	No	No
597	0	0	1	5	0	0	0	6	0	4	4	No	No
598	0	0	2	1	2	0	0	3	0	2	4	No	No
599	0	0	6	0	0	0	1	1	0	1	1	No	No
600	0	0	4	0	0	0	0	2	0	4	1	No	No

第6章　健常成人のロールシャッハ統計値　225

表7－10　健常成人のロールシャッハ統計値（TTNRD）（つづき）

ID	SD	PSVS	GHR	PHR	MOR	PER	PSV	S-CON	PTI	DEPI	CDI	HVI	OBS
601	0	0	4	1	0	3	0	3	0	1	2	No	No
602	0	0	6	2	1	1	0	3	0	3	1	No	No
603	0	0	4	1	0	0	0	4	0	3	4	No	No
604	0	0	3	3	0	0	1	3	0	4	3	No	No
605	0	0	1	1	0	1	0	6	0	5	5	No	No
606	1	0	2	1	0	0	0	3	0	5	4	No	No
607	1	0	4	1	0	3	0	4	0	4	2	No	No
608	1	0	3	0	0	0	1	4	0	2	3	No	No
609	0	0	3	2	1	5	0	4	0	6	4	No	No
610	0	0	4	3	0	0	0	3	0	2	3	No	No
611	0	0	4	0	0	0	0	2	0	5	4	No	No
612	0	0	6	2	0	0	0	3	0	2	0	YES	No
613	0	0	3	4	1	0	0	2	0	4	3	No	No
614	1	0	3	1	0	1	2	4	0	2	4	No	No
615	0	0	5	1	0	1	0	2	0	4	2	No	No
616	1	0	3	1	0	0	0	5	0	3	2	No	No
617	0	0	3	0	3	1	0	3	0	4	3	No	No
618	0	0	5	4	0	0	0	4	0	7	4	YES	No
619	0	0	1	2	0	0	0	6	0	3	4	No	No
620	0	0	10	2	0	0	1	1	0	2	1	YES	No
621	1	0	8	3	0	1	0	4	0	6	2	No	No
622	0	0	5	1	1	0	0	5	0	5	3	No	No
623	0	0	6	4	2	1	0	4	0	3	2	No	No
624	0	0	7	1	0	0	0	4	0	3	2	No	No
625	0	0	10	2	0	0	0	6	0	3	2	No	No
626	0	0	6	1	1	2	0	5	0	6	3	No	No
627	0	0	4	1	0	0	0	2	0	3	3	No	No
628	0	0	4	1	1	1	0	5	0	5	4	No	No
629	0	0	6	2	1	0	0	2	0	2	1	No	No
630	0	0	2	4	0	0	1	2	0	5	3	No	No
631	0	0	2	2	2	1	0	5	0	3	5	No	No
632	0	0	4	3	1	0	0	4	0	4	2	No	No
633	0	0	4	2	1	0	0	0	0	4	2	No	No
634	0	0	4	1	0	3	0	5	0	6	5	No	No
635	0	0	7	2	0	0	0	4	0	4	1	YES	No
636	0	0	1	0	0	0	1	6	0	3	3	No	No
637	0	0	6	4	0	1	0	5	0	6	4	No	No
638	0	0	4	1	1	0	0	3	0	3	2	No	No
639	1	0	1	1	0	0	1	5	0	4	4	No	No
640	0	0	3	3	0	0	0	2	0	2	4	No	No
641	1	0	1	1	0	0	0	6	0	5	5	No	No
642	2	0	3	0	0	2	0	4	0	4	2	No	No
643	0	0	6	2	1	0	0	2	1	3	1	No	No
644	1	0	2	1	0	0	0	6	0	4	4	No	No
645	2	0	3	4	0	1	1	3	0	5	1	No	No
646	1	0	3	3	1	0	0	4	0	5	5	No	No
647	0	0	10	2	1	0	0	5	0	5	2	No	No
648	0	0	3	0	0	2	0	4	0	6	3	No	No
649	0	0	2	2	0	0	1	4	0	5	3	No	No
650	1	0	3	1	0	0	0	3	0	3	4	No	No

表7－10　健常成人のロールシャッハ統計値（TTNRD）（つづき）

ID	SD	PSVS	GHR	PHR	MOR	PER	PSV	S-CON	PTI	DEPI	CDI	HVI	OBS
651	1	0	3	0	0	0	0	4	0	5	2	No	No
652	0	0	2	3	1	2	3	5	0	4	1	No	No
653	0	0	6	2	1	0	0	4	0	4	1	YES	No
654	2	0	6	1	0	0	0	4	0	3	1	No	No
655	1	0	5	0	0	1	0	3	0	2	1	No	No
656	0	0	6	0	0	0	1	2	0	2	1	No	No
657	0	0	4	0	0	0	0	2	0	2	2	No	No
658	0	0	3	1	0	0	0	4	0	2	3	No	No
659	0	0	3	4	0	0	0	5	0	4	2	No	No
660	0	0	4	1	0	0	0	1	0	3	3	No	No
661	0	0	3	2	0	0	0	1	0	3	2	No	No
662	0	0	9	2	0	0	0	3	0	5	0	YES	No
663	1	0	4	3	1	0	0	3	0	2	1	No	No
664	0	0	6	2	0	0	1	6	0	4	3	No	No
665	2	0	11	5	0	0	0	4	0	3	1	YES	No
666	0	0	4	2	1	0	0	2	0	4	2	No	No
667	0	0	3	3	0	0	0	1	0	4	3	No	No
668	1	0	8	7	0	0	0	6	0	5	2	No	No
669	0	0	7	1	0	0	0	4	0	2	1	No	No
670	0	0	6	4	0	0	2	5	0	3	1	No	No
671	0	0	2	2	1	0	0	3	0	3	2	No	No
672	0	0	6	3	2	0	2	6	0	6	4	No	No
673	0	0	6	1	0	1	1	3	0	4	2	No	No
674	0	0	7	2	1	0	0	2	0	3	3	YES	No
675	0	0	3	1	0	0	0	1	0	0	1	No	No
676	0	0	7	3	0	0	0	2	0	2	2	No	No
677	0	0	10	1	0	0	0	3	0	2	0	YES	No
678	0	0	5	3	0	0	1	3	0	2	4	No	No
679	0	0	3	0	0	1	2	2	0	3	3	No	No
680	1	0	8	3	0	0	0	1	0	2	2	YES	No
681	0	0	4	5	0	0	0	1	0	4	3	No	No
682	0	0	9	1	0	1	0	5	0	4	1	No	No
683	0	0	2	2	0	0	1	5	0	5	3	No	No
684	1	0	5	4	0	0	0	0	0	2	2	No	No
685	0	0	3	3	0	0	0	2	0	5	3	No	No
686	0	0	3	2	0	0	0	4	0	3	2	No	No
687	0	0	6	0	0	0	0	2	0	5	4	No	No
688	0	0	11	1	1	0	0	3	0	3	1	No	No
689	0	0	3	5	0	0	0	3	0	5	2	No	No
690	0	0	5	0	0	0	0	1	0	1	0	No	No
691	1	0	5	2	1	0	1	1	0	2	4	No	No
692	0	0	4	2	0	0	0	3	0	5	2	No	No
693	0	0	1	0	1	0	0	5	0	2	4	No	No
694	1	0	7	4	1	0	0	3	0	3	1	No	No
695	0	0	2	0	0	0	2	3	0	3	4	No	No
696	0	0	5	5	0	1	0	3	0	3	3	YES	No
697	0	0	6	3	0	0	1	2	0	3	2	No	No
698	0	0	3	2	1	0	0	3	0	3	1	No	No
699	0	0	3	0	0	0	0	6	0	4	2	No	No
700	0	0	8	0	0	0	0	6	0	6	1	No	No

あとがき

　本書はわが国の健常成人 400 人（男性 200 人・女性 200 人）に実施した包括システムによるロールシャッハ・テストに関する変数の詳細な統計値を表と図によって明らかにしたものであり，『ロールシャッハ・テスト実施法』，『ロールシャッハ・テスト解釈法』，『ロールシャッハ・テスト形態水準表』に続く，ロールシャッハ・テストの臨床と研究のための統計集である。

　これまでの一連の書籍によって，日本人の健常者のパーソナリティを理解することや，臨床場面でのクライエントのアセスメントにより治療方針を立てることが可能となっている。しかし，発表した数値は，臨床解釈に必要な範囲のものであり，紙幅の関係で，さまざまな変数の元になる数値は発表できなかった。

　本書に示した各種の統計値は，ロールシャッハ・テストを用いる臨床家や研究者が，わが国で実施した包括システムの結果を解釈したり，臨床場面で得た被検者の数値と比較検討する時，実証的で客観的な資料として活用できる。また，ロールシャッハ・テストの初学者が健常者のロールシャッハ・テスト反応の特徴を正確に理解するのにもきわめて有益であろう。

　これまでにも，ロールシャッハ・テストの変数についての記述統計値を示した論文や書籍はあったが，本書では，日本人健常成人 400 人のロールシャッハ・テスト変数に関する全データも公開した。あわせて被検者の性別，年齢，学歴，結婚についての情報も示してあるので，臨床群のデータを持つ臨床家や研究者は，性別，年齢，学歴などを統制した健常者群データを構成して実証的研究を行うことができる。さらに次世代の研究者がこれらのデータを用いて日本人のロールシャッハ・テスト反応の変化などを調査研究する時にも活用できるであろう。

　これまで著者ら 3 人は北海道から九州に住む多くの対象者にロールシャッハ・テストを実施し，その数はまだ増加しつつある。大部分は健常者よりも臨床群に属するクライエントであるが，本書では統計的な資料を整理できた健常成人 400 人についてまとめている。

　著者の 1 人である高橋雅春は少年鑑別所の技官となって心理アセスメントを行った折，質問紙法では社会的望ましさの方向に歪むことを知り，投映法の必要性を痛感した。

　当時は原書の輸入も困難であったことから，渡欧した友人からロールシャッハ図版を譲り受け，臨床に実施するとともに，アメリカ文化センターから借り出したクロッパーの原著などを翻訳していった。

　その頃，河合隼雄が奈良少年鑑別所の高橋雅春のもとを訪れ，ロールシャッハ・テストの教えを請うた。高橋本人は自ら語ることはなかったが，河合が自身の著作でこのことを著し，その後，両名が中心になってロールシャッハ研究会を組織し，この研究会が，現在のわが国のロールシャッハ学会の礎となった。河合はユング派の臨床家として名高いが，京都大学での博士学位論文はロールシャッハ・テストであった。

　高橋雅春は 1959 年にニューヨークに派遣され，Postgraduate Center for Mental Health とニューヨーク大学で一年間，心理療法とロールシャッハ・テストの研究を行った。

帰国後も少年鑑別所で臨床を行っていたが，1969年，京都大学文学部の同期生で，矢田部ギルフォード性格検査の創始者である辻岡美延の招きで法務省を辞し，関西大学に新設された社会学部に赴任した。西日本一の大学図書館を見て「宝の山に来た」と思ったと言う。臨床の対象も，非行少年から情緒障害・発達障害の幼児，神経症の青年，統合失調症の成人へと広げていった。

　児童相談所の幼児の臨床場面で高橋依子と出会い，大学院の一期生が西尾博行である。3人は心理療法と心理アセスメントを続けていく中で，ロールシャッハ・テストはクロッパー法であった。しかし，しだいにクロッパー法の主観的な解釈に疑問をいだき，他の技法も検討していく中で，それまで別個に発展していたロールシャッハ・テストの学派を実証的データによって統合していったエクスナーの包括システムに関心を持って実施していった。

　西尾はエクスナーによる日本での最初のワークショップに参加し，わが国での包括システムの展開の中心メンバーとして，その後に設立された包括システムによる日本ロールシャッハ学会の理事や編集委員を歴任した。

　高橋雅春と高橋依子は，1988年にニューヨーク大学で13カ月間心理臨床の研究を行ったが，その折に米国での包括システムの発展に触れ，帰国後，エクスナーの著書を翻訳し，1992年には来日したエクスナーを京都に招いて懇談した。

　包括システムは他の技法と異なり，実施法が標準化されていること，コード化が妥当性と信頼性を保つように定義されていること，解釈に際しては手順が定められていて，基準となるデータベースをもとに客観的にすすめられることが特徴である。そのためにはわが国のデータベースが必要であり，3人で資料の収集を行っていった。

　その中でわが国と北米の被検者の変数の値の違いに気づき，エクスナーによる解釈仮説を有効にいかすために『ロールシャッハ・テスト解釈法』に両国の数値を発表した。さらに，ワイナーも述べているように，形態水準と平凡反応と言語表現については，特に文化の影響を受けるため，形態水準については『ロールシャッハ・テスト形態水準表』を出版し，平凡反応については国際ロールシャッハおよび投映法学会長，包括システムによる日本ロールシャッハ学会長を歴任した中村紀子，日本臨床心理士会長，包括システムによる日本ロールシャッハ学会副会長，編集委員長を歴任した津川律子らとともにわが国の被検者による平凡反応を発表した。言語表現については『ロールシャッハ・テスト解釈法』の内容分析の部分に述べるとともに，高橋依子が『ロールシャッハ・テストによるパーソナリティの理解』や京都大学の博士学位論文で著した。

　これらによりエクスナーの原著の変数値に基づくと，日本人健常者の60％以上が，現実検討が損なわれているとなってしまうことなどが改められ，変数の値の分布がエクスナーの資料に近いものとなった。これにより臨床場面でのクライエントのパーソナリティの理解においてエクスナーの解釈仮説がいかされるようになった。特に本書に示した数値によりクライエントのパーソナリティの理解と援助の方針がより立てやすくなると思われる。

　高橋雅春は以前より，クライエント理解のためには健常者との比較が重要と考えて，西尾に比較研究を発表するように促し，西尾も高橋依子も少しずつ研究を進めていた。しかし3名の力には限界があり，また命はいずれつきるものであり，後生においても著者らの成果を活用してもらうべく，3名のデータをすべて公開することを決意した。そのために資料を整理し，西尾が新たに図表も作

成した。本書の原稿は 2016 年夏に完成し高橋雅春も全てに目を通し，冬にはまえがきを書いた。本書の出版は 2017 年秋となった。刊行予定日を知りつつ，2017 年 1 月 3 日に高橋雅春は帰らぬ人となった。ロールシャッハ・テストとともに心理臨床の道を歩んだ生涯であった。

　本書により，クライエント理解だけでなく，さまざまの研究に役立てていただけると思う。ロールシャッハの変数の分布は本書の中でも示したように正規分布ではないため，記述統計値のみでは正確な検定はできなかったが，本書のデータを活用して各種の研究を進めていただきたい。

　読者は本書の統計値や図表を自由に利用してかまわないが，盗用・剽窃とみなされることのないように出所を適切に表示していただきたい。あらかじめ著者に連絡していただければ幸いである。

　多くの実証的な研究が本書のデータを利用して発表され，わが国の心理臨床の発展に寄与できることが著者ら 3 名の願いである。

2017 年惜春の候
高橋依子・西尾博行

参考文献

Abel, T. (1973) Psychological Testing in Cultural Contexts. N.Y.: College & University Press Services. 高橋雅春・空井健三・上芝功博・野口正成訳 (1980) 文化と心理テスト. サイエンス社

Exner, J. E. (1986) The Rorschach: A Comprehensive System, Volume 1. Basic foundations (2nd ed.). New York: Wiley. 高橋雅春・高橋依子・田中富士夫監訳 (1991) 現代ロールシャッハ・テスト体系 (上). 秋谷たつ子・空井健三・小川俊樹監訳 (1991) 現代ロールシャッハ・テスト体系 (下). 金剛出版

Exner, J. E. (2000) A Primer for Rorschach Interpretation. 中村紀子・野田昌道監訳 (2002) ロールシャッハの解釈. 金剛出版

Exner, J. E. (2002) Rorschach form Quality Pocket Guide, 3rd edition. North Carolina: Rorschach Workshops. 中村紀子・津川律子・店網永美子・丸山香訳 (2004) ロールシャッハ携帯水準ポケットガイド (第3版). エクスナー・ジャパン・アソシエイツ

Exner, J. E. (2003) The Rorschach: A Comprehensive System. Vol.1: Basic Foundations and Principles of Interpretation (4th ed.). New York: Wiley. 中村紀子・野田昌道監訳 (2009) ロールシャッハ・テスト 包括システムの基礎と解釈の原理. 金剛出版

Meyer, G. J., Viglione, D. J., Mihura, J. L., Erard, R. E., & Erdberg, P. (2011) Rorschach Performance Assessment System: Administration, Coding, Interpretation, and Technical Manual. LLC. 高橋依子監訳・高橋真理子訳 (2014) ロールシャッハ・アセスメントシステム. 金剛出版

Nakamura, N., Fuchigami, Y., & Tugawa, R. (2007) Rorschach Comprehensive System Data for a Sample 240 Adult Non-patients from Japan. Journal of Personality Assessment 89(SI); 97-102

西尾博行 (2003) 包括システムによるロールシャッハ・テストにおける健常成人の決定因子. 文京学院大学臨床心理相談室紀要 創刊号, 22-27

西尾博行 (2007) 包括システムによるロールシャッハ・テストにおける健常成人の決定因子 (2). 文京学院大学臨床心理相談センター紀要 第5巻, 89-98

西尾博行・高橋依子 (1998) 包括システムにおける健常成人の領域アプローチ. 包括システムによる日本ロールシャッハ学会誌, 第2巻1号, 69-73

西尾博行・高橋依子 (2001) 精神分裂病者の記述的統計. 包括システムによる日本ロールシャッハ学会誌, 第5巻1号, 54-58

高橋雅春・西尾博行 (1996) 包括的システムによるロールシャッハ・テストの反応内容. 関西大学社会学部紀要 第27巻3号, 199-238

高橋雅春・高橋依子・西尾博行 (2006) ロールシャッハ・テスト実施法. 金剛出版

高橋雅春・高橋依子・西尾博行 (2007) ロールシャッハ・テスト解釈法. 金剛出版

高橋雅春・高橋依子・西尾博行 (2009) ロールシャッハ・テスト形態水準表. 金剛出版

高橋依子 (2009) ロールシャッハ・テストによるパーソナリティの理解. 金剛出版

高橋依子・西尾博行(1995)ロールシャッハ・テスト図版の特色－第一反応について－. 嵯峨美術短期大学紀要 第21号, 33-49

高橋依子・西尾博行 (1998) 包括システムによるロールシャッハ・テストの反応内容－健常成人と精神分裂病者の比較－. 甲子園大学紀要創刊号, 1-61

Weiner, I. B. (2003) Principles of Rorschach Interpretation (2nd ed.). NJ: Lawrence Erlbaum. 秋谷たつ子・秋元倫子訳 (2005) ロールシャッハ解釈の諸原則 (1998年版). みすず書房

著者略歴

西尾博行（にしお・ひろゆき）

1974年　関西大学社会学部卒業
1992年　関西大学大学院社会学研究科社会心理学専攻臨床心理学専修博士課程修了
現在　文京学院大学人間学部教授

[ロールシャッハ関連の主な著訳書]
『現代ロールシャッハ体系（上）』（共訳）1991年，金剛出版
『包括的システムによるロールシャッハ・テスト入門：基礎編』（共著）1994年，サイエンス社
『包括システムによるロールシャッハ解釈入門』（共著）1998年，金剛出版
『ロールシャッハ形態水準表−包括システムのわが国への適用』（共著）2002年，金剛出版
『ロールシャッハ・テストワークブック（第5版）』（監訳）2003年，金剛出版
『ロールシャッハ・テスト実施法』（共著）2006年，金剛出版
『ロールシャッハ・テスト解釈法』（共著）2007年，金剛出版
『ロールシャッハ・テスト形態水準表』（共著）2009年，金剛出版，他

高橋依子（たかはし・よりこ）

1974年　京都大学大学院文学研究科心理学専攻博士課程修了
現在　大阪樟蔭女子大学大学院人間科学研究科臨床心理学専攻教授

[ロールシャッハ関連の主な著訳書]
『ロールシャッハ診断法Ⅰ・Ⅱ』（共著）1981年　サイエンス社
『現代ロールシャッハ体系（上）』（監訳）1991年，金剛出版
『包括システムによるロールシャッハ解釈入門』（共著）1998年，金剛出版
『ロールシャッハ形態水準表−包括システムのわが国への適用』（共著）2002年，金剛出版
『ロールシャッハ・テスト実施法』（共著）2006年，金剛出版
『ロールシャッハ・テスト解釈法』（共著）2007年，金剛出版
『ロールシャッハ・テスト形態水準表』（共著）2009年，金剛出版
『ロールシャッハ・テストによるパーソナリティの理解』2009年，金剛出版，他

高橋雅春（たかはし・まさはる）

1950年　京都大学文学部哲学科心理学専攻卒業
現在　関西大学名誉教授

[ロールシャッハ関連の主な著訳書]
『ロールシャッハ解釈法』1964年，牧書店
『ロールシャッハ診断法Ⅰ・Ⅱ』（共著）1981年　サイエンス社
『現代ロールシャッハ体系（上）』（監訳）1991年，金剛出版
『包括的システムによるロールシャッハ・テスト入門：基礎編』（共著）1994年，サイエンス社
『包括システムによるロールシャッハ解釈入門』（共著）1998年，金剛出版
『ロールシャッハ形態水準表−包括システムのわが国への適用』（共著）2002年，金剛出版
『ロールシャッハ・テスト実施法』（共著）2006年，金剛出版
『ロールシャッハ・テスト解釈法』（共著）2007年，金剛出版
『ロールシャッハ・テスト形態水準表』（共著）2009年，金剛出版，他

ロールシャッハ・テスト統計集
数値の比較検討と解釈に役立つ変数データ

2017 年 10 月 20 日　印刷
2017 年 10 月 30 日　発行

著　者　西尾博行・高橋依子・高橋雅春
発行者　立石正信

印刷・製本　三報社印刷

発行所　株式会社 金剛出版

〒 112-0005　東京都文京区水道 1-5-16
電話 03-3815-6661　振替 00120-6-34848

ISBN978-4-7724-1589-7　C3011　　　　　　　　　　Printed in Japan ©2017

好評既刊

Ψ 金剛出版 〒112-0005 東京都文京区水道1-5-16　Tel. 03-3815-6661　Fax. 03-3818-6848
e-mail eigyo@kongoshuppan.co.jp　URL http://kongoshuppan.co.jp/

ロールシャッハ・テスト実施法

[著]高橋雅春　高橋依子　西尾博行

本書は，包括システムによる実施法，コード化（スコアリング），構造一覧表の作成法までをわかりやすく解説した入門編である。ロールシャッハ解釈のための基礎知識が述べられ，初心者にも使えるよう，コード化の基準が，日本人の実例によって，明解かつ具体的に説明される。特殊スコアについても，健常成人，精神障害者，犯罪者の反応例が収集・分析されている。とくに間違いやすいコード化や「コード化に迷う反応」について，実例による細かな解説がなされ，上級者にも参考となろう。長年にわたりロールシャッハ・テストを用いてきた著者らによる臨床実践と研究の集大成であり，適切にコード化するための，最良のテキストである。　本体3,400円＋税

ロールシャッハ・テスト解釈法

[著]高橋雅春　高橋依子　西尾博行

包括システムによるロールシャッハ・テストは，実証的根拠をもち，最も臨床に役立つことを目指して，解釈においても実証性の側面を強調した統合的な心理テストである。　本書はわが国の健常成人400人の資料に基づき，パーソナリティを理解するための，ロールシャッハ・テストの解釈法を述べたものである。本書の示す数値をもとに構造分析を行い，定められた解釈順序に従って解釈仮説を統合していくことにより，初学者でもロールシャッハ・テストが提供する重要な所見を見落とすことなく，臨床面で必要な解釈が可能となる。さらに本書に含まれる内容分析と系列分析を加味することにより，統合的な解釈が可能になる。　本体3,400円＋税

ロールシャッハ・テスト形態水準表

[著]高橋雅春　高橋依子　西尾博行

ロールシャッハ・テストを解釈するとき，解釈仮説の大部分が文化差に関係なく同じように適用できるとしても，ロールシャッハ・テストがインクブロットに対する言語反応を素材としている以上，文化や習慣の影響は無視できない。本書はわが国でロールシャッハ・テストを適用する際の基準となる，日本人の反応出現度に基づく形態水準を収録したものである。エクスナーの形態水準表に見られないわが国独特の事物や，同じ単語であっても欧米圏とはニュアンスの異なるであろう反応に対して，本書を参照することによって，正確にコード化し解釈を進めることができる。　本体2,800円＋税

好評既刊

Ψ金剛出版　〒112-0005　東京都文京区水道1-5-16　Tel. 03-3815-6661　Fax. 03-3818-6848
e-mail eigyo@kongoshuppan.co.jp　　URL http://kongoshuppan.co.jp/

ロールシャッハ・テストによるパーソナリティの理解

[著]高橋依子

データから対象者のパーソナリティを理解するための手順と注意点を，具体的事例に即して懇切丁寧に解説。好評のロールシャッハ・テスト・シリーズ第3.5弾！　前著『ロールシャッハ・テスト実施法』『ロールシャッハ・テスト解釈法』を学んだだけでは，生きた臨床に役立つ解釈はできません。読者が実際に解釈を勧める際の参考となるよう多数の事例を著者がどのように解釈をすすめていくか，その際の注意点などを解説した，専門家への第1歩を踏み出した人たちのための解釈の指導書です。　　　　本体3,400円＋税

ロールシャッハ・アセスメント システム
実施，コーディング，解釈の手引き

[著]グレゴリー・J・メイヤー　ドナルド・J・ビグリオン　ジョニ・L・ミウラ　ロバート・E・エラード　フィリップ・エルドバーグ
[監訳]高橋依子　　[訳]高橋真理子

包括システムは，標準化された実施法，明確に定義された信頼性の高い記号化の体系，データベースを基にした客観的な解釈を特徴としている。その点をさらに改良したのが，R-PAS（Rorschach Performance Assessment System）である。初めてロールシャッハ・テストを学ぶ人はもちろん，これまでの技法に従っていきたいと思っている人にも役立つ，最新のロールシャッハ・テストを理解するためのマニュアルがついに刊行。　　　　本体15,000円＋税

スイス原版｜Verlag Hans Huber公認
ロールシャッハ・テスト

ヘルマン・ロールシャッハ

Hermann Rorschachが精緻に創造したロールシャッハ図版（オリジナル図版）を経て，1921年に完成したRorschach®-Testは，インクのしみという偶然から創り出された10枚1組の図版を使用して，唯一無二の存在である被検者がどのような人物で，どのような世界に生き，どのように世界を知覚しているのかを鮮やかに浮かび上がらせる，いわば心理アセスメントの要と言える。「世界共通の刺激」によって立体的に被検者を査定する，スイス直輸入＋Verlag Hans Huber公認のロールシャッハ・テスト図版。

本体16,000円＋税

好評既刊

Ψ 金剛出版　〒112-0005 東京都文京区水道1-5-16　Tel. 03-3815-6661　Fax. 03-3818-6848
e-mail eigyo@kongoshuppan.co.jp　URL http://kongoshuppan.co.jp/

ロールシャッハの解釈

［著］ジョン・E・エクスナー
［監訳］中村紀子　野田昌道

ロールシャッハを解釈する際には，データをクラスターとして扱うが，クラスターはそれぞれが心理学的な特徴と関連している。本書では，各クラスターを一つずつ取り上げ，それらすべての所見を系統立ててまとめる方法を詳述した。初学者は本書によってロールシャッハ解釈をより容易に学ぶことができ，また中級以上の経験者にとってもある特定の原則やルールを参照するために十分役立つであろう。最近加えられた新しい変数を収載するなど最新の知見を提供する，ロールシャッハ・テスト実施に際しての必携の書。

本体8,600円＋税

ロールシャッハ・テスト ワークブック 第5版

［著］ジョン・E・エクスナー　［監訳］中村紀子　西尾博行　津川律子

包括システムによるロールシャッハ法は，現在国際的標準として浸透しわが国において臨床現場でも広く用いられているが，これを使いこなすためには十分なトレーニングと正しい知識が必要とされる。第3版以降に包括システムで変更・追加された変数や特殊指標をもれなく収録した最新版（第5版）が翻訳刊行された。本ワークブックは，最新のシステムに対応し，前書同様コード化とスコアリングのためのポイントが懇切丁寧に解説され，さらにトレーニングのために多くの練習問題を掲載した内容になっている。包括システムを理解し実施する上での必携書と言えよう。

本体5,200円＋税

ロールシャッハとエクスナー
ロールシャッハ・テストの起源と発展

［編］包括システムによる日本ロールシャッハ学会

ロールシャッハ・テストがいかに生まれ，発展していったのか――本書ではまず，その創始者ヘルマン・ロールシャッハの生い立ちから『精神診断学』の発刊にいたる慎重にして困難な道のり，さらにこのテストに無限の可能性を抱きながら夭逝したヘルマンの思いまでが，エクスナーによって親しみを込めて語られる。さらに本邦にはじめて紹介されるヘルマン自身による「仕立屋のケース」は貴重な資料であるとともに，それが包括システムによって解釈されており，きわめて興味深いものである。

本体2,800円＋税

好評既刊

Ψ金剛出版　〒112-0005　東京都文京区水道1-5-16　Tel. 03-3815-6661　Fax. 03-3818-6848
e-mail eigyo@kongoshuppan.co.jp　URL http://kongoshuppan.co.jp/

ロールシャッハ・テスト講義 I
基礎篇
[著]中村紀子

「包括システムによるロールシャッハ・テスト」を正しく普及させるため，長年にわたって開かれてきた著者による基礎講座が，ついに書籍化。続篇「解釈篇」へと続く本書「基礎篇」は，ロールシャッハ・テスト誕生秘話，コーディングのちょっとした一工夫，施行のときのチェックポイントなど，ベテランだけが知るテクニックを惜しみなく語った「ゼロからの初心者対象・やさしいロールシャッハ入門」。講座の息づかいをそのままに，オリジナルの資料も多数掲載され，エクスナーによる正典『ロールシャッハ・テスト』（金剛出版刊）の理解を助けるサブテキスト決定版！　　本体4,200円+税

ロールシャッハ・テスト講義 II
解釈篇
[著]中村紀子

『ロールシャッハ・テスト講義 I ——基礎篇』に続く第2弾「解釈篇」。ジョン・エクスナーによる2つのケースをサンプルに，テストデータのコーディング結果を8つのクラスターで解釈するためのヒントをわかりやすく詳解。講義形式のやさしい語り口で，「統制とストレス耐性」「状況関連ストレス」「感情」「情報処理過程」「認知的媒介」「思考」「自己知覚」「対人知覚と対人行動」という8つのクラスターで細やかにデータを精査して，受検者の基盤となるパーソナリティや現在の心理状態を鮮やかに浮かび上がらせ，その回復に役立つ戦略プランの策定方法までを学んでいく。　　本体4,200円+税

ロールシャッハ・テスト Sweet Code Ver.2
コーディング・システム
[監修]中村紀子　　[製作]大関信隆

包括システムによるロールシャッハ・テストのためのコーディングソフト，Windows版にMacintosh版を加え，さらに新機能を搭載してリニューアル刊行！　コーディング，構造一覧表の計算，プロトコル作成，ロケーションチャートの印刷，コード検索など基本機能に加えて，構造一覧表の統計情報のワンクリック表示機能，各変数の一括出力機能など，練習・実務・研究に役立つ新機能を実装する。　　本体4,200円+税

好評既刊

Ψ**金剛出版** 〒112-0005 東京都文京区水道1-5-16　Tel. 03-3815-6661　Fax. 03-3818-6848
e-mail eigyo@kongoshuppan.co.jp　URL http://kongoshuppan.co.jp/

治療的アセスメントの理論と実践
クライアントの靴を履いて

[著] スティーブン・E・フィン
[訳] 野田昌道　中村紀子

ロールシャッハとMMPIおよびTATとのテストバッテリー，カップルがアセスメントに協働参加するコンセンサス・ロールシャッハを活用しながら，テスト・セッションからフィードバック・セッションまでのアセスメント作業を通じて検査者＝査定者が同時に治療者にもなりうる治療的アセスメントの実践を解説する。体系的理論につづく事例紹介を参照しながら，ヒューマニスティックなアセスメントの方法論を学ぶことができる一冊。

本体4,500円＋税

心理検査を支援に繋ぐフィードバック
事例でわかる心理検査の伝え方・活かし方　第2集

[編] 竹内健児

本書は多様な現場と経緯において心理検査を受検したクライエントに，「客観的かつ支持的な」検査結果の共有を試みた現場の臨床家の8つの事例を収載する。各事例はベテラン臨床家が検討を加え，実践的なアドバイスとともにそれぞれの事例にさらなる厚みをもたらしている。事例には受検者へのフィードバックとスタッフへの報告のやり取りを逐語で収録，報告書式を示した。

本体3,400円＋税

事例でわかる
心理検査の伝え方・活かし方

[編] 竹内健児

心理職の重要な専門性である心理検査は，その結果をクライアントやスタッフにうまく「伝え」，総合的な臨床心理査定につなぎ「活かす」ことではじめて完結する。心理検査の技術を携えてこれから現場に出る人，あるいは疑問を抱えながら心理検査をこなしている人のために，検査の何をどう伝え，結果を活かしてクライアントと何をはじめられるのかについての工夫がつまった事例を集めた。さまざまな現場で活躍する中堅心理士たちの臨場感あふれる事例報告に，経験豊富な臨床家がコメントするその往復のなかで，読者は心理検査の広がりと深みをつかむことができる。

本体3,400円＋税